# 词汇计量及实现

苏新春　著

商务印书馆

2010年·北京

**图书在版编目(CIP)数据**

词汇计量及实现/苏新春著. —北京:商务印书馆,2010

ISBN 978-7-100-06860-4

I. 词… II. 苏… III. 关系数据库—数据库管理系统—应用—汉语—词汇—计量 IV. H13

中国版本图书馆 CIP 数据核字(2009)第 213237 号



CÍHUÌ JÌLIÀNG JÍ SHÍXIÀN

**词汇计量及实现**

苏新春 著

---

商 务 印 书 馆 出 版

(北京王府井大街 36 号 邮政编码 100710)

商 务 印 书 馆 发 行

北京市白帆印务有限公司印刷

ISBN 978-7-100-06860-4

---

2010 年 4 月第 1 版 开本 850×1168 1/32

2010 年 4 月北京第 1 次印刷 印张 12¼

定价:27.00 元

# 目　录

# 第一章　绪　　论

## 一、撰写目的

本书是理论的书。它想探讨的是词汇计量研究的观念、性质、定位及方法。对词汇计量研究的理论问题作了纵横思考，可它并不追求理论阐述的系统化。它只是希望能帮助人们培养起在实际研究中自觉使用计量手段的意识，并知道从何入手来实现计量的目的。从更大点的角度来说，是想宣传一种理念，即如何把人文科学的语言学做得更形式、更全面、更精致，更具有可测性。

本书是操作的书。它对数据库作了较多的具体介绍，具体到一个命令、一个命令地讲，一个步骤、一个步骤地演示，可并没有把数据库当做独立、完整的学习对象，只是关心那些与词汇计量有密切关系的功能，重点在对语料的描写、筛选、查询、挖掘、统计上；没有深入到数据库的内部，介绍它的原理与内部结构，关注的只是与读者直接接触的使用层面。数据库技术发展到今天，其应用已经覆盖到了社会各个领域，其功能已到了极其强大、几乎是无所不能的地步。本书当然不可能全部包括这些，仅仅是寻找它与词汇研究的结合点，为语言的学习者、研究者，为词汇的学习者、研究者提供数据库应用的入门和桥梁，为实现词汇计量研究目的掌握一种好用些的工具和手段。词汇计量研究有许多工具和手段，这只是其中的一种，当然是比较好用的一种。掌握计量手段的最终目的仍是为了达到对词汇本质和规律的认识。工具与软件只是一种手段、一种方法。如此看来，本书又似乎不仅仅是一本操作的书。

这样本书就具有了两个目标：第一，介绍词汇计量研究的基本理论、原则、特点与发展，主要在第二、三两章。希望通过这些让读者对汉语词汇计量工作有一个概貌的认识。

第二，讲解在数据库中实现词汇计量研究的一些操作方法。词汇计量是一门实践性很强的工作，要获得计量数据，都要依靠一定的手段和方法。

这两个目标，明确，却不那么纯粹；独立，可又紧密连接。

## 二、适用对象

本书是为对汉语词汇文字的计量研究感兴趣的学生、教师、研究人员及有关读者而写的，特别是不懂编程而希望学会使用数据库的人员。他们具备一定的电脑使用能力，学习和研究中有使用数据库的要求，想学习但又缺乏编程能力。这大概是出身文科背景人的通病。本书最初就是为中文系学生们上课用的讲义。为学生的需求而开课，为教学的进程而写稿。最初是十来页纸的提纲，后来是几万字的短课程教材。希望既有助于克服学生对计量方法的畏惧，又能满足他们学习计量方法的愿望。这成为本书在寻找合适的表述方式时考虑最多的地方。

要对语言符号、文字符号进行精确描写，现在有许多软件可以做到这一点。本书介绍的主要是 Microsoft Access，它是 Microsoft Office 办公套装软件中的子件。个别地方还附带介绍了 Microsoft Excel 的某些功能。本书结合词汇计量研究的需要，展示了它们在词汇研究与教学中的应用价值。故在内容安排上，除了第四章是正面对软件作了一些概括性的介绍外，其他都是把词汇问题的讨论作为章节纲目的。

## 三、写作特点

准确地说，“写作特点”应是“撰写要求”，是对自己写作时提出的要求。

1. 突出应用。数据库的功能极其丰富，可运用于社会生活的几乎所有方面。写作时将完全根据词汇计量研究的实际需要，把如何实现常见的词汇计量功能作为主要内容。尽量结合自己十余年来从事词汇计量的实践，融入使用数据库的体会和心得。里面谈到的方法可能不是最好的，但应该是可行有效的。

2. 突出方便。尽量利用软件的可视化界面来实现相关功能。Access 内带有 SQL 语言，SQL 功能强大、表达简洁、操作简便，但对这套语句仍需要一定的学习。而它的视图界面，连“语言”也不需要，只要掌握相关的按键和操作步骤就可以了。为了最大程度地方便读者，也为了使可视化界面与 SQL 语言各显其利，本书将先列出视图界面的操作方法，再辅之以 SQL 界面下的操作。这样读者既可以选一舍一，也可以相互对应。或以视图界面为主，兼学 SQL 语句；或以学 SQL 语句为主，以视图界面来作佐证，收到事半功倍的效果。

3. 突出实践。全书有练习库，以供在讲解具体方法时使用。涉及一些特殊功能时还会随时使用到其他一些实例。每章后附有思考练习题，以复习本章所学的基本内容。全书最后一章为综合练习，设计了若干专题的完整处理过程，以达到把各个具体方法贯通融合的目的。

# 第二章　词汇计量研究的语言观

对世界的语言研究历史人们常常会做出不同角度的归类。习惯上分成古代的传统语文研究、历史比较语言学研究、结构主义语言学研究、转换生成语法学研究、功能语言学研究，这是就整个研究历史过程的大势而言。粗线条些则可以在结构主义语言学的发展阶段分出布拉格学派、哥本哈根学派、美国结构主义学派。（刘润清，1995）再细点还可以在此之外再分出配价语法、格语法、蒙塔鸠语法等学派。（冯志伟，1999）如果是在一时之学、一国之学的内部再分出若干又可细而又细了。如对20世纪的美国语言学，就有人根据不同的学术观点与活动空间，分出“人类语言学派”、“耶鲁派”、“密歇根派”、“麻省派”、“加州派”、“共性语言学派”、“纽约语言学派”七种学派。（赵世开，1989）

有人从研究者追求目标的不同来分类，认为一百多年来西方现代语言学界各种各样的学派，不外乎是在语言描写与语言解释二者之间作出选择。结构主义学派是描写，它追求的是对语言符号系统的真实把握；转换生成是解释，阐释的是语言的内部生成机制、人的语言能力获得机制；功能语法派是解释，阐释的是语言的表达功能；人类语言学、文化语言学也是解释，阐释的是语言与人文生态环境的关系。（陈平，1987）这样，语言学各家各派又归成了描写派与阐释派两大阵营。

从语言研究的哲学基础角度来观察，又会发现语言研究有着理性主义与经验主义两大阵营的差别。理性主义在方法上主张的是演绎法，经验主义主张的是归纳法。

## 一、语言研究的归纳派与演绎派

### （一）任何一种语言研究都有自己的哲学观基础

关于语言的研究，凡是有着深入研究、自成系统的，大都会涉及语言的一些本原问题，如语言的起源，语言与客观世界的关系，语言形成的动因，语言与人的发展，这实际上已经进入了哲学的范畴。语义学是语言学的各个部门探讨问题最深入的一个学科分支，所以它的哲学味也最浓，以致哲学界研究语义问题比语言学界显得更为热闹。“如果我们的兴趣在于哲学语义学，可以基本上不考虑语言学家的观点，但是如果我们的兴趣在于语言学中的语义学，则非得了解哲学家、逻辑学家的语义研究不可。”（徐烈炯，1995：1）在语言与客观世界的关系上，各种语义学派大体上可以归为唯物主义与唯心主义。如指称论就是典型的唯物主义，它认为语言的意义来源于客观世界，语言是用来指称事物的，从而使语言与世界联系起来。而意念论则可视作典型的唯心主义，它认为语言的意义来源于心灵。“思维皆源于心胸，埋藏着无法让别人看到，而且无法显露出来。没有思想交流便不会有社会带来的舒适和优越，所以人们有必要找些外表能感知的符号，以便让别人知道构成自己思想的意念。”①

而在语言机制、语言能力的形成与获得上，又形成了经验主义与理性主义两大派。20 世纪结构主义的两大学派的领袖人物布

① ［英］洛克，《论人类理解》，引自徐烈炯《语义学》（修订本），第 20 页。

龙菲尔德与乔姆斯基,前者信奉行为主义,认为语言来源于言语交际的实践,有了语言交际的需求,才有了语言能力的获得;后者信奉理性主义,认为人的语言能力是先天就有的,是潜在的,是大脑里的一套装置,经后天的激活而启动。

由此而来,前者在语言研究方法上使用的是归纳法,而后者使用的是演绎法。

(二)计量研究属于归纳派

归纳法认为语言规律存在于语言事实之中,语言事实存在愈广泛,语言规律也就愈普遍。要发现语言规律就需要尽量多地收集语言事实。计量研究,又叫定量研究,通过对语料进行数的反映,以达到认识语言规律和特点的目的。计量研究认为,事物的质与量有着密切的关系,质存在于量之中,量反映质。重要的语言现象都会以较多的量的形式表现出来。

什么是定量分析方法呢?所谓定量方法,就是将处于随机状态的某种语言现象给予数量统计,然后通过频率、频度、频度链等量化形式来揭示这类随机现象背后所隐藏的规律性。

定量研究方法,将所研究的现象的有关特征实行量化,然后对取得的数据进行统计学处理,得出结论。该方法兴盛的一个主要原因,是它体现了现代人们所推崇的科学精神。从根本上说,定量研究方法渗透着这样一个观念:世界上一切事物不依赖人的主观意志而存在,是可以被认识的;它们的各种特征都表现为一定的量,所以,定量的方法是认识事物的科学方法。(唐钰明,1991)

定量研究中存在着不同的类型,不同类型的定量研究有着不同的适用范围,甚至有着难易、繁简不同的区别。

按照所使用的具体方法,定量研究也进一步划分为(1)使用描

述统计还是推断统计;(2)使用实验方法还是非实验方法;及(3)使用单变项分析还是多变项分析。(孟悦,1993)

"量化研究"将材料数据化。它的三个子类分别与研究设计、统计技术、变量个数有关。量化范式一般认为,实验性设计比非实验性设计更加严格,推断性统计比描述性统计更有概括力,多变量比单变量更全面。(高一虹、李莉春、吕珺,1999)

"实验性"与"非实验性"、"描述性"与"推断性"、"单变量"与"多变项分析"都是定量研究中的一部分。

不同类型的定量研究不仅有着不同的含义,不同的适用范围,也有着不同的特点与不足。一般说来,算术关系反映出来的是对象之间较为简单的数学关系,它简单、直观、明了、自然、真实。实验方法存在人为作用,人工影响难以除掉,但能处理复杂的事物,将其分而简之。

要从事计量研究,语言材料的收集成为第一要务。田野调查是材料的收集,问卷调查是材料的收集,实验数据的获得也是材料的收集。对语言材料的大量收集,最高形态就是语料库的建立。语料库是语料的巨量、有序、有用的语料聚合体。人们在论述到语料库语言学日益兴盛的原因时,就谈到人们经过重定量还是重定性,是重客观还是重感悟的各种语言学流派的反复讨论后,已经对不同的研究方法有了更全面、更辩证的看法:

转换生成语言学派对语言库语言学的批判,经过20年的实践证明,有的是错误的,如指责计算机是伪技术;有的是片面的,如对语料库的全盘否定;有的则是正确的,如乔氏关于自然语言句子的数量是无限性的观点。对于乔氏倡导的理性主义方法,人们经过跟从、应用和反思之后,也逐渐发现其不足,如不可验证性等。因此,80年代以来语料库语言学的复兴,在很大程度上反映了语言学界的一种普遍心态,即想要恢复语言研究中人工数据和自然数据的平衡。既然语料库研究方法和基于内省的唯理主义方法各有长短,为什么不能让二者共存或结合,以充分发挥其互补的优势呢?(黄昌宁、李涓子,2002:11)

计量方法的引进,特别是数据库技术引进到汉语语言学,引进到汉语词汇学,有着特别重要的意义。几千年来汉语词汇的研究传统,都是以具体词语的词义为主要对象,以考释为主要目的,以研究者的主观感悟为主要手段。到现代,虽然重视了对词汇整体的理论属性的探讨,逐渐摆脱了专注于具体词义的考释性研究的旧格局,但在研究手段上却一直没有大的改变,靠的仍是研究者个人的语感,或个人所熟悉的那一部分语料。因此,定量研究方法的引进与推广,在当代词汇研究中有着重要的革新意义。

在语言研究中重视定量分析,摈弃单纯的思辨,已逐步为人们所接受。桂诗春、宁春岩在《语言学方法论》中指出:现有的研究成果中,“54%的人使用的是简单的思辨性的方法,随机性很大。这些研究的成果难登大雅之堂”。(桂诗春、宁春岩,1997:iii)“难登大雅之堂”成为在近20年来国内语言学界倡导计量研究之风中对非定量研究的最严厉批评。

(三)计量研究与定性研究的关系

在语言研究的历史中,曾出现过经验与哲理、归纳派与演绎派的对立,这就是人们在谈论语言研究时通常会说到的定量研究与定性研究的对立。其实,进一步探索会发现二者并不是对立存在的,而是共同在一个完整的研究过程中的不同环节、不同过程中起着重要作用,互为支持与印证。

计量研究是对语言研究对象的量化反映，但其最终目标仍是探索语言的内在规律，脱离了这点，就成为为计量而计量的表面行为，其计量结果也就失去了评判标准和应有的效用。而有效、有用的计量研究，在其过程中总是同时伴随着定性活动的。计量对象的选择、计量角度的切入、计量方法的选择、计量数据的分析和计量结果的解读，都必须蕴涵着理论的思维。这些理论思维，其实就是对语言现象的理性认识。

什么样的语言现象是最有效、有典型性、代表性的？从什么样角度来认识语言现象才能最直接、清晰、有效地切入语言的内部？各种计量方法并不全部具有相等的普适性，而是要根据不同的语言对象、不同的语言环境、不同的研究目的来选择计量方法，显示不同的计量结果。在方法的选择过程中，充满了比较、甄别、筛选的思维过程。对计量数据的分析，更依赖于理论的修养。在研究实践或教学实践中，往往会发现研究者或学习者要得到计量的数据并不难，而难在面对一堆数据的解读时，总是一筹莫展，百思不得其解。这都说明计量数据分析是紧紧依赖于对语言规律的认识能力与水平的。计量结果的解读更是直接表现为定性的活动，什么样的计量数据是有效的，什么是局部有效的，什么是无效甚至有误导作用的，都依赖于对语言规律的认识，都直接表现为定性的活动。

计量研究又是定性研究所必不可少的重要组成部分。一项有价值、有可信度、对语言现象有足够阐释力的研究，必须要有计量研究作基础，这样定性研究才不会是空凿之论。如词汇学界曾有过两个流传颇广的观点，一是上古词汇往往是单义词，后来慢慢演变出了多义词，愈是后来的词汇多义词愈多，义项愈丰富；二是说

《现代汉语词典》“全书单字复词的义项总计有几十万个”。但计量研究显示,《现代汉语词典》义项在第2版只有6.9万个,第3版只有7.8万个,平均每个词条在1.2个左右。(苏新春,2001)对《现代汉语词典》的计量研究帮助我们认识到了现代汉语词汇义项分布的基本情况。它的价值当然不只是在于对现代汉语多义词存在判断的纠偏,而是可以促进我们更深一步思考许多相关问题。例如为什么我们会感觉到有多义词是占大多数的?它们是什么样的词语?为什么这样的词语义项数多?而那样的词语义项数少?词典中的多义词等同于口语中的多义词吗?词典中的义项是如何概括的?概括义项,或说得专业些就是一个词的义域是如何分割的?概括标准是什么?为什么不同词典反映同样的词语会概括出不同的义项?它们各自依据的标准是什么?更进一步地思考就是义项是如何演化的?不同词语的义项演化途径是一样的吗?会表现出怎样不同的规律?义项分化中会伴随哪些功能的变化?这些都是值得人们思考的。这些问题有的是词汇学史中长期存在着的,弄清了多义词的真实存在状况,无疑会帮助我们思考更多的问题,能更准确地指引思考的方向和找到解决问题的方法。

当然有的定性,甚至是推演可能暂时没有量的分析,但它可能具有重要的预测价值。这样的定性需要深邃的洞悉力,对语言内部特质的准确把握。这样的定性是极为少见的。大量的语言特点与规律都存在于普遍存在的普通语言事实当中。这就需要人们尽量多地观察语言现象,从中总结、归纳、推导出语言内部深层的东西。这就需要大量地收集、观察语言现象,并通过比较、筛选、甄别来归纳出语言的特点和规律。因此,计量工作是语言定性研究中不可缺少的基础工作。

把语言研究中的计量与定性对立起来是不正确的。一方面会忽略计量工作在语言定性研究中所起到的基础、工具、手段、论证的作用,另一方面也会轻视定性工作在计量研究中对目标、价值、取舍的重要指导作用。由于汉语语言学界,特别是汉语词汇学界长期以来忽略了计量研究的存在,对这方面所掌握的工具和能力也相当有限,因此本书将计量功能的实现手段与方法作为论述的基本内容,但这并不表明定性研究不重要。恰恰相反,本书作者所从事过的若干专题的计量研究,及本书所引用的学术界若干计量研究成果,都清楚显示定性工作在里面所起的重要作用。

## 二、汉语计量研究观的形成

### (一)"例不十,法不立"时期

在中国语言学传统中,朴学精神一直起着主导作用。重视博览群书,重视对材料的充分占有,以博闻强记、广征博引为荣,一直是我国古代传统语言文字研究中的宝贵经验。到了现代,它演化出了一种通俗说法,就是"让材料说话"。这种观点特别强调对语言材料的充分占有。不说空话,不作无根底之说,长期以来成为评判语言研究成果的一条不成文却几乎至高无上的标准。"让材料说话"铸成了汉语语言学界特有的求实之风。在20世纪中前期,它一直是对汉语研究者最具影响力的因素之一。

在语料挖掘与理论概括之间有着一句流传面很广的名言:"例不十,法不立"。王力先生对这句话很推崇,把它作为汉语史研究的基本原则之一提了出来:

所谓区别一般和特殊,那是辩证法的原理之一。这里我们指的是黎锦熙先生所谓的"例不十,法不立"。我们还要补充一句,就是“例外不十，法不破”。我们寻觅汉语发展的内部规律，不免要遭遇一些例外。但如果只有个别的例外，绝对不能破坏一般的规律。古人之所以不相信“孤证”，就是这个道理。（王力，1980:19）

“例不十，法不立”是黎锦熙先生提出来的，朴实而深刻地揭示出了语言研究中崇尚“量”的观点。这个观点在20世纪初就出现了，但它在更大范围内的流传却是在王力先生之后。王力在他的开拓性著作《汉语史稿》中引出这句话作为汉语史研究的基本原则，并补充后半句形成了一个完整的说明。“例不十，法不立”与“例外不十，法不破”，就成为这一时期注重语言材料，体现量化研究观最形象的概括。当然，这里的“十”不是严格意义上的“量”，只是从谨慎立论的角度来说，但已经明显含有以“量”取胜的意思。不以孤证立论，根据足够的语料来立论，这就是汉语研究中最朴素的量的观念，它已成为中国语言学研究中的一种潜意识与自觉行为。

主张“例不十，法不立”，必然看重材料。有一个很经典的比喻在学术界流传了许久：语言材料好比铜钱，语言理论好比把铜钱串起来的绳子，铜钱多了固然少不了钱串子，但光有钱串子没有铜钱却是空空如也。这里形象地把语料放在了先于理论的地位。在汉语许多分科的研究中，语言调查报告成为一种很普遍的成果形式。

在崇尚“例不十，法不立”的时代，“记卡片”成了最有代表性的个人收集材料的研究方法。随身携带卡片，随手记卡片，一事一卡，一例一卡，随处留意，细心观察，勤思考，勤动笔，成为那个时代有成就的研究者共同的治学习惯和体会。笔者曾有一篇短文对此作过一些概括：

做卡片主要指的是做文摘卡片。即在读书过程中,见到精彩的论述、有价值的数据、重要的思想观点,随时把它记下来。做卡片有几个基本要求。一是一题一卡。每卡只记一题,一题尽量记入一卡,这样便于今后的归类并档。如果一条资料从不同角度观察有不同的价值,不妨可以重复制几张卡片。二是准确。摘录的内容必须符合原文的基本精神,不能断章取义、割文意。抄录必须仔细,不能错漏倒讹,连标点符号也应一丝不苟。还应在每张卡片上注明资料的出处,包括书名篇名、作者、出版单位、出版年月、版序(或期刊名、期数)、页数等,甚至可以细标出第几段第几行,放在每段引文的前面,如30/2/1,表示第30页第2自然段第1行。准确摘录的卡片能在若干年后需查找原文时提供线索,就是一时难以查对原文,也能让我们放心地使用。准确性对文摘卡尤为重要。除文摘卡外,还有提要卡、素材卡、心得卡等。随身携带、随时制作、坚持摘录,其益无穷。从近功来说,帮助深入理解原文,吸其精髓;从长远来说,积累知识,为今后的研究提供丰富的资料。

除了平常对卡片的随时积累外,在开始一个专题研究前集中精力对语料进行卡片摘录、统计,也几乎成为一门必做的功课。《现代汉语词典》在编纂中就制作了语料卡片100余万张。(吕叔湘、胡绳等,1996)卡片成为在传统研究方式下量化研究工作的一种基本工具。这种摘取式、典型取样式的研究方法,在理论上与内容上也就造就了语言研究中重视特殊现象、偶发现象的倾向。在词汇学上,就是重视古义、难义、罕见义、词源义、初始义的研究,而忽略了今义、常见义、通用义的研究,而后者正是需要具备大容量的语言材料、大规模统计手段的条件后才便于进行的。

（二）专书研究时期

现实生活中的语言材料是无穷尽的，而人力有限、个人学术生涯有限，使得语言研究在要实行量化时总会面临着舍取难定的尴尬，这就很自然地使人们转而考虑选取既有一定的时代和语言特征，又拥有一定容量和规模的语言材料，来超越寻句摘章式的引例式研究。符合这些要求的当然首先是经过历史检验的汉语史各个发展阶段的典籍，如《左传》《国语》《战国策》《诸子》之于先秦、《史记》《汉书》《论衡》之于两汉、《世说新语》之于魏晋南北朝等。因此，重视专书研究的做法首先在汉语史学界流传开来也就是很自然的事了。王力先生作《中国现代语法》，就是以《红楼梦》等材料为来源，虽然里面没有数据的统计，却有清楚的材料范围，这实际上已经表现出了专书研究的雏形。当然，它的重心没有放在专书的语言面貌、特点与规律上，而是着眼于整个现代汉语语法规律的描写，所以人们一般还不太习惯把它归入专书研究的范畴。可实际上专书研究的先河就是这样开启的。

《左传》《史记》研究专家何乐士先生有一段回忆，颇为真实地记载了专书研究之风的渐起：

数十年我们的师辈一直不间断地倡导专书研究。拿我亲身感受而言，60年代初，陆志韦先生就亲自带领我们投身这项工作。吕叔湘先生在担任语言所所长期间曾不止一次对古汉语研究室的研究人员强调，汉语史研究应以专书研究作为基础。1979年他在写给古汉语研究人员的一份建议书中写道：“要对古代汉语进行科学的研究，就要注意时代和地区的差别。对这些差别，现在还只有一些零碎的认识，还缺少系统地探索的成果。要进行研究，现在还只能先拿一部一部的书做单位，一方面在同一作品中找规律，一方面在作品与作品之间就一个个问题进行比较。”丁声树先生生前也一再教导我们说，那种任意选取例句的做法不能科学地总结规律，应对专书进行穷尽的调查研究。（何乐士，1999）

20世纪五六十年代可视为专书研究的初始时期，那时老先生们通过自己的身体力行已经有了实践，并言传身教带出了第一批弟子。专书研究之风真正刮起来是在20世纪的80年代。这时各个历史阶段的专书都陆续有人进行了专门的研究，他们致力于反映该书的词汇整体面貌，一时间蔚为大观，取得了不小的成绩。如何乐士的《左传》《史记》研究①、张双棣的《吕氏春秋》研究②、毛远明的《左传》研究③等。张双棣先生这样描绘了《吕氏春秋》的词汇概况：“全书有单音词2972个，复音词2017个，总共近五千词。单音词中，名词最多，达1371个，动词次之，有1298个，形容词又次之，有464个，其他类词共有272个。从这个数字中，我们清楚地看到，《吕氏春秋》中动词的数量很大而形容词的数量相对小得多，这与《吕氏春秋》的语言风格关系很大。”（张双棣，1989）这已经是相当严格的定量研究了。尽管学者们大多是手工操作，语料统计数字还难保绝对的准确，但从数量多少来看词汇的结构规律，已成为研究中的一种基本方法。

在词汇专题研究中采用这一方法的也相当多。如“词汇的双音化”、“构词法”、“词性类别词”、“语义类别词”等，都是研究相当集中的领域。这些词汇专题研究论文大都采用了计量统计的方

① 何乐士，《〈史记〉语法特点研究》，载程湘清主编，《两汉汉语研究》，山东教育出版社，1984年。

② 张双棣，《〈吕氏春秋〉词汇研究》，山东教育出版社，1989年。

③ 毛远明，《〈左传〉词汇研究》，西南师范大学出版社，1999年。

法。如程湘清先生的《先秦双音词研究》:“上述词语共 615 个,其中最多的是指人、指事物、指时地的名词语,共 386 个,占全部词语的 62.76%;其次是指动作、行为或变化的动词语,共 139 个,占 22.6%;再次是指人和事物的性质、状态的形容词语,共 90 个,占 14.64%。从结构上看,绝大多数是运用语法手段词序的特点构成的,共 586 个,其中居首位的是并列式,共 307 个,占 52.4%。”(程湘清,1982)程文作于 20 世纪 80 年代初,他的定量工作在当时算是相当彻底的。这种计量工作的彻底性与同时代的论文稍作对比会显露得更清楚,如另一篇论文:“本文对《史记》《汉书》《论衡》三部著作中的复音实词作了全面的观察研究。我们把重点放在汉代用而现代汉语还在用的那些复音词上,这些复音词的构词格式我们全部写入了本文。汉代用而现代不用的那些实词,它们的构词格式和前者基本上相同,我们只是将这些词中的一部分写入了本文。”(祝敏彻,1981)尽管该文统计了汉代三种书的所有词语,但后续的定量工作没有跟上,因此文中仍处处可见“很少见到”、“才慢慢多起来”、“大部分”、“较少”类的词语。这样的描述显然较定量研究还有很大的距离。

专书的容量一般不大,在手工状态下也比较容易穷尽,研究者容易观察到整体语言面貌及其各个部分的构成。所得到的数据和认识都是实在、准确的,比起前一时期所得到的“大概”、“近似”、“一般说来”式的认识要确定得多。有了这样的实践,人们对计量研究方法有了更自觉的认识,明确把计量研究方法作为保证研究结论可信度的一个标尺。“如果不作定量分析,就很难把握住汉语诸要素在各历史时期的性质及其数量界限。我们的断代描写和历时研究也必然要陷在朦胧模糊的印象之中。从随意引证到作数量的分析，是古汉语研究为走向科学化而迈出的重要一步。”（郭锡良，1986）“定量方法对研究共时的语言现象意义重大，对研究历时的语言现象也同样重要。我们若能在频率、频度的基础上进一步展现某种历时现象的频度链，那么对揭示这种现象发生、发展和消亡的历史层次就有重大的意义。……运用定量方法来研究古文字资料的语法，在学者中已偶有所见，而在词汇方面，这种方法尚未引起重视，还有待提倡和推广。其实，在存疑的词汇问题中，有些只要采用定量方法，本来是不难解决的。”（唐钰明，1991）

专书研究指的不仅仅是研究某一部单一的书籍，实际上反映的是在手工操作的情况下，对少量、有限、确定的对象语料进行穷尽式研究的形象说法。这时一些有较大规模、产生过较大影响的研究大都是用专书研究的形式来进行的，如葛本仪、盛玉麒先生80年代主持的《信息处理用现代汉语三万词语集》研究，就是针对《人民日报》的年度总语料来进行的。

（三）语料库研究时期

从20世纪80年代末至90年代初，汉语词汇的计量研究出现了一个质的变化，就是进入了语料库研究的时期。这种转变有几个重要标志：一是研究规模上，已经由几万、几十万字发展到了几百万、几千万甚至几亿字的规模。二是在研究对象上，由“专书”转为“群书”，由独立的专书到了讲究典型、分布、取样、平衡、覆盖的“群书”。当具有了这样的特征其实也就具有了“语料库”的形态。三是在研究手段上，就是要借助于计算机来完成，特别是数据库技术的利用。电脑的普及，数据库的普及，为语料库的应用提供了基本与必要的外部条件，给汉语计量研究带来了极大的方便。这三个特征中最重要的是第三点，数据库技术的运用成为这一时期最显著也是最根本的因素之一。因为在前两个时期,也有过一些较大规模的多种语料的综合处理,如汉语教学界、汉字改革界所进行的常用字词的字频词频调查,依靠人工之力来进行是其本质特征。这样的研究可以进行得很精细,但容量与深度都会受到极大的限制。

过去的十多年是以电子计算机数据库为载体的汉语计量研究蓬勃发展的一个时期,各种大大小小的通用与专题的语料库先后涌出。研究者的语言量化研究观的形成与追求,使得现代汉语词汇计量研究在各个领域和层面蓬勃地开展起来。其中最有代表性、影响最大,以政府机构出现组织建设的是“现代汉语通用语料库”①。它90年代初开始建设,严格按照大覆盖、全均衡、多文本、少批量的原则来选取语料,费时十年,建成七千万字的规模。21世纪初投入使用,之后一直对语料库保持着较好的维护工作,按年度不断补充语料库。与此性质相当,只是规模小些,为700万字的台湾“中研院”的“平衡语料库”。精加工语料库还有邹嘉彦的“LIVAC共时语料库”②、汤志祥的“中国大陆、香港、台湾汉语词语现状对比研究”③、苏新春的“《现代汉语词典》语料库”④、顾曰国的“现场即席话语语料库”⑤、北京语言大学的“中介语语料库”等。

---

① 国家语委组织研制,90年代初启动,2000年初投入使用,现由教育部语言文字应用研究所管理。

② 参看网站:http://www.rcl.cityu.edu.hk/livac/。

③ 参看汤志祥,《当代汉语词语的共时状况及其嬗变——90年代中国大陆、香港、台湾汉语词语现状研究》,复旦大学出版社,2001年。

④ 参看苏新春等,《汉语词汇计量研究》,厦门大学出版社,2001年。

⑤ 参看顾曰国,《北京地区现场即席话语语料库的取样与代表性问题》,载《全球化与21世纪——首届“中法学术论坛”论文集》,社会科学文献出版社,2002年。

此时研究者根据自己的需要而建立的专题语料库亦如雨后春笋。反映语言实态的共时语料库则是由大批量、自成系统或体现了一定分布关系的电子版语料构成,它们的建设更为方便,成为语言研究的基本材料库,如“人民日报语料库”。自2005年起,国家语言资源监测与研究中心研制的“主流媒体动态语料库”,每年统计的语料规模逾十亿字,年度更新,随时跟踪,准确描写,更是占尽一时之先。古籍方面则有“国学宝典”、陕西师范大学的“汉籍全文检索系统”、香港中文大学的“华夏文库”、北京书同文公司的“文渊阁四库全书电子版”等。朱小健在他的论文中介绍了17种古籍语料库[①]。这个时期探讨语料库理论与实践的论著也成为一个热点。如《现代汉语语料库研制》(刘连元,1996)、《语料库语言学》(黄昌宁、李涓子,2002)、《语料库语言学导论》(杨惠中,2002)、《中国语料库研究的历史与现状》(冯志伟,2002)、《关于汉语语料库的建设与发展问题的思考》(张普,2003)。张普先生对动态流通语料库理论与建设作了长期的思考,对国家语言资源监测与研究中心的工作产生了重要的推动作用,他的系列研究成果最近以《动态语言知识更新研究》[②]为名出现。

这一时期的变化之大,是让人难以想象的。我国第一部词频词典要算是北京语言学院的《现代汉语频率词典》[③]了。说它是第一部不仅仅是就频率词典这一辞书类型来说的,也是就运用语料

① 参看朱小健,《古籍整理通用系统及其中字典的编纂》,载《语言文字应用》2000年第3期。

② 商务印书馆2009年出版。

③ 北京语言学院语言教学研究所,《现代汉语频率词典》,北京语言学院出版社,1986年。

库思想和方法来研究汉语词汇的第一项最有影响的成果来说的。它精心选取了报刊政论、科普、剧本和日常口语、文学作品等四领域的语料，制订了入选语料的标准。特别是在统计方法上，运用了频率、使用度等方法，从词汇的构词、分布、频次、位次、音序、词性、领域存现等各个方面统计出了领域词、通用词、常用词。之前学术界还出了十几种词表，但自《现代汉语频率词典》提出了 8548 条常用词后，似乎是“会当凌绝顶，一览众山小”，其他词表就很少被提及了。从后来的语料库理论与建设来看，这样一部有划时代意义的作品又显得只是初具“雏形”。其非语料库的因素相当明显：1. 语料规模太小，总共只有 180 万字。2. 语料的时代特征较明显，主要是 20 世纪 40—70 年代。3. 语料总篇数偏少，只有 179 篇（部）。4. 入选语料每篇（部）的单位容量偏大，平均每篇（部）1 万字，基本上是全采用。5. 基本上是手工操作，偶尔使用到计算机。而稍晚研制的国家语委的“通用语料库”，在这几方面都有了明显跨越：千万级的语料规模；语料跨度上伸至五四时期，下延至当代；特别注意了语料的通用性与描述性原则，抽样时执行了多样性、完整性、遍历性等原则；依托数据库完成。

语料库理论与规律逐渐被认识，语料库的大量涌现，使用语料库的意识和能力明显进步，使得大规模的汉语计量研究，特别是汉语词汇的大规模计量研究有了可能。短短十多年以来，汉语词汇计量研究在许多方面都取得了明显的进步。这种研究在词汇学界和中文信息处理学界两方面都在进行着。来自中文信息处理界的研究者在进行汉语的自然语言处理时，一般都建有千万、亿万字规模的大型语料库。他们重在对海量词汇的词种、词量、语法属性的研究，借助于大型语料库，往往能对词汇形式与结构各个方面的量作出很精确周全的分析。他们并不满足于这些结果的获得，而是利用这些数据回过头来更好地提升计算机处理汉语的能力。来自词汇学界的研究者对数据库技术的掌握和利用还很有限，建立语料库讲究规模适中，贴切准确，重在应用，目的性非常明确，就是更深入地探索语言内部规律，在各自的研究领域来开展语言的应用研究。

## 三、研究特点

（一）词汇特点

计量方法特别适用于词汇，因为词汇具有一些适用于计量方法运用的特点：

1. 词语数量庞大

在语言研究中，语言的几大基本要素中词语数量最为庞大。语音的基本单位有限，元音辅音加起来只有几十个，汉语声母 21 个，韵母 39 个，加起来 60 个。音节是 400 余个，加上四声变化也只有 1300 多个。语法规则也不过数百条。而词汇单位的数量则非常大，动辄几万、几十万条。词语数量也叫词量。词量有两个含义：一是使用上的总量，这与词次的总和相同；二是指不同词语的总量，这与词种数的总和相同。学术界早有语音语法规则明显，词汇一盘散沙的说法。词语数量庞大，研究起来对数据库的依赖性最大。如果把词典视为一种语言词汇的缩形的话，一部中型词典都有 5 万至 6 万条词，大型词典的词条在 10 万条以上。像目前被视为规模最大的四部汉语词典，词条都在 40 万条左右。如中国大陆的《汉语大词典》37 万条，台湾地区的《中文大辞典》43 万条，日本的《汉和大辞典》40 万条，韩国的《韩汉词典》45 万条。这样大容量的词典靠人力来分析是相当困难的。而要对现实生活中的用词用语进行统计,不借助于数据库则几乎难以进行,如《中国语言生活状况报告》(2005)下编统计的词语有165万条,《中国语言生活状况报告》(2006)下编有200万条,《中国语言生活状况》(2007)下编有230万条,它们是从每年逾10亿字的语料概括提炼出来的。①

2. 词语载体明显,词形清晰

词汇对计量研究来说又有特别便利的地方。词语有着容易把握的词形,独立性比较强,词形辨认方便,统计起来比较容易。计量结果确定,容易为人们所接受。词的载体形式外化的有语音形式、文字形式。语言形式愈是外化,数据库处理起来愈是容易。只要是通过一定符号形式存储在数据库里的资料,都可以很方便地查检出来。如对同音词的掌握,长期以来人们一直较难准确说出汉语同音词的数量。通过对"《现代汉语词典》数据库"的分析,就可以准确地描绘出现代汉语音节的构成,从而了解单音同音词、复音同音词的情况。对第3版《现代汉语词典》的统计数据是,共有音节10861个,分声调的音节是1298个,不分声调的音节是418个。分声调的音节中同音字最多的是92个,平均833个;不分声调的音节中同音字最多的是178个,平均25.9个。(苏新春、林进展,2006)复音词最多的可达7条。如"继室"、"济世"、"济事"、"技士"、"季世"、"既是"、"纪事","翼翼"、"意义"、"意译"、"奕奕"、"鹝鹝"、"熠熠"、"异议";6条一组的有"皇皇"、"喤喤"、"惶惶"、"煌煌"、"遑遑"、"锽锽","夙愿"、"宿怨"、"宿愿"、"诉愿"、"素愿"、"夙怨"。

① 三本书均由王铁琨主编,由"国家语言资源监测与研究中心"承担,商务印书馆分别于2006年、2007年、2008年出版。

语料库的计量统计大概除了文字外，最方便使用的就是词汇了。

3. 组合关系复杂

词语的组合对象复杂，组合关系丰富。这是显示词的意义特点与语法功能很重要的一个方面，也是人工调查相当困难的地方。用大型语料库来调查却可以很方便地做到这一点。比如“喜欢”有“对人或事物有好感或感到兴趣”和“愉快；高兴”两个义项，这两个义项的使用环境各有哪些差异，如何加以区别，都可以通过语料库得到清晰的认识。把“喜欢”放到有2500万字容量的1996年《人民日报》查检，共有333个用例。都是用作第一个义项，大部分充当谓语，少数充当了定语。例句中前面有修饰语与无修饰语的各约占一半。使用的修饰语相当集中，主要有“不$_{27}$”、“最$_{19}$”、“就$_{19}$”、“都$_{12}$”、“更$_{11}$”、“特别$_{9}$”、“非常$_{9}$”、“很$_{8}$”、“十分$_{3}$”等。如：

- 我喜欢这个歌谣，想它，唱它，尤其是在年头岁尾。
- 没有童趣的儿童片，儿童不喜欢，儿童不喜欢的儿童片起码不算是合格的儿童片，尽管它也许是一部很完美的影片！
- 在接受我们采访的短短几分钟里，谭彦用微弱的声音，断断续续、却一字不差地说出了他最喜欢的一句名言：“人的一生应该这样度过：……”
- 幼年时他就喜欢书画，尤重山水，屋中四壁常糊满童心之作。
- 表演结束后，记者问满头大汗的李爱莲：“怎么练起舞狮的？”小姑娘快人快语：“因为我们壮族人都喜欢这项运动啊。”
- 任雪晴更喜欢那些激越高亢的歌，那些有个性的音乐。
- 如果孩子特别喜欢看成人节目，最好和孩子一起看，与孩子讨论节目的内容，以帮助孩子理解电视节目。
- 曼谷人把鸽子视为和平之鸟、友善之鸟，非常喜欢它们，并经常用面包屑喂养它们。

● 叶利钦说，他对上海之行很满意，很喜欢上海，人民热情、好客，令人留恋。

● 37 岁的陆娴如今仍是单身。她个子不高，身材也略显单薄了些，但却十分喜爱体育运动，游泳和长跑都很拿手，最让她着迷的还是赛车。

所表示的意思基本上是“对人或事物有好感或感到兴趣”，而表示“愉快；高兴”义的一例也没有。这是因为后者有着特别的使用形式，或是“喜欢喜欢”的动词式重叠，或是“喜喜欢欢”的形容词式重叠。而这两种大都出现在口语体的文学作品中，如“老太太就说：‘登个报也好，给咱看看也喜欢喜欢，俺孩子知道唠也高兴高兴。’”，“计划到旧历年底增加副业收入二百六十万元，计划拿出一部分发给社员，让他们喜喜欢欢过春节”。

又如对汉语合成词的内部，人们关心较多的是语法关系，如并列、动宾、偏正、动补、主谓等。对并列式复合词，人们还注意到了决定词素之序的诸多因素，如音序、结构式，或观念习俗之序。其实，在关注词素的构词能力的同时，来深入了解一下构词能力、词义特征与构词时所处的词中位置，也是富有启发性的。以《现代汉语词典》中构词数最多的前 10 个词素为例，发现在词尾构词最多的有“子”、“人”、“头”、“心”、“生”五个字：

| | 子 | 不 | 人 | 大 | 头 | 心 | 一 | 生 | 水 | 花 |
|---|---|---|---|---|---|---|---|---|---|---|
| 词首 | 36 | 319 | 140 | 359 | 54 | 131 | 305 | 138 | 168 | 142 |
| | 2.78% | 44.99% | 24.31% | 70.67% | 10.76% | 28.67% | 68.08% | 32.94% | 45.28% | 43.83% |
| 词中 | 207 | 383 | 153 | 99 | 185 | 112 | 114 | 118 | 83 | 72 |
| | 15.98% | 54.02% | 26.56% | 19.49% | 36.85% | 24.50% | 25.45% | 28.16% | 22.37% | 22.22% |

（续表）

| | 子 | 不 | 人 | 大 | 头 | 心 | 一 | 生 | 水 | 花 |
|---|---|---|---|---|---|---|---|---|---|---|
| 词尾 | 1052 | 7 | 283 | 50 | 263 | 214 | 29 | 163 | 120 | 110 |
| | 81.24% | 0.99% | 49.13% | 9.84% | 52.39% | 46.83% | 6.47% | 38.90% | 32.35% | 33.95% |
| 总数 | 1295 | 709 | 576 | 508 | 502 | 457 | 448 | 419 | 371 | 324 |

这样的分析对了解汉语合成词的构词重心、各个词素的构词能力与在词中所处位置的关系，进而了解汉语合成词的语义构成特征，就提供了准确的第一手数据。

（二）词汇计量研究特点

定量方法在汉语词汇研究中已显示出极强的生命力。近20年以来，以数据库为手段，以语料库为载体的汉语词汇计量研究已经在诸多领域都得到了广泛的运用，表现出了以下一些特点：

1. 语料库涉及的对象愈来愈多样化、个性化。在语料的选取上，人们走过了关注的重点由个性——通用性——个性的过程。开始人们把典型性放在选取语料最优先考虑的地位，甚至可以把“人民日报”语料当做现代汉语通用语料的代表，把“教材”语料当做科学语言的代表，把“名著名篇”当做规范语言的代表。当人们发现单一载体、单一作家、单一作品在具有其典型性、代表性的同时，还有相当浓重的单一媒体特点、个人风格特点、时代特点、阶层特点。这时人们就把关注的目光放在了语料的通用性、普遍性、广泛性上，其结果就是“通用语料库”、“平衡语料库”的产生。通用语料库在克服单一媒体、单一作品的局限上有着很好的作用，但人们又发现，这样“兼采百家”而来的语料固然能较好地反映面上的特点，但很难深入地再现语言的来龙去脉和此起彼伏。对整体的清晰把握只有建立在对各领域语言有更深入的了解后才变得有可能，在没有对各个领域的语言有更深入的了解之前是很难准确把握整体的，而深入、全面、穷尽地展示研究对象的面貌，正是语料库研究的特长。这样，人们又开始了对反映领域语言的专题语料库的追求。如“即席对话语料库”、“汉语中介语语料库”、“《现代汉语词典》语料库”、“广播电视有声语言语料库”、“方言有声语料库”，都各具特点，有着很强的针对性。这样的语言研究，正是需要语言学家，而不是单凭计算机技术就可以完成的任务。

2. 研究的语言问题愈来愈多，向语言的内部世界愈来愈深入。早期的西方计量词汇学研究的主要是基础词汇、常用词汇，关注的主要是词频。（程曾厚，1987）汉语词汇计量研究在开始时所关注的与此大体相似。在20世纪前大半个时期，所进行的研究主要在词表研制上，绝大多数服务于语言教学，有的服务于汉字改革，研制单位大多是高等学校，有的是研究院所，甚至印刷厂。像《现代汉语频率词典》的研制单位就是北京语言学院语言教学研究所。与此同时它还出版了另一部词汇统计数据的专著《汉语词汇的统计与分析》①，更是直接服务于语言教学。但随着研究的深入，涉及的词汇问题愈来愈多，如词语单位、词语结构、词义的产生与消失、词义义项的数量、词语的来源、同义词、反义词、词汇的内部结构等。观察到的词汇应用领域也愈宽广，如词汇演变与社会的共变关系，词语使用与社会交际效率的关系，解释性词语与人们认知规律的关系，词汇差异与文化差异的关系。词是一个综合体，在词身上集聚着语言的音形义，是语言独立使用的最小单位，能最清晰地反映出语言的认知性、交际性、表达性。在词汇身上承载着

① 北京语言学院语言教学研究所，《汉语词汇的统计与分析》，外语教学与研究出版社，1985年。

人、社会、文化、认知，承载着整个认知世界。语言的种种重要性质和特点，都会通过“量”上的高频、高现反映出来。愈是重要的、常见的词汇现象，愈是会有较多的“量”来体现它。这方面的研究成果近十年来不断涌现。

3. 计量方法愈来愈多样化。在词汇的计量方法上，也由开始较多运用简单的数值计算、比率计算的方法，到对较复杂的推理、预测、相关性和聚类性的运算。

## 四、研究中要注意的若干问题

### （一）选材要有代表性、准确性、封闭性

计量研究的实质仍是通过对语料的典型取样、定量调查、深入分析，以达到认识更大范围的同类语言现象规律与特点的目的。因此定量研究对语料的选取有着很高的要求，不同的语料在定量研究中会显示出不同的价值。如在方言近似率的定量研究中，是选取最高频的常用词，还是选取数量达几倍之多的一般词语；是以词为单位，还是以语素为单位，就有着完全不同的意见。在大型的词汇统计中，语料选取是否科学往往决定成败。有人比较了《汉字频度表》与《汉字频率表》，认为后者能后来居上、超出前者的一个重要原因，就是在语料的选取上避免了某一特定时代的局限性。①又如“中国语言绿皮书”之一的《中国语言生活状况报告》选取了

① 李兆麟先生认为“《汉字频度表》由于取样不恰当，选了‘文革’时期报刊上的许多文章作统计材料，科学技术书刊总字数在全部统计材料中所占的比重较大……”，“《汉字频率表》在统计时所用的语言材料及各类语言材料所占的比例是最恰当的，具有代表性、多样性和均匀性”。（《汉语计量研究初探——兼评〈现代汉语频率词典〉》，载《辞书研究》1989 年第 1 期。）

15 种大型报纸作为其较稳定的调查对象，但 2006 年度的调查比起 2005 年更换了两种报纸，其中《羊城晚报》的替换就是因为这一区域的报纸还收有《广州日报》、《南方周末》、《深圳特区报》，这是从语料的区域平衡做出的选择。而把《现代汉语词典》当做现代汉语整体词汇面貌的代表来研究，首要考虑的就是它的语文性、规范性、普遍性与权威性。尽管后来发现它还带有较多的辞典特色，辞典词汇与现实词汇还有着一定的距离，但这几个特点还是起着稳定的作用，对人们认识现代汉语词汇的总貌还是起了很好作用的。

语料具有代表性、典型性，是得到准确数据的可靠前提。只有当语料真实、准确地反映了当时的实际语言生活状况，所得到的数据才具有可信度。因为在强大的计量工作前面，任何一些语言文字的差异、特例都会清楚地凸显出来。如在建设历史文献语料库时，统统按照现在的文字来输入，这就把文字的演变轨迹全破坏掉了。为了达到准确地揭示语言面貌，应该按所采用版本的原始语言文字状况来录入。又如对有声语言的研究，一般都要转写成文本，而转写中肯定要丢失许多有声语言独有的传递手段和信息，而这些传递手段和信息是难以为文字所表达，当然还会出现因转写人的因素而导致非正常的丢失。又如网络上的跟帖语言、论坛语言、BBS 语言，或是手机语言，在进行计量研究时都应该充分利用各种手段以尽量保证语言文字使用原貌的再现。

定量研究的使用语料，另一个要求就是要做到语料的封闭。只有封闭才能做到定量统计的穷尽、准确。笔者在建立《现代汉语词典》数据库时发现同一个版本的不同印刷次数，往往出现了局部的"挖改",或改释义,或增删词目。① 尽管这些挖改不会动原书的筋骨,但对定量研究来说,毕竟会时不时带来拂不去的遗憾,如"母老虎"就是在第3版的第100多次印刷本中才发现的。这使我们在建立数据库的过程中,考虑光引用"版本"的概念可能还不行,还得加上"第几次印刷"的"印次"信息才行。因种种原因难以做到语料封闭时,随机采取不失为一个好办法。笔者在建立语料库之前曾手工做过《现代汉语词典》(1983年版)的单、复音词载义量的对比。在全书中抽取了相隔固定页码距离的16页的共480条复合词来调查,发现每个词的平均义项数是1.308个。(苏新春、许鸿,1995)这个结果与"大多数词语是多义词"的传统说法离得太远,又担心因取样太少则结论有误。现在通过数据库的统计,发现全书45606条复音词的平均载义量是1.163,与原研究结论相去不远。可知随机取样得当同样能够收到全部语料封闭调查的效果。

代表性、准确性、封闭性是计量研究的基础。当然计量研究的本质是归纳研究,在大规律语料统计时,个别甚至少量数字的增减不会影响到语料的量与质,但作为严格的计量研究,数据的准确性是尤应加以注意的地方。

(二)特征标注的多角度与周遍性

要对词汇的语义、语音、语法关系进行多角度、多层面的定量研究,少不了要进行词汇属性的标注。这是要深入进行定量研究的重要一环。这些本来是高强度的工作量、高要求的准确性在语料库中都能得到轻易的实现。"现代汉语通用语料库"能快捷、大

① 如1996年的《现代汉语词典》(修订本)在1998年以后的印刷中在901页新增"母老虎"一词。

批量地处理语言,在统计字量、词量、句型句量上往往有其独特之功效,但功能较为单一,分析结果的附加信息少,大多数情况下还必须经过再次处理。所谓的再次处理,首要就是要根据不同的研究目的进行属性标注。《现代汉语语法信息词典》对动词属性信息的标注就达128项。(俞士汶,1998:20)这是一部为计算机信息处理用的后台词语语料库,其实它本身又是人们对语法精心研究的结果。又如为了全面反映《现代汉语词典》中1414个、695组同形词的语法、语音、词义之间的同异关系,进行的标注也达20多种。将同形词之间的意义差别与多义词义项之间的差异,单义词义项的演变,先为同形词后为多义词,及先为多义词后为同形词四种材料进行了对比,从而清晰显示出词典在同形词的设立中表现出标准偏严,划分标准不一,且贯彻不太一致的现象。(苏新春,2000)所谓周遍性就是同一种标注要覆盖所有的语料,无论是有还是无,或"有"的不同级别,都要加以标示,这样才能使语料库处理起来更为便捷、准确。

(三)寻求最有效的分析方法和理论

语料选取、语料库建立、语料标注与加工,是词汇计量研究中极为重要的环节,甚至是最为抢眼的地方,但这都只是词汇计量研究的外部表现,不能以为只要把语料作了量的统计与分析就完成了所有的研究工作。选择观察语料的角度,确定分析语料的理论和方法,明确分析语料的目的,乃是词汇计量研究中至关重要的东西,否则一堆统计数据放在面前将毫无活力。语料不会自动显示内在的价值,语料的统计数据也不会自动昭显研究意义,只有在理论的观照下语料与数据才会显示它的内在价值。之所以强调这点,就是要克服以为计量研究只是材料统计的偏颇观点。计量研究只是一种手段,只是对语料的一种处理方法,重要的是通过大量、准确的计量分析来发现语言的本质属性与规律。定量研究中的语料选取、语料标注、量化分析，每一个环节都要依靠理论的指导，才会使定量研究获得生命力。要克服那种只有定量，没有理论，为定量而定量，满足于统计分析过程的纯形式化研究。如《现代汉语词典》(1983年版)有2492条词含有比喻义，使用了六种不同的训释方式。这些训释方式是否使用得当，相互之间有何联系，固然很值得词典学、释义学来研究，但更有意义的是它们反映的是什么性质的词义，由此把研究的视角确定为探讨释义方式与词义成分之间有着怎样的对应关系，从而发现《现汉》作为一部规范词典，它所反映的词义还包括了一部分富于生命力，处于形成过程，尚未定型的新词义成分。(苏新春等，2001)又如，人们在比较两个不同词集的词语差异时，一般是观察彼此互为有无的情况，而对那些共有成分或是忽略不计，或是仅观其频次与分布次。其实，这里还有不少更深入的方法可以运用，可以更准确地观察到这些共有成分的差异性，如比较它们的排位差异或比值，频率差异或比值，分频率与总频率的差异或比值，都能把平时人们容易忽视的东西凸现出来。

以上三点缺一不可，互为前提。没有语料的准确，计量研究将失去基础；没有多角度的对比，难以深入到语料的内部世界；没有理论与方法上的深入挖掘，将只浮于材料表面的堆砌。

## 思考与练习：

1. 语言学史上的研究方法可归为哪些派别？归类的依据是什么？
2. 什么是计量研究？什么是定性研究？二者有怎样的辩证关系？

3. “例不十，法不立”代表了怎样的研究观？
4. 专书研究的特点是什么？代表作有哪些？
5. 语料库的统计研究有哪些特点？
6. 词汇计量研究要注意的问题有哪些？

# 第三章　汉语词汇计量研究的发展

进行词汇计量研究最重要的是要拥有两件东西，一是语料，二是数据库，二者的结合就是语料库。本章将对语料库及运用语料库开展研究的几个样例作一简单介绍，以帮助读者对词汇计量研究有一个概貌性的了解。

## 一、语料库介绍

在具体介绍之前，先来看下面这段解释：

“机器可读的大量自然语言素材的有序集合，这些语言素材是书面文本、言语录音或其转写。可以为自然语言信息处理的研究提供语言数据，也可以应用于语言教学、词典编纂等其他语言研究领域。从不同角度可对语料库作出不同的分类。如根据语料的来源，可分为口语语料库、书面语语料库等；根据语料的载体，可分为语音语料库、文本语料库等；根据语料所涵盖的领域，可分为通用语料库、专题语料库等。”①

这段话回答了语料库的三个问题，什么是语料库，语料库的分类，语料库的作用。

---

① 参看国家语言资源监测与研究中心编，《中国语言生活状况报告》(2007)下编，商务印书馆，2008 年。本章没有加注的引文，都是来源于该书第 516－523 页的“语言资源监制与研究相关术语”。

（一）什么是语料库

“机器可读的大量自然语言素材的有序集合，这些语言素材是书面文本、言语录音或其转写”就是对什么是语料库作出的解释。

形成语料库要有两个必备条件，一是能被计算机处理的形式和载形。这个形式最低来说必须是电子文档，还要有能对它进行查询、检索、调用、加工的专门编制的软件；也可以是本身就既能容纳巨大语料，又集成有强大处理功能的数据库软件。本书介绍的 Access 就属于后者。两个条件缺一不可，不能为计算机所处理的不是语料库，没有“大量”、“有序”的语料，也称不上语料库。

（二）语料库的分类

“从不同角度可对语料库作出不同的分类。如根据语料的来源，可分为口语语料库、书面语语料库等；根据语料的载体，可分为语音语料库、文本语料库等；根据语料所涵盖的领域，可分为通用语料库、专题语料库等”。这里列举了三种分类。这三种分类与国家语言资源监测与研究中心所从事的语料调查工作有密切关系。

学者们从不同的角度对语料库作出了多种归类，如有的分出“异质型语料库”、“同质型语料库”、“系统性语料库”、“专用性语料库”，有的分出“抽样语料库”、“监控语料库”。①

其实，语料库的构成要素有多少，语料库的作用有哪些，这些要素，这些作用，都可以成为语料库的分类标准，也都可以根据这些标准来作出不同的分类。

① 参看约翰·辛克莱著，王建华译，《关于语料库的建立》，载《语言文字应用》2000 年第 2 期。

1. 根据语料的来源划分

根据语料的来源有书面语语料库、口语语料库之分。书面语语料库指的是用文字记载的带有书面语语体色彩的语料库；口语语料库指的是用文字记载的带有口语语体色彩的语料库。现在的语料库大部分是指用文字记载的带有书面语语体色彩的语料库。

2. 根据语料的载体划分

语言的载体有语音形式和文字形式，因此也就有了语音语料库与文本语料库之分。语音语料库如侯精一的“方言音库”，顾曰国的“现场即席话语语料库”。侯精一主持的国家社科基金重点项目“现代汉语方言音库”，以录音光盘形式保存汉语九大方言。该书“以录音的形式，准确记录和细致描写了现代汉语40个地点方言的基本面貌和主要特点，为学术界提供了一份极为珍贵的现代汉语方言有声、直感的资料，对语言应用与研究以及相关学科研究等都有重要意义”。(陈章太，2000)而“现场即席话语语料库”则别开生面，对了解现场话语交际的语用规律有着特殊的作用。现在的语料库大部分是用文字记录的文本语料库。

3. 根据语料所涵盖的领域划分

根据语料所涵盖领域的大小有通用语料库与专题语料库之分。通用语料库涵盖了语言使用各个领域，它试图反映的是整个社会语言生活的各个方面。专题语料库只是反映某一个专题的语料的面貌。通用语料库中最有代表性的是国家语委研制的“现代汉语通用语料库”。它追求时代(20世纪初、中、后期)、领域(政论、科普、口语、文学)、语体(书面语、口语)、文体(诗歌、散文、小说、戏剧)、一般作品与典范作品之间的平衡性与代表性，其目的都是为了尽量使之能反映出现代汉语语言状况的实际情况。在台湾地区得到广泛应用的是“平衡语料库”。香港邹嘉彦主持的“LIVAC 语料库”(Linguistic Variation in Chinese Speech Communities 汉语共时语料库)虽然在中国大陆、台湾、香港以及新加坡各取了一两个语料采集点,但它力图反映的仍是整个汉语主要使用地区的语言面貌,也属于通用语料库。

4. 根据语料的成分要素划分

根据语言单位、语言要素的不同,可分为文字库、词汇库、语音库、语法库等。其中文字库、词汇库最为常见。文字库中有汉字语料库、字频库、部首库、偏旁库、字音库、笔画库、汉字部件库、汉字等级库等。词汇库中有通用词语库、外来词语库、术语库、专业领域词库、比喻词库等。语音库有口语交际库、主持人播音语言库、方言库等。如侯精一的“现代汉语方言音库”从载体上看是语音库,从语言单位来看里面有方言字音的内容,也有方言文本篇章的内容。顾曰国的“现场即席话语语料库”从载体来看是语音库,从语言单位来看则属于篇章语用库。语音库由于有它特殊的作用,现在愈来愈受到学术界的重视,这主要体现在汉语方言与少数民族语言的保护上面。据报载上海市在 2006 年已经决定启动“上海方言保护性调查”,由复旦大学牵头,计划在五六年内建立上海方言库,将不同地区不同时代的上海话分类归档,开展保护性研究。① 语音库真实地再现了有声语言的原始面貌,对历来口耳相传,难以保存的语音材料作了永久的保存,彻底改变了语音研究的面貌。

① 参看《上海建方言保护 上海话成立专门课题组》,载《上海青年报》2006 年 2 月 23 日。

5. 根据语料的时代特性划分

根据语料的时代特性可以分为古代汉语语料库、现代汉语语料库、当代汉语语料库、断代语料库、历时语料库。如“现代汉语通用语料库”的语料跨度是从20世纪初开始，一直到20世纪90年代，尽量反映整个现代汉语面貌。这近百年间是作为一个时间平面来看待的，不同年代的语料是交杂在一起使用的，因此它属于现代汉语语料库。但如果能把其中各个语料样本的时期甄别出来，它又具有了历时语料库的作用。如“中国语言生活状况报告”每年取语料10亿字，既研究年度之间的动态，又研究年度之间的稳态。其实，这里是以“年”为单位来考察的，使这个大型语料库具有了以年为单位的历时语料库的动态变化的特点。

6. 根据语料库的作用领域来划分

不同的语料库有不同的作用，因此，依据语料库的作用来划分也是一种常见的方法。最基本的分类就是能照顾到方方面面需要的通用性语料库，与满足于某一个领域需要的专题型、专用型语料库。

7. 根据语料库中的语言种类来划分

有单语语料库和双语语料库之分。现有的大部分是单语语料库。而为机器翻译之用，为双语词典编纂之用的则是典型的双语语料库。

8. 根据语料库使用的软件来划分

语料库有的是以真实文本形式存储，另有专门的处理加工软件，这是真实文本语料库。有的是用独立、系统的数据库软件装载、处理的为数据库语料库。根据使用的数据库软件的不同又可分出许多的小类。

9. 根据对语料的加工程度来划分

根据对语料是否加工，加工到什么程度也可作出分类。保持了语料原始面貌，未作任何改动，只提供查询、检索功能，其目的主要是调动实际语例，并观察语言原始面貌。有的是作了加工，而且加工的类型不同，加工的深浅不同。据此可分为真实文本语料库、分词标注语料库、句型标注语料库、词义标注语料库等。

以上的分类只是对具有多种属性的语料库从单一角度、单一侧面所进行的分类。一个语料库，是多种属性的综合体，因此一个语料库可以同时具有多种归类。如国家语委负责研制的“现代汉语通用语料库”，从语料来源看是书面语语料库；从载体来看是文本语料库；从涵盖领域来看是通用语料库；从语料的构成成分来看，具有处理文字、词汇、语法功能的综合语料库；从时代特征来看的现当代汉语的共时语料库。这就像是对人的划分，从性别看有男女之分，从年龄看有老中青少之分，从职业看有工人、农民、职员、教师、军人等之分，从政治面貌看有党员、团员、民主党派、无党派人员之分等等一样，可以作出多角度多层次的分类。

（三）语料库的作用

“可以为自然语言信息处理的研究提供语言数据，也可以应用于语言教学、词典编纂等其他语言研究领域”，这里说的是语料库的作用。这是从语言资源监测与利用的几个主要领域而言。其实语料库的作用远不止于这些。只要具有前文所说的两个特点，且服务于一定目标的，也就是都具有语料库的性质，都在发挥语料库的作用。

比如大学校园里的超市，学生购物后都要刷卡交费。刷卡收费机记下购物的时间、商品品名、数量、价格等，看上去这只是一份简单的记录,可是当把这个收费记录拿来进行分析时,从中就能看到每位购物者的购买对象、购买力和购买习惯。比如有的人每天都进一趟超市,每次也都消费,但每次消费不过十几元,有的人一两周才来一次,每次购买的品种却很多;有的购买的主要是食物、饮料,有的却主要是化妆品、装饰品;有的是固定在中午来,有的是晚饭后来,有的是晚自习结束后才来。当这份记录起着这样的作用时,其实它就拥有了充当"某某大学学生超市消费习惯语料库"的性质。当然要使这份购物记录能更好地发挥作用,还必须考察它是否具有完整性与代表性,比如这所大学的大部分学生是否都在这家超市消费,超市消费在整个校园消费中所占的比重等。

又如每个人在电信公司里的通话记录,其实就是他的电信语料库,从每次通话的主叫、被叫、通话时间长短、拨出时间、接听时间、消费金额等等可以观察到他的社交圈子、通话习惯、支付能力等。如某人一个月有 500 次通话记录,不同的通话号码是 69 个,其中主叫 31 个,被叫 38 个。只通过一次话的有 40 个,通话 10 次以上的只有 8 个号码。那 40 个号码可以暂时不管,而这 8 个却可能就是他最主要的交往对象。其中又有的每次只通话两三分钟,有的不仅次数多,而且有时会长达二三十分钟,那么这个人一定是他来往最密切的人。是生意、工作上的伙伴,是父母,还是恋人,抑或其他,必居其一。

如此看来,图书馆借书记录对了解大学生的阅读习惯,银行记录对了解顾客的消费能力,添加汽油的记录对了解车主的行程范围与习惯,也就都具有了语料库的性质。

在没有大型通用语料库之前,人们迫切希望能够拥有这样的语料库,希望能够依托它来认识整个语言面貌,解决语言各方面之需。但当拥有这样的语料库之后，却发现所谓的大型，相对于无穷无尽的语料来说，仍是相当有限；所谓具有通用性的同时，典型性又不够，所要观察的现象却又相当稀疏，不需要的现象又大量充斥其中。在对专题语料库的追求中，在获得它的个性、典型性的同时，又担心它的代表性、广泛性。因此，语料库的用途是广泛的，作用是巨大的，但它的最大价值还是在于要能符合研究目的的需要。在充分利用语料库的价值同时，还要尽量避免它的局限与不足。

## 二、《现代汉语频率词典》的词汇计量研究

《现代汉语频率词典》是我国第一部频率词典，出版于 1986 年，距今 23 年。如果从课题开始之时的 1979 年算起，距今正好 30 年。该书在汉语的语料库建设与利用，在词汇计量统计方法两方面都做出了开创性的工作，其统计成果也产生了广泛影响。

从它的统计目标来看，这实际上是一次对现代汉语共时面貌的整体描写：

我们挑选语料的基本着眼点是：应针对各种类型的汉语教学、研究与应用的最广泛的一般需要，能满足具有相当于我国高中毕业文化水平的人在日常生活和社会生活中使用汉语字、词的需要，希望使统计得到的成果能为汉语的语言规范化和文字改革，为汉语信息处理标准化、语言学、语言教学和其他各相关学科的研究提供有科学价值的参考材料和数据。①

① 参看北京语言学院语言教学研究所编，《现代汉语频率词典》前言，北京语言学院出版社，1986 年。本章的引文如未加注，皆引自该书的“前言”部分。引用该书时简称《频率词典》。

（一）语料来源

统计的语料规模共“180万字(131万词次，约200万个印刷符号)”。

共179篇作品，分四大类：“政论：占24.39%”、“科普：占15.73%”、“口语：占11.17%”、“文学：占48.71%”。选取语料时主要考虑的因素有：“1.以五四以来中国现代优秀作品为主。”“2.较多选用四十年代至七十年代的作品。”“3.保持原作的完整性。”

收入了当时使用的1979—1980年全国通用的十年制中小学语文课本，各课本按以上四类分别归类。

怎样来看待它的语料规模与采集原则呢？它所使用的是一个很小型的语料库，里面有几个很值得称道的地方。如：语料尽量照顾到了社会语言使用的各个方面；对四个领域的抽取样占总语料量的比例进行了精心设计；注意了对作品规范性、代表性的要求。它对语料的分类方法和要求奠定了现代汉语大型通用语料库的基本做法，如后来国家语委研制的“现代汉语通用语料库”收集的语料规模扩大到了38倍(7000万字)，但语料分类的思想显然是在此基础上发展而来的。分有“人文与社会科学类”、“自然科学类”、“综合类”、“报纸”四类，各占59.6%、17.24%、9.36%、13.79%。① “我们在选择语料时既考虑到词的总体个数应达到的足够数量，同时也注意到必须尽量保证所选语料具有代表性、多样性和均匀性。”

但在实际做法上也有着若干不足。一是语料量偏小，二是样本数量偏小。每个样本的容量偏大。总篇数179篇，平均每个样本达1万字。样本数少，样本量大，带来的直接影响就是降低了总

① 参看“现代汉语通用语料库”软件介绍中所附的说明文件。

语料的代表性。试想，如果仍是180万字，每个样本是2000字，样本数则可扩大到800个，其语料类型的覆盖面会扩大不少。三是语料主要采自于20世纪中期的40年间，这段时间是中国社会剧烈动荡的时期，政治性强，词汇变化大，使得统计出来的词表里面有不少词的稳定性受到影响。

（二）基本内容

全书在目录中列有8个表，5个附录。实际上应是12个独立的词表，见下：①

1.《按字母音序排列的频率词表》(16593个词)

2.《使用度最高的前8000词词表》(8548个词)

3.《频率最高的前8000词词表》(8441个词)

4.《使用度较低的词语单位表》(22446个词)

5.《报刊政论语体中前4000个高频词词表》(4000个词)

6.《科普语体中前4000个高频词词表》(4000个词)

7.《生活口语中前4000个高频词词表》(4000个词)

8.《文学作品中前4000个高频词词表》(4000个词)

9.《分布最广的词语频率表》(360个词)

10.《前300个高频词分布情况分析》(300个词)

11.《汉字频率表》(4574个字)

12.《汉字构词能力分析》(4574个字)

以上表看起来很复杂，稍作整理可归为五类：表11、表12是字表；表5至表8是总语料下四个小类的分类词表；表9、表10是分布最广和最高频的词，数量少；表1、表4的收词多，只是对极低

① 12个表后面括号中的数字为笔者所加。

频和极低分布的词作了排除；表 2、表 3 是常用词表。

这样就可以把注意力集中在表 2 和表 3 上，即按使用度统计出来的 8548 条常用词（表 2），与按频率统计出来的 8441 条常用词（表 3）。它们的统计方法、各种统计方法的差异与关系、所收词语的效果比较，很大程度上就代表了全书的主要价值。从“前言”的介绍来看，“本表（本书按：指《频率最高的前 8000 词词表》）反映出的情况和数据一目了然，易于使用。其他外语频率词典的主要词表大多也采用这种排列方法。”其实，该书最推崇的还是使用度的统计方法，后来在学术界产生影响的也是用使用度统计出来的 8548 条常用词的词表，而不是用频率统计出来的 8441 条常用词的词表。

（三）研究方法

《频率词典》在方法的使用上有着很强的科学性，代表了当时国内词汇计量统计的最高水平。它的一系列方法都对后来的词汇计量统计产生了重要影响。

1. 科学的语料采样方法

上面的（一）已经作了介绍。

2. 科学的研制词表的方法

在计算词语的重要性的排位时使用到的方法有：频率统计法，指该词在出现次数占全部语料总词词次的百分比；分布统计法，分为“类”和“篇”两项，类的总数是 4，篇的总数是 179；使用度统计法，综合了词次、类、篇三方面因素，并提出了计算公式。

针对四类语料规模的不均等，使用了加权法，使相互之间具有可比性。

为了凸显各类语料之间的差异，使用了“观察值”与“期望值”

的比较法。"'观察值'指该词实现出现的词次。'期望值'指理论上应出现的词次。其计算公式:期望值=该词总词次*(该类总词次/语料总词数)。从'观察值'与'期望值'的对比中可看出,两个值的数量相近,则后者对前者的偏离程度就小。"还有偏差系数的计算方法。

为了离析相同频率与使用度的词语,在排序中运用了"级次"、"等级"的方法。

但有的方法似乎还缺乏足够的介绍,总频次与四个分类的频次之间有什么关系,只说到"若把这四类语料各自的总体而论,所统计的语料基数是不同的,这无碍于单独进行分析。但如果把四类作比较,则需要作'加权'处理(使处于同一标准)",但如何进行加权处理,则语焉不详。如下面三个词:

| | 使用度 | 总频次 | 频率位 | I 频次 | II 频次 | III 频次 | IV 频次 |
|---|---|---|---|---|---|---|---|
| 吹 | 181 | 224 | 831 | 28 | 19 | 18 | 159 |
| 首先 | 151 | 224 | 832 | 118 | 41 | 4 | 61 |
| 太太 | 109 | 224 | 833 | 1 | 0 | 147 | 76 |

"吹"、"首先"、"太太"的总频次一样,都是224次,但它们在四个分类中的频次全然不同。这样问题就来了,由于IV类的语料量特别大,占到总数的48.71%,III类的语料量只占11.17%,结果"吹"在IV类的频次159条,"太太"在III类的频次147条,它们对总频次贡献基本相同。这时就反映不出四类语料各自量多量少的差别了。当然,它们的使用度不同,这是由分布决定的,但在频率统计法中,分类的频次对总频次却看不出有什么影响。

3. 运用"概念—词形—功能"相结合的方法对"词"作出判断

分词是词汇计量统计中的一个必经程序,在后来的大规模词语统计中，使用的基本上是中文信息处理中对“词”的认定方法，看重频率，注重词的凝固度，淡化同形词与多义词的区分。而《频率词典》在分词时也有着机器分词的特点，如收了一般词典不收的凝固词，如“要不是”、“伤病员”、“恨不得”、“老是”。但同时也更多地考虑了“人”的因素，突出了词的语义、语用因素，强调词义的完整性。它主张“对四音节以上的单位切分时，如不影响原义，则尽量分成较小单位。科学术语不硬性化小。常用的前后缀和类词缀单独分出统计。划分单位时采取语义与语用兼顾，侧重语境中的语法功能的做法”，“分出了同音同形词、多义词以及语法功能不同的词明确加以区分（标音、标注词类、简要注释、举例）。某些兼类词有时难以准确区别，为了统计方便，把两类合并在一起，如‘和（介、连）’归在一起统计”。这些处理方法都是比较符合语言学原理，比较符合“人”对词的看法的。但这些恰恰是在大规模的词汇计量中比较难做到的。这使得统计结果能更好地在汉语教学中得到运用。

这种较强的人工干预力度在将什么样的词语纳入统计范围也体现出来了。“至于成段的文言词语以及地名、人名、阿拉伯数码和其他专门符号则都不统计，秽语也不统计。”以上对“词”的这些认定方法和取舍方法当然会直接影响到“词”的数量，即“词种”的数量。《频率词典》的“不同词条总数 31159 个”，只在“前言”中出现过一次，但因分词单位的宽严不同，对纳入统计范围的词作了较多的干预，因此单就“31159”这个数字也就缺乏足够的可比性。

比如《中国语言生活状况报告》(2007)下编中统计了基础教育新课标 4 套语文教材，总的语料量是 183 万，与《频率词典》的 180

万相当接近。但词种数在50670条,相差19000余条。[①] 经回查,50670条中就有人名2758条,地名2152条,数字词617条,且没有排除"文言文"和"秽语"。其实对"秽语"的定性与定量是相当困难的。

本来有一组数字还是很有可比性的,即高频词的比较。从"累加覆盖率"可以清楚地对比出来。但《频率词典》没有系统进行这项对比,只是在文字叙述中用举例的方式说到几个数字:

频率法统计中,前1678个词达到累加频率的80.1015%,前5000个词达到91.6675%。

使用度统计中,前1230个词达到累加频率的75.8041%,前2256个达到83.6306%。把这两组数字与"年度调查2007"中语文教材词语统计相比较,后者累加频率达80%时用词3320条,达85%时用词5352条,达90%时用词9101条。

这也给人们以启发,在任何一种对不同语料的统计词表中,总词种数的对比价值是不大的,特别是用了不同的分词方法、软件或标准之后;人工干预的程度愈大,可比性的价值下降得愈多;值得比较的是高频词,是不同词表中的同现词,是同现词中的序位变化。

《频率词典》对语料的分布类与篇数只有4与179,分布单位显然分得粗了点。分布率没有予以计算;分布法没有在高频词、次高频词中独立运用;高分布词只列了360个。是不是与此有关,尚有待探究。

① 以上数据源自国家语言资源监测与研究中心编《中国语言生活状况报告》(2007)下编,商务印书馆,2008年。

## 三、《现代汉语词典》的词汇计量研究

《频率词典》反映的是对真实语料的统计研究，那么对《现代汉语词典》的词汇计量研究则反映的是对现代汉语词汇系统的研究。前者是从真实语料中来提取词语，观察词语在真实语料中的分布与使用，而后者则是对由词典保存的已经定型的通用程度较高的语文词语的研究。前者是对言语词的研究，从言语词中提取高频高分布的语言词，后者是直接对语言词的研究。近十年来对《现汉》的词汇计量研究渐成热点，已一脱旧时单一的词典学来研究的格局，有十多位学者开展了计量的研究，发表论文数十篇。下面从三个方面来分析这一词汇计量研究的开展。①

（一）语料性质

《现汉》是我国享有极高声誉的一部规范性语文词典。其通用性、权威性、学术性都得到人们的广泛认同。对词汇计量研究来说，它下面这一理念赋予了这份语料极高的应用价值，这就是它致力于反映现代汉民族共同语的词汇系统：

> 规范型词典全面反映语言的词汇体系，就要对词语作全面收录，不因某些词语无需查检而不收。……规范型词典如果把数以万计的常用词排除在外，它将是一部残缺不全的词典，也就谈不上为民族共同语规范化服务。而单纯以释疑解难为目的的词典，在收词上就不一定照顾到词汇系统的全面，一些很常用而不需索解的词可以不收。

---

① 本章主要依据材料为苏新春等著的《汉语词汇计量研究》，厦门大学出版社，2001年。

规范型词典对民族共同语词汇的记录是全面的，但不是穷尽的（在理论上和实践上都是不可能的）。《现汉》是一部中型词典，它在收词上既是全面的，又有较强的选择性。选词的依据，主要不是看查考的需要，而是看词语在语言使用中出现的频率。（晁继周、单耀海、韩敬体，1996）

以上是《现汉》编纂者对词典功能、选目依据的说明。这一说明其实是揭示了《现汉》的词汇性质，对词汇计量研究的最终材料选取产生了重要影响。

《现汉》的编纂者多是造诣精深，学有专攻的行家里手，他们从上百万张资料卡片中反复斟酌，层层筛选，最后确定收录的五万多条词语，无疑是对现代汉语词汇的一次全面整理和规范。（李建国，1996）

这都表明《现汉》所收纳的词目很大程度上反映着现代汉语词汇的构成与概貌。

（二）词汇理论研究的内在需求

半个多世纪以来的现代汉语词汇研究，在词汇的诸多方面取得了长足的进步，但审视过去，也发现其在大观上存在若干不足，主要表现为：定性式的研究方法、非整体的词汇研究观、取材的非充足性。

所谓定性式研究方法，即研究主要凭借的是研究者对材料的主观感受与判断。研究中个人的识断起着主要作用，所依据的主要是典型性、富于个性的语料。这种以识断选例、从个案窥全局的特点，不可避免地会带来个别结论与普遍规律、个人见解与普遍材料之间的矛盾。各有所见、见仁见智的现象屡屡可见，使得词汇研究长期处于“人治”阶段，难以走上科学化的道路。如对是否存在词汇系统，看法长期得不到统一，直至有人把词汇系统明确地，尽管不很清晰、不很完整地描述了出来，意见才趋向一致。① 又如普通话词汇系统的来源与状况，尽管人们普遍认为有五大来源、六大来源，但每一种来源的词汇与普通话词汇在进与退、量与质、渗透交融与沉淀同化的关系如何？有着什么样的演化规律？有无富于操作性的量化标准？至今都还是朦胧中来朦胧中去。在这样的基础上再来说普通话词汇的整体状况，当然离而远之。

又如词典，无论是专科术语类还是断代的语文类词典，都有着属于自己的核心词汇部分，也都存在着分布于边缘地区的过渡成分，可现状却是对词目的收录、保留、删除都缺乏对过渡成分严格的区分标准，成为又一个典型的“定性”领域，处处可见“吾辈数人，定则定矣”的痕迹。新词新语研究由于缺乏量的分析与说明，以至于旧词当新词者有之，偶用词作常用词者有之，误用词当定型词者有之。在对现代汉语词汇整体面貌还缺乏清晰、完整描述的情况下，所建立起来的词汇理论也就难免粗疏、缺漏。

正是基于对现有词汇研究的反思，基于对词汇研究的整体、宏观、精确的追求，选取一个有足够代表性的整体语料来进行词汇理论研究也就摆到了研究者的面前。诸多的词汇理论问题，如词汇的整体面貌如何，内部关系如何，语义系统与关系，构词法的类型与能力，词汇的来源，演变趋势，基础词与高频词，本土词与外来词，通用词与专业词，基本义与派生义，词的语言义与语境义，等

① 有关观点可见黄景欣《试论词汇学中的几个问题》，载《中国语文》1962 年第 3 期；刘叔新《论词汇体系问题——与黄景欣同志商榷》，载《中国语文》1964 年第 3 期；周国光《概念体系和词汇体系》，载《安徽师范大学学报》1986 年第 1 期；刘叔新《汉语描写词汇学》，商务印书馆，1990 年。

等，都需要通过细致的计量研究才能有更全面而深入的了解。

在中国古代语文研究实践中也一直有着以优秀词典为研究对象的传统。如以《说文解字》为对象的许学，孕育了文字学；以《尔雅》为对象的雅学，孕育了训诂学；以《方言》为对象的扬雄学，孕育了古方言学。后来的《切韵》、《唐韵》、《广韵》、《中原音韵》，及再后来的《康熙字典》，都是以丰富的语言材料和深刻的内涵而成为一门学问的基本对象，甚至托起了一个语言学科。

（三）语料库的建立

将对《现汉》进行计量研究，就需要把它变成语料库，再利用数据库的强大功能来对其进行深入系统的分析。这里用的是表格式数据库软件 Access。在建库时有这样几点需要注意：

1. 一“词目”为一“行”

在词汇计量研究中，“词”是最基本的单位，绝大部分的词语研究都是立足在词这一单位之上的。而数据库中“行”是最基本的运行单位，因此一词目为一行是其基本要求。当然这主要看研究任务，如在本课题组后来进行的机器区分多义词的自动识别中，义项是分析的基本单位，这时就要以“一义项”为“一行”来安排。

2. 词目的一个“信息点”为一“字段”

在数据库中“字段”是另一个重要结构，它要对行记录的每一个信息点进行分项保存。对数据库来说，行记录的信息点应该细致地划分。重要的信息点，独立的信息点，需要进行深入分析的信息点，可以成组聚合的信息点，都应该分别列为一个字段。在建库时可以先将一些基本的信息点分别设立，以后随着研究的需要再增设字段。开始设立的字段可以有标音、释义、页码。这几项都是词典的基本内容。如需要的话还可以根据词语来源、词性、色彩等来设立字段。再后面的还可以对词长、释义长度、义项数等来设立字段。

3. 追求语料的完整、准确

计量研究的目的就是要准确地反映语言面貌，而数据库的强大功能又可以将语料的各个细节都准确无误地反映出来。如果进库的语料不准确，在统计时就会一一清晰地显现。如“沣”写成了“澧”，就成为两个字，在字种的统计时就多出了一字。原词典标示参见条时是外加括号，在数据库中是用“〖〗”还是用“【】”都是可以的，但如果有的写成这个，有的写成那个，在统计词典的参见释义系统时数据就会出错。又如“叉”字条：“〈方〉挡住；卡住：车辆～住了路口，过不去了。另见 128 页 chā；132 页 chǎ；133 页 chà。”现在的释义长度是 48 个字节。而如果在“另见”处要像词典原来那样分行并空格，就会多出 10 来个字节的长度。

由于词典也在不断的修订中，有的细小修订并不是通过版本来显示的，而是在先后不同的印刷版次进行局版的挖改，这就还需要对建库的依据建立起印次的记录。

做到了这些，也就完成了计量研究的基础准备工作。下面是《现汉》语料库的数据表格样例：

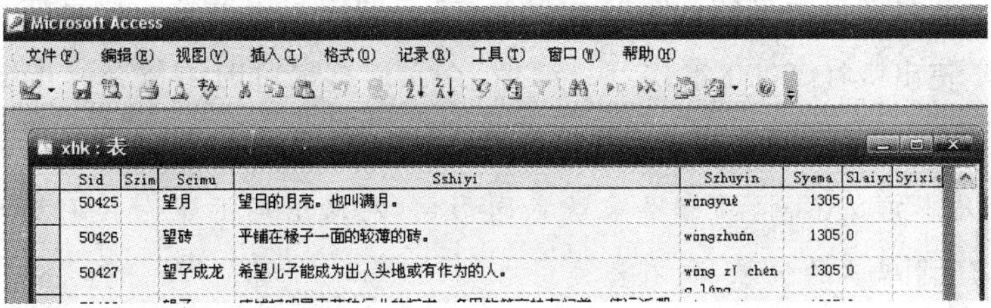


下面是窗体样例：

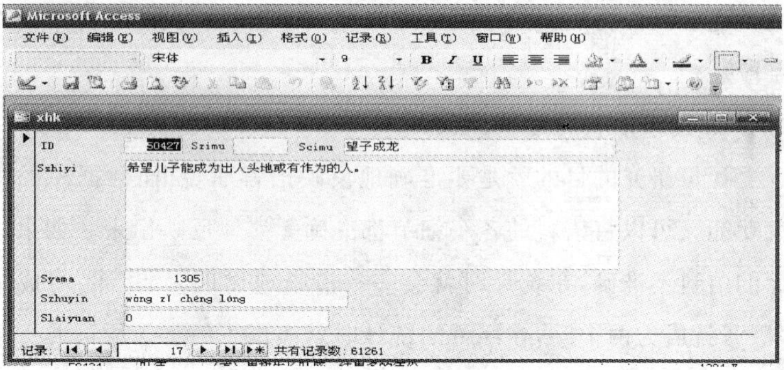


（四）研究专题

《现汉》是一份扎实、典型、丰富的语料，有着很好的代表性与充足性。对它的方方面面都可以进行理论的思考和探索，而不仅仅获得词语的数量、长度、频率等最基本的信息。如：

1. 对“同形词”，有《同形词与“词”的意义范围——析〈现代汉语词典〉的同形词词目》（载《辞书研究》2000 年第 5 期）。调查了第 2 版（1983）的 640 组同形词，分析了同形词之间的语音关系、语法关系、词义关系，并将第 2 版与第 3 版（1996）同形词作了对比，同形词与多义词作了对比，发现分合之间缺乏统一标准。扩大了同形词的数量，影响到人们确定“词”的意义范围时的标准和把握。

2. 对“同形词与多义词的区分”，有《同形词与多义词的区分及其对词典编纂的影响》（载《世纪之交的应用语言学》，北京广播学院出版社，2000 年）。认为它在分立同形词目时有重语音形式差异、重语法形式差异、对词义联系重分轻合的特点。主张根据“基本词义不同”的标准来认定同形词，对汉语词汇理论和词汇学习，对辞典的编纂，都有益处。

3. 对“旧词语”，有《当代汉语变化与词义历时属性的释义原则——〈现代汉语词典〉二版、三版“旧词语”对比研究》（载《中国语文》2000年第2期)。对第2版944个"旧词语"作了义类分析,认为主要有三类:称谓语、客观旧词语、主观旧词语。至3版发生了沿用、删、改的变化。从中能窥视到当代汉语词汇词义在时代特征和阶级色彩上所发生的种种变化,也可以感受到两个版本的编纂者、修订者在如何看待这些变化上有着不同的眼力与处理方法。

4. 对"标[方]词",有《普通话词汇系统对方言词的吸收与更新——〈现汉〉方言词研究》(载《语言》第2期,首都师范大学出版社,2001年)。对第2版的2331条方言词调查了其来源地。从2版与3版之间的变化,可观察到方言词处于或向普通话浸润,或退回来源地,或暂时保持原样的动态变化之中。方言词与口语词有较大的纠葛。对普通话吸收方言词提出了注意收录有方言个性及文化意蕴的词;与普通话词义有互补作用的词;与普通话词义距离较大的不应并入一个词形。

5. 对"词目",有《"人""机"分词差异及规范词典的收词依据——对645条常用词未见于〈现汉〉的思考》(载《辞书研究》2001年第2期)。考察了《现代汉语频率词典》8548条常用词中有645条不见于《现汉》第2版,认为前者反映了机器分词的特点,重视词形的稳定、高频的使用,后者注重人对词的思辨,同时还要加强对常用词的收录。

6. 对"单字条目",有《现代汉字的范围及其属性标注》(载《汉字文化》2001年第2期)。将第2版的用字与《现代汉语规范字典》《新华字典》《中华字典》的用字进行了对比,发现现行字词典普遍收字较宽,有违于反映现代汉语通用字的主旨。主张加强字表研究,改变字词典随意收字的现状。

7. 对“异形词”,有《〈现代汉语词典〉对异形词的整理及对当前规范工作的启示》(载《语言文字应用》2001 年第 3 期)。分析了第 2 版中异形词存在的五种形式,认为其采用多种规范手段以收到最佳规范效果有示范作用。

8. 对“比喻义的释义类型”,有《比喻义的训释与比喻义的形成——〈现汉〉比喻义计量研究之一》(载《杭州师范学院学报》2001 年第 5 期)。统计了比喻义释义的六种方式,反映了固定独立比喻义、依附性独立比喻义、语境临时比喻义三种类型,反映了词义演变过程中的不同状态,扩大了规范词典对语言面貌的反映范围。

9. 对“比喻义的语义意义”,有《再论比喻义的形成》(载《中国语言学报》2003 年 7 月)。重点分析了用棱形符号标示的例句中存在的临时比喻义,讨论了其语言性质、鉴别方法,词典收录它的语言学意义及在辞书编纂中的启迪意义。

10. 对“双音释词”,有《常用双音释词及提取方法——对〈现汉〉双音同义释词的量化分析》(载《语言教学与研究》2003 年第 6 期)。对 2 版 6010 例同音词释义进行的分词提取,不重复的释词有 4953 个,高频释词有 502 条,分析了同义释词的语义特征及在义类归纳中的价值。

11. 对“新词语”,有《新词语的成熟与规范词典的收录标准——谈〈现代汉语词典〉(2002 年增补本)的“附录新词”》(载《辞书研究》2003 年第 3 期)。对第 4 版以附录形式出现的 1205 条新词新义从新词语库、现实语料、《现汉》补编本三个方面作了考察,指出了规范词典收录的应是渐趋稳定的新词。

12. 对“新增单字同形异义条目”,有《当代汉语外来单音语素的形成与提取》(载《中国语文》2003 年第 6 期)。利用《现汉》新增单字同形异义条目论证了当代汉语中的外来单音语素的发展过程。

13. 对“标[口]词”，有《确定“口语词”的难点与对策——对〈现汉〉取消“口”标注的思考》(载《辞书研究》2004 年第 2 期)。调查了第 3 版取消口语词标注后的原 844 词的出路，讨论了口语词的性质与作用，确定口语词的难点，并提出处理口语词标注的原则。

14. 对“释义语言的功能与风格特征”，有《汉语释义元语言的功能与风格特征》(载《辞书研究》2004 年第 5 期)。指出释义元语言的最主要功能就是为了满足普通的社会交际需要对该语言的语文性词语进行一般性的陈述、描绘、再现；它的服务对象是语言社会的普通成员。

15. 对“释义语言的结构、词义、数量特征”，有《汉语释义元语言的结构、词义、数量特征》(载《辞书研究》2005 年第 3 期)。指出释词在结构上总的要求是结构单位尽量小些，使之使用起来更具灵活的搭配组合能力。词义上具有通用、高频、广义、组合性强等特点。数量以 3000 条为宜。

16. 对“释义的语法与语用特征”，有《〈现汉〉的语法、语用释义及其对释义元语言提取的影响》(载《词汇学理论与应用(三)》，商务印书馆，2006 年)。讨论了对语法词及语法功能的释义，及语用义的释义格式和语用义类型。

17. 对“标音”，有《普通话音节数及载字量的统计分析——基于〈现代汉语词典〉注音材料》(载《中国语文》2006 年第 3 期)。从单字字目的注音进行了有声调与无声调的归类调查，概括出有声调区分且不包括轻声的音节有 1298 个，平均载字 8.24 个，无声调区分的音节 419 个，平均载字 25.72 个。普通话音节系统对古音、方言音、无别义作用的又音应慎收。

18. 对“《现汉》与《重编国语辞典》的关系”，有《论〈现代汉语词典〉与〈重编国语辞典〉的词汇比较研究》(载《中国海洋大学学报》2006年第4期)。主张从两部词典的对比入手观察两岸普通话差异，并往上承接《国语词典》以观察现代汉语词汇百年演变的过程。

19. 对“标[书]词”，有《〈现代汉语词典〉“书语词”研究(上)》、《〈现代汉语词典〉“书语词”研究(下)》(载《辞书研究》2007年第1、2期)。分析了第3版5570个标[书]词，对标示类型、词频作了调查，并对口语词、古语词、历史词、旧词语作了区分，对改进书语词的标注提出了建议。

20. 对“释义语言”，著有《汉语释义元语言研究》(上海教育出版社，2005年)。以《现汉》为材料，对释义对象词语、释义语言的性质、作用作了系统论述，并依据频率与语义分布对释义元词作了提取与论证。

21. 对“第五版的修订”，有《〈现汉〉第五版的改进及对进一步完善的期盼》(载《深圳大学学报》2007年第3期)。认为第5版作了大修订，取得了大成就。对进一步改进提出了建议，并主张建立“现汉学”，以推动辞书研究、编纂，及汉语词汇理论研究。

## 四、词表研制

### (一) 词表与正式词表

#### 1. 词表与准词表

词汇计量研究的一个重要成果就是词表研制。这也是早期词汇计量研究工作的全部目标。在实际运用中，词表对语言教学、词典编纂、中文信息处理都有着重要的应用价值。那么什么是词表呢？最简单地说，词表就是词语的列表集。它以“词目”为主，有的还有拼音、频次等基本信息。小规模的，来源于服务某个特定领域的词表很容易就获得，这样的词表数量非常多。还有的词表是有着特定的来源与目的，且规模相当大，有较强的代表性，可称之为准词表。准词表主要有三种类型：

第一种类型是从真实语料中提取出来的词表。如从国家语委“现代汉语通用语料库”之2000万字的“核心库”提取出的15.1万个词的词表，从已分词标注的4500万字中提取的21.78万个词的词表。在现在的技术手段下，对较大规模的语料，分词标注后就能利用专门的软件提取成完整的词表。但这样的词表夹杂着大量的言语词、低频词、专名等，同时也很大程度上决定于分词标注软件的功能。

第二种类型是中文信息处理的后台词表。对自然语言进行处理后台大都要带有词表。如分词标注、语义标注、句法加工、机器翻译等软件，后台都要一个规模较大的词表。如北大俞士汶的Slex软件，中科院自动化的赵军的cmd软件，厦门大学史晓东的segtag软件，台湾“中研院”郑锦全的CClang软件，山西大学刘开英的Fc2000T软件，还有北语的宋柔、南师大的陈小荷等都开发有软件。这些软件后面所带的词表大都比较大，规模伸缩自如，属“开放型”，根据需要而可随时添加删减词条，且较多地收有习用语，专名也是它们关注的对象。

第三种类型是词典的词目表。一部词典的词目表也就是一个词表。较大规模词典的词目可达数万、十几万或几十万。来自词典的词表注重词语的稳定性，对新词新义收得少；注重考证义，对见字明义的复合词收得少；注重概念义，对组合结构关注得少。

在现在的研究条件和研究手段下，要获得这样的词表也比较容易。

2. 正式词表

正式词表应该同时具有以下三个条件：(1)在一定的理论指导下，运用一定的方法研制而成。(2)以一定形式得到某种程度的正式公布，如书籍的刊行、公文的发布、某领域的正式采用施行等。(3)内容稳定。

下面讨论的主要是符合以上三项条件的正式发表或使用的词表。

刘英林、宋绍周曾概括了我国20世纪90年代之前普通话词表的研制情况，提到那一时期制订的词表主要有：①

1. 普通话三千常用字表(3000词)，1959年，文字改革委员会汉字组

2. 两千双字词表(2000词)，1960年，《文字改革》发表

3. 外国学生用四千词表(4000词)，1964年，北京语言学院

4. 外国人实用汉语常用词表(3040词)，1981年，北京语言学院

5. 报刊词语三千六百条(3600词)，1983年，北京语言学院

6. 中小学文科教学七千词表(7000词)，承德医学院、中国人民大学

7. 现代汉语七千词表(7000词)，中国人民大学

8. 拟制文件六千词表(6800词)，燕山计算机应用研究中心

---

① 资料引自刘英林、宋绍周《论汉语教学字词的统计与分级(代序)》，载国家对外汉语教学领导小组办公室汉语水平考试部，《汉语水平词汇与汉字等级大纲》，北京语言学院出版社，1992年。

9. 信息处理用现代汉语五千词表(收双音以上词语 5639 条),1985 年,现代汉语工程实用词库国家标准研制组

10. 现代汉语频率词典(常用词部分 8548 词),1985 年,北京语言学院

11. 对外汉语教学常用词表(4000 词),1986 年,北京语言学院

12. 汉语水平等级标准和等级大纲(《词汇大纲》部分收甲、乙、丙三级常用词 5168 个),1988 年,中国对外汉语教学学会

13. 现代汉语常用词词频词典(常用词部分 9000),1990 年,北京航空航天大学等

14. 中小学汉语常用词表(常用词部分 8107),1990 年,北京师范大学现代教育技术研究所

15. 现代汉语常用词库(常用词部分 9000),1990 年,山东大学

16. 北京口语调查(常用词部分 6966),1991 年,北京语言学院

(二) 11 种词表介绍

1.《现代汉语频率词典》(8548 条)_1986 年

前面对《现代汉语频率词典》作了专节论述。它共研制了 12 种字词表,其中 8 种是词表,又以根据使用度来提取的 8548 条的常用词为可信度更高。该词表中的大部分词都有较高的可信度,为后来词表研制所借鉴,甚至成为基础材料。词表直接从语料中提取而成,每个词都有在这个语料范围内的频次数与分布数。这是一个典型的共时、通用、描写性词表。这是一个统计性词表,但又充分吸取了语言学理论,充分考虑了人的语感及应用要求,在人机两方面都得到较好的认可。它在常用词的提取方法、语料的采集原则与方法,都作了开创性的研究,对后来研究产生了重要影响。其不足是语料受到较大限制,一是语料偏少,二是语料受时代

性限制。

2.《现代汉语常用词词频词典》(34964 词)_1990 年

该词典由刘源主持编纂。[①] 这不是传统意义上的以释义为主的词典,而实际上就是以“词频”、“词序”为对象的词表。它“根据定量原则为主、定性原则为辅的选词原则,为汉语信息处理提供一个常用词词表”[②]。这句话清楚介绍了它的研究方法和词表目的。这是由我国中文信息处理界在大规模语料统计的基础上,主要依靠统计的方法得出的词表。下面是词表的六大特点:

《常用词表》具有如下特性:

1. 为“现代”各个时期所通用;

2. 为各个专业所通用、增加各个专业学科的基础术语,就可形成各专业学科的信息处理电子词表;

3. 为人们经常使用;

4. 收词联想度高,覆盖率高;经验证,覆盖率在 98.5%以上;

5. 收词量适当,一级常用词表收词 6994 条,二级常用词表收词 27970 条,共 34964 条,此外有单字词表 3522 条;

6. 收词规范,词条均符合《信息处理用现代汉语分词规范》(报批稿)。

由于这是以词频为主要依据的词表,故词频来源的语料构成变得非常重要。下面是它的语料构成:

该项词频统计开始于 1981 年,完成于 1986 年,它首先按照

---

① 宇航出版社 1990 年出版。

② 参看梁南元、刘源、沈旭昆、谭强、杨铁鹰,《制订〈信息处理用现代汉语常用词词表〉的原则与问题的讨论》,载《中文信息学报》1991 年第 3 期。本节内有关该词典的介绍与数据都来自该文。

表1的计划，从1919年至1949年、1950年至1956年、1957年至1967年、1977年至1982年共四个时期，每个时期又分为自然科学和社会科学共十类学科中选取母体3亿汉字，然后从中抽样2000万汉字，由计算机分词分时期分学科进行词频统计。这次词频统计具有选材分布合理、背景干扰小、分词标准一致、统计精度较高等优点。直至现在为止，它仍是国内外规模最大的汉语通用词频统计。制订组根据这次词频统计的数据，构造了两个选词函数，作为定量选词的基础。这次词频统计的词条取自23种辞书。（略）

词表有几处特别值得注意，一是语料分类。分为四个时期十类学科，时期是考察词语的稳定性，学科分布是考察词语的通用性，二者综合起来就是40个分布计算单位。二是研制方法，以词频为主，同时考察词频在40个分布单位中出现的情况。三是词表分级，分出常用与次常用两级。四是把汉字单独列表处理。五是附有专有名词表。

在此之前作者还研制了《现代汉语词表》，10万词，1984年出版。这个词表实际上是当时辞书的词目汇编。“本词表收词对象主要包括二十多部国内外的辞书。出版本词表的目的是给推广普通话和汉字信息处理提供方法。”（刘源主编，1984）该词表可视为一个仅经初步加工的“矿料”。

20世纪80年代规模较大词表的研制是一个空白，然而语言应用的各个领域对此有着迫切的需求，特别是中文信息处理，对大容量词表依赖性特别大。《现代汉语常用词词频词典》所统计的语料规模与词表规模在当时独大，开创之功甚著。虽然后来者方法与甄别日臻完善，语料规模也达到亿字、十亿字，但这个词表却反映了 80 年代的词汇面貌与词表制作技术，成为后来研究的一个很好的参照系。该词表看上去与《现代汉语频率词典》很相近，都制订有语料库，都是从实际语料获得词频，都以频率与分布为主要根据来选取常用词，都运用了联想原则与方法来补充选词。但在上述的各个方面都存在不同之处，除了语料规模与研制方法外，词目的来源不同，联想的对象不同，也是对词表产生了不可忽略影响的两个因素。

3. 对外汉语词汇大纲(8822 条)_1992 年

《对外汉语词汇大纲》是在国家汉办领导下研制的，又称为“汉语水平考试词汇大纲”。用于对外汉语教学与考试，有着明确目的与较强的约束力。共收词 8822 条(划分了词性与同形词)，内分四级，甲级词 1033 个、乙级词 2018 个、丙级词 2202 个、丁级词 3569 个。词表的研制者认为“最接近对外汉语教学的是第一个词表(即《现代汉语频率词典》)，因此我们基本上以此为依据，并稍作调整”。(刘英林、宋绍周，1992)两个词表之间相同的词语有 6422 条，占 3/4。毕竟《对外汉语词汇大纲》是有着特定功能的词表，这就是汉语教学，且是对外汉语教学。从增添的词语中都能看到它在反映当前语言生活，满足教学需要方面所作的努力。增收的生活类词有：“出租汽车、闭幕式、便条、宾馆、冰淇淋、冰棍儿、博物馆、餐厅、餐车、茶话会、传真、打招呼、电脑、艾滋病、参议院”；学习类词有：“测算、测验、阿拉伯语、词典、词汇、错字、单词、定理、定量”；也增加了不少基础性语文词，如“弊端、鞭策、变质、贬低、猜测、采购、查处、查获、差商、诞辰”；还有许多是带口语，或见字明义的词语，如“凑合、常用、厂房、厂家、厂商”等。在总量相同的情况下也就相应删去了同样规模的词语，如“暗堡、半殖民地、包产到户、保皇、表哥、拨乱反正、伯伯、布谷、不易之论、巢、常委会、耷拉”。像表示“官长”义的删去的有“处长、村长、会长、军长、连长、社长、所长、营长”等，增加“省长、市长”。

与前者描写性词表的性质相比，该表有着明确的目的，研制方法也突出了“对外汉语教学原则”与“学生语言习得原则”，带有明显的规定性词表的特质。随着对外汉语教学的大力开展，词表得到了广泛的应用，以它为主参照系的教材编写、词典编纂、学习指导、考试评测层出不穷。还没有哪个词表得到过如此的“聚焦”。但在对外汉语教学界、研究界也提出了不少批评和建议。概括起来主要是在宏观上加强词表的指导性，使之更好地反映现实词汇面貌，在微观上则要细化对词的认识，如词的兼类用法、多义词的义频分布、多义词与同形词、轻音儿化等。（赵金铭、张博、程娟，2003；苏新春，2006）在词表的研制与应用中，词表所应包括的内容与细化程度，词表的目标与功能，词表指导力上的刚性与应用中的弹性，如何协调二者的关系，都是值得研究的。

4.《中国语言生活状况报告》(2005)下编常用词表(10356条)_2006年

作为中国语言生活绿皮书之一的《中国语言生活状况报告》(2005)，2006年8月由商务印书馆正式出版，①并举行了新闻发布会，正式向社会推出。下编由国家语言资源监测与研究中心编，王铁琨任主编，反映了大规模语言实态调查的数据。调查范围覆盖了15家主流报纸等平面媒体，13家电视台、9家广播电台等有声媒体，还有6家新闻网站，语料总量达9.094亿字，全面反映了平

① 本段所引数据出自该书下编。

面媒体、有声媒体、网络的社会用字用语。年度词表收词达1651749条，规模超过了以往任何一种词表。这主要是通过分词软件实现了实名提取的目标。数量最多的前四种是人名613046条、组织机构名594913条、地名238989条、时间名99192条，分别占总数的36.9%、14.5%、35.7%、6%，占总词种数的93%。这四类都是典型的专名，属言语词的范畴。其他所有词语总共才11万条，只占总数的7%。从整体上看，这"是一份以言语词为主体的反映了语言使用真实状况的词表"。(苏新春、杨尔弘，2006)但这份词表仍显示了丰富的词汇学与社会语言学价值，就是突出了语文词语在其中的核心作用。

覆盖10亿字总语料的90%只用了11213个词，覆盖99%用了13万字，也就是说其他152万个词才覆盖了1%的篇幅。对这11213个高频词中的"人名"、"地名"、"其他专名"、"数字类"共857条作了排除，其他的10356条作为2005年社会用词中的高频词表予以公布。它代表了2005年度中国社会词汇使用最有代表性的部分。从它来观察当年的词汇使用，以它为参照系来观察之前或之后的词汇使用及变化，都是很有意义的一个参照物。词汇变化的价值不仅仅在于有与无的变动，在高频与低频之间的先后变化，也是很有说明力的。

5.《中国语言生活状况报告》(2006)下编常用词表(12207条)_2007年

《中国语言生活状况报告》(2006)下编[1]，统计的语料总量为11.7亿字。总词种数为2022273条。覆盖率达90%的高频词有

① 商务印书馆2007年出版。

12207个。该年的高频词表没有刊出。

6.《中国语言生活状况报告》(2007)下编常用词表(12676条)_2008年

《中国语言生活状况报告》(2007)下编[1],统计的语料总量为12.361亿字。总词种数为2301553条。覆盖率达90%的高频词有12676个。经人工干预后公布的高频词表包括词语11805个,干预的原则与2005年度的相同。

下面是对三年总词种数中共用词的比较:[2]

| 年度 | 高频词种数 | 共用词种数 | 共用比例(%) | 独用词种数 |
|---|---|---|---|---|
| 2005 | 11213 | 10292 | 91.79 | 495 |
| 2006 | 12207 | | 84.31 | 521 |
| 2007 | 12676 | | 81.19 | 970 |

下面比较的是覆盖率在90%之内各覆盖段所使用的词语数:

| 覆盖率(%) | 词种数 | | |
|---|---|---|---|
| | **2005** | **2006** | **2007** |
| 10 | 6 | 5 | 6 |
| 20 | 36 | 27 | 31 |
| 30 | 111 | 90 | 100 |
| 40 | 269 | 239 | 262 |
| 50 | 558 | 532 | 571 |
| 60 | 1072 | 1063 | 1124 |
| 70 | 2035 | 2095 | 2200 |
| 80 | 4179 | 4478 | 4658 |

① 商务印书馆2008年出版。

② 为了计算统计的方便,这里反映的覆盖率的使用词语数都是未经人工干预的原始数据,与正式公布的词语数有出入。

（续表）

| 覆盖率(%) | 词种数 | | |
|---|---|---|---|
| | 2005 | 2006 | 2007 |
| 90 | 11213 | 12207 | 12676 |
| 100 | 1651749 | 2022273 | 2301605 |

比较显示各覆盖段所使用的词种数呈现出极有规律的增长趋势。

7. 对外汉语教材高频词语表(1500 条)_2007 年

“对外汉语教材高频词语表”公布于《中国语言生活状况报告》(2006)下编①。来源于国内学者主编并在国内出版的 12 套“当前使用、发行量较大、使用范围较广、不同级别”的对外汉语教材。总语料量 792976 字,词种数 26345 个。累加覆盖率的各覆盖段使用词语数如下表:

| 覆盖率(%) | 词种数 | 频次 |
|---|---|---|
| 50 | 194 | 300 |
| 80 | 2231 | 23 |
| 90 | 5908 | 7 |
| 95 | 11783 | 2 |
| 100 | 26345 | 1 |

选取了其中 1500 条高频词刊出。这 1500 条高频词最低频次为 33 次,覆盖了总语料的 77%。排除了中国、北京、玛丽、小江、林娜等地名、人名等专名,基本反映了汉语作为第二语言教学教材中的高频语文性词语。

① 参看该书第 219 - 248 页。

将该表与“《频率词典》表”和“词汇大纲表”对比，发现仍有162和155不见于后者。其中大部分属于词语切分时的分合宽严标准不一所致，如“不再、长大、城里、吃饭、低声、房、各地、跟着、很多、回到、家中、姐、姐姐、慢慢、那位、你好、全国、实际上、试试、送给、想起、一句话”等。

对比后会发现有些很基本的词为后者所疏漏，如：

| | 不见于“《频率词典》表” | 不见于“词汇大纲表” | 均不见于两表 |
|---|---|---|---|
| 对外汉语教材常用词表 | 世界、汉语、汉字、离开、服务员、京剧、电脑、图书馆、办公室、留学生、足球、科学家、旅游、校园、球迷、饭店、樱花、竹子 | 父母、感觉、早上、主要、舒服、街上、婚礼、男孩、红色、绿色、掌柜 | 售货员、女孩、营业员、语法、男孩、说话、英文、语汇 |
| 数量 | 162 | 155 | 117 |

该常用词表由于直接来源于当前正在使用的教材语言，较好地体现了教学内容，为教学对象所熟悉，数量较小，很快受到社会的关注。国家汉办主持的《国际汉语通用课程教学大纲》将该表列为附录。①

此表在研制中还统计了1500常用词的义频（每个义项占该词所有义项使用总次数的比例），并根据义频高低排列。公布时该内容未包括在内。

8. 旅游汉语词汇大纲（4674条）_2008年

由上海师范大学对外汉语学院、旅游汉语词汇大纲课题组共同研制。收词4674条，分三个等级：初级1283条，中级1644条，

① 《国际汉语通用课程教学大纲》，外语教学与研究出版社，2008年。

高级 1745 条,均为旅游从业人员用汉语从事旅游工作中经常使用的词语。用途主要体现在以下几个方面:

1. 作为旅游汉语教材编写的词汇大纲;

2. 作为旅游汉语考试的词汇大纲;

3. 作为外国人在使用汉语地区旅游的词汇手册;

4. 作为外国人用汉语从事旅游工作的工具书。

该词表属领域词表,选词标准成为一个关键因素。它紧扣"旅游"这个主题来选择词语。认为:

从认知的角度说,人的头脑中有一个"旅游图式",这是一种认知模式,具体包括旅游词语、旅游知识、旅游活动。这些内容的组织不是散乱的,而是一个具有等级层次的系统。……

旅游图式具体包括以下十个方面的内容:时间、地点、交通、住宿、餐饮、景物、风俗、活动、土特产、经营管理。①

选词的标准是:需求标准、行业标准、文化标准、经验标准/专家标准、系统性标准。选词基础有三个:《汉语水平词汇与汉字等级大纲》、旅游词典和工作分析的结果。可见这是一个充分运用了关联法,通过知识、领域、专家经验关联起的一个专业特色明显的词表。编者在"说明"中说本词表的不足在于"没有经过语料库统计数据的验证","没有进行义项标记"。

9. 语文新课标教材 3000 基本词语表(3000 条)_2008 年

"语文新课教材 3000 基本词语表"公布于《中国语言生活状况

① 上海师范大学对外汉语学院、旅游汉语词汇大纲课题组编著,《旅游汉语词汇大纲》,世界图书出版公司,2008 年。有关引文引自"说明"。

报告》(2007)下编①。统计对象是由人民教育出版社、江苏教育出版社、北京师范大学出版社、语文出版社出版的四套小学至初中的新课程标准语文教材，具有发行量较大、使用范围较广、影响面较大的特点。总语料量 1834179 字，词种数 50670 个，总文本数 2009 篇。累加覆盖率中各覆盖段使用词语数如下表：

| 覆盖率(%) | 词种数 | 频次 | 词种数占总词种数的比例% |
| --- | --- | --- | --- |
| 1-50 | 220 | 542 | 0.4 |
| 60 | 540 | 223 | 1.1 |
| 70 | 1336 | 89 | 2.6 |
| 80 | 3320 | 35 | 6.6 |
| 90 | 9101 | 10 | 18.0 |
| 95 | 17505 | 4 | 34.5 |
| 99 | 39897 | 1 | 78.7 |
| 100 | 50670 | 1 | 100 |

该词表在研究中对频率统计法与分布统计法作了仔细的对比，发现高频词与高分布词相同部分达 90%左右，差异部分在高频词中较多的是专名，在高分布词中较多的是通用词。

将分布法排序的前 3000 条词与用频次法排序的前 3000 条词进行对比，发现前者最低出现课文是 27 篇，最低频次也是 27 次；后者最低出现频次是 39 次，最低分布课文数只有 1 篇。这显示了分布法更容易体现出语文词语的稳定性与通用性，也较容易排除因语料原因仅靠频次进入高频词中的人名、地名、机构名及反映作家个人语言风格的词语。基于分布法所具有的长处，根据分布法提取了新课标语文教材 3000 基础词。提取范围为分布于 21 篇课

① 参看该书第 219-248 页。

文以上的3863条词语。对以下几类词作了筛选排除：1. 组合性数字词，如“二十”、“一百”。2. 地名，如“北京”、“上海”、“美国”、“德国”。3. 结构性分词单位，如“之上”、“的话”、“有所”。4. 组合性且见字明义的词语，如“背着”、“称为”、“小河”。保留下来的共有3000条，基本都属于独立性强、凝固度高、概念义明确的词语。其中一字词1203条，二字词1760条，三字词29条，四字词8条。

10. 现代汉语常用词表(56008条)_2008年

“现代汉语常用词表”是国家语言文字工作委员会以“中国语言生活绿皮书”A系列名义发布的第一个“软性”规范，2008年8月由商务印书馆正式出版。该词表收词56008条，是已经发布过的词表中正式程度最高、容量最大的“官方”词表。研制工作由李行健先生主持，历时10年，可分为前后两个阶段。

第一阶段是1998至2001年，以《现代汉语规范词典》的词目为底本，综合考察了当时国内已有的词频统计成果，主要有原北京航空学院的《现代汉语常用词频词典》(46520词)、原北京语言学院的《现代汉语频率词典》(31159词)、北京师范大学的《中小学课本词频统计词表》(38322词)、山东大学的《当代汉语流通频度词典》(89546词)、新华社的《新闻汉语词表》(108653词)、语言应用研究所和原北京语言学院联合研制的《新闻语词统计与分析》词频统计成果(56858词)。从中筛选出“候选词表1”，含81844个词。2001年通过审定时词表的总词量为62010个词。①

第二阶段自2005年始。考虑到词表底本主要依据的还是词

① 对第一阶段的概括叙述引自冯志伟《计算语言学基础》第二章第一节，商务印书馆，2001年。

典词目，所参考的词表所用语料也是多年前的，对当代词汇面貌反映不足，同时也需要对词表中所有词按使用频度排出序位。2005年在教育部语言文字信息管理司的协调下，课题组与苏新春主持的《现代汉语通用词量与分级》课题组，共同进行了后一阶段的词表修订，主要做了词目增删调补和词频统计的工作。补充了2001年以来使用稳定、分布较广的词语，删除了不用或少用的词语，对非独立性词素作了筛淘，使得所收词语尽量是现当代社会生活中比较稳定的、使用频率较高的汉语普通话常用词语。使用的语料有报刊新闻语料、文学作品语料、科普语料三大类，共2.5亿字。经反复筛选甄别形成了目前的词表规模，并根据频次确定了每个词的常用度排位。由于三大类语料规模不一、性质各异，为了能够综合反映其性质与分布，采用了频级综合计算法。（该方法的运用详见本书第十二章“六”）

11. 基础教育的语文、历史、地理三科高频词语表（4586条）_2009年

“语文、历史、地理三科高频词语表”共有4586条。正式公布于《中国语言生活状况报告》(2008)下编。① 它的调查对象包括四套语文教材（详见“语文新课标教材3000基本词语表”）、四套历史教材（人民教育出版社、华东师范大学出版社、北京师范大学出版社、四川教育出版社）、三套地理教材（人民教育出版社、湖南教育出版社、中国地图出版社），语料量分别是1834179字、1456300字、398361字，共3688840万字。

下面是语文、历史、地理三科词语的比较：

---

① 商务印书馆2009年出版。

| 科目 | 总词数 | 共用词 | | 部分共用词 | | 独用词 | |
|---|---|---|---|---|---|---|---|
| | | 词种数 | 比例(%) | 词种数 | 比例(%) | 词种数 | 比例(%) |
| 历史 | 39982 | 7912 | 19.79 | 14292 | 35.75 | 17778 | 44.47 |
| 地理 | 13925 | | 56.82 | 2958 | 21.24 | 3055 | 21.94 |
| 语文 | 50670 | | 15.61 | 14022 | 27.67 | 28736 | 56.71 |
| 总词种数 | 73117 | | 10.82 | 15636 | 21.38 | 49569 | 67.79 |

上表显示共用词在三个学科中所占的比例相差极大，但总体分布如此大的差异在高频词中却变得相当集中。三科覆盖率分别达 90%的词语总共有 14577 条，分布于两个科目以上的高频词语有 5041 条，这些词语具有高频且科目分布较广的特点。对其中几类词作了人工排除：如组合性数字词语："几十、第二、二百"；异形词，如"唯一"与"惟一"、"想象"与"想像"，收前者不收后者；复合词的意思与单字组合的意思基本相同的，收单字不收复合词，如"写"与"写字""写信"、"火"与"火光"、"岸"与"岸边"、"捕"与"捕鱼"；复合词的意思与构词词素的意义相同，复合词频率更高的收复合词不收单字，如"绳子"与"绳"、"亚洲"与"亚"、"失去"与"失"；叠加式组合词语，收"北京"不收"北京市"，收"基本"不收"基本上"；非专指的人名，如"贝贝"、"威廉"、"吴王"。

予以保留的 4586 条可视为基础教育阶段语文、历史、地理的人文社科性常用词语。里面出现了不少专名，如人名(孔子、孙中山、詹天佑、托尔斯泰、贝多芬)，地名(广东、东北、卢沟桥、麦加、耶路撒冷)，山川河流名(泰山、长江、尼罗河、青藏高原、太平洋)，国名(日本、印度、以色列、伊拉克、意大利)，朝代、时代名(古埃及、唐朝、公元前)，事件名(抗日战争、丝绸之路)，组织名(奥运会、世界贸易组织、欧盟)，著作名(三国演义、水浒传、西游记)，物品名(指南针、狮身人面像、手榴弹、运载火箭、赵州桥)。这些高频率、广分布的专名反映了比较重要的学科知识点或人文常识。有的专名虽高频使用,但只出现于一个科目而未收录,如只出现于语文教材的“范进”、“闰土”,只出现于历史教材的“斯大林”、“康熙”,只出现于地理教材的“经线”、“公转”。

该词表研制综合运用了频率统计法与分布统计法。从频率统计出了各科高频词语,从分布统计出了学科共现程度高的高分布词,较好地体现出中小学文科社科词语表的重要性与普遍性。

(三)词表的分类

以上对20世纪80年代以来的11种正式词表作了简要介绍,现在对它们作简要分类。

1. 词表的规模

11种词表有大有小。大的两百多万条,但从反映共时词汇系统来看,10多万的词表应该就能做到对语言系统中词语比较全面的概括。常用词表多在8000—10000条的范围,再小的只有2000—3000条。对一个有相当规模语料的调查,2000—3000条能达到累加覆盖率的70%—80%,8000—10000条能达累加覆盖率的90%左右。累加覆盖率的覆盖趋势线在大量的词语统计中已能清楚地表现出来,尽管数量的宽窄度会随着语料规模的大小而有所变化。当然,接下来的关键问题就是让什么样的词语进入这个词种范围之中。

2. 词表的性质

描写性词表与规定性词表。根据词表中词语来源于何处,获得词语的方法,判断词语地位与作用的方法,词表可分为描写性词表与规定性词表两种。“《中国语言生活状况报告》的年度词表”是典型的描写性词表。对一个固定语料对象调查而获得的词表也属于描写性词表，如“频率词典常用词表”、“语文常用词表”、“语文历史地理中小学文科常用词表”；而“对外汉语词汇大纲”、“旅游汉语词汇大纲”则属于规定性词表。

描写性词表反映的多是语言实际使用中的词语面貌，口语词多，专名多，同义异形词多，语境词多，特指词多。规定性词表反映的多是语言系统中的词语，书面语多，通用词多，词形稳定，目的性强，有较强的指导性。

3. 词表的作用与目的

描写性词表的作用主要是反映词语使用、分布的实际存在状况，以更好地来认识它的面貌、性质，从而更好地来利用、应用。而规定性词表则有着明确的使用目的，功能、目的、要求，在规定性词表的研制、使用、实施中一直处于非常重要的地位，它会深深地影响到词表的规模与研制方法。规模较小的领域性词表大多属于规定性词表。

（四）词表的研制方法

任何一种词表在形成过程中都有着明确的要求，有着清晰的制作方法。词表的研制比起字表来要复杂得多。“对外汉语教学词汇大纲”的编制者对研制方法有过完整的总结，概括出了4个角度、8个原则。为了讨论的方便，现引述如下：（刘英林、宋绍周，1992）

（一）频率统计角度

1. 常用性原则

2. 均匀性原则

（二）语言学角度

3. 科学性原则

4. 规范性原则

（三）对外汉语教学角度

5. 实用性原则

6. 联想性原则

（四）学生语言习得角度

7. 包容性原则

8. 序列性原则

下面就来讨论一下这几条原则。“(三)对外汉语教学角度”和“(四)学生语言习得角度”，反映的是规定性词表的要求。“对外汉语词汇大纲”是学习性词表，当然必须体现教学的要求。教学包括“教”与“学”两方面。实用性、联想性就是反映的“教”的要求，包容性、序列性反映的就是“学”的要求。这里的“教”与“学”还有一个特殊的要求，就是“对外汉语”，即教学对象是外国人。他们是成年人，这与汉语母语教育是从儿童教起是不一样的；他们已具有了完整的母语知识和能力，要认识的是另一个文化圈、社会圈的汉语与汉文化，这与汉语母语教育要在语言学习的同时还要完成对学生的认知能力和心智的培养也不一样；他们有着明确的学习目标与使用功能，这与汉语母语教育要全面培养中小学生的语言能力也不一样。请看下面的例子：

“对外汉语词汇大纲”的“语”字词有：法语/法文、汉语、口语、日语/日文、外语/外文、英语/英文、语法、语言、阿拉伯语/阿拉伯文、德语/德文、语调、语气、语音、标语、成语、俄语/俄文、谜语、语文、自言自语、惯用语、言语

“频率词典常用词表”的“语”字词有：语言、语文、标语、言语、语气

两种词表所收“语”字词的多少就完全是由词表性质与功能决定的。

当然，随着对外汉语教学开展和研究的深入，人们对这一领域

的认识也愈来愈深入。如对以汉语为第二语言学习的可能是外国外族人,也可能是外国汉族人,也可能是本国外族人;可能是来中国学习,也可能是在外国学习;可能是对汉语的系统学习,也可能是侧重于某一技能的学习;可能是短期的学习,也可能是长期的学习。

"(二)语言学角度"体现的是语言学的要求。规定性词表、学习性词表要求教和学的内容能反映汉语内在规律,符合汉语规范的要求。所以对规定性词表、学习性词表中词语的词义、语用、语法都比较通用、规范也就好理解了。

"(一)频率统计角度"体现了对了解词语实际使用状况的要求。"常用性"实际上反映的是频率,"均匀性"实际上反映的是分布,常用词表要的就是频率中的"常用",分布中的"均匀"。频率统计与分布统计是大规模词语统计中的两种最基本的方法,也是在描写性词表起决定作用的两种方法。

对规定性词表、学习性词表来说,问题的关键是如何处理"统计方法"、"语言理论"、"实用目的"三者之间的关系。对描写性词表来说,则更多依赖于语料的选取、统计方法的选用、分词切分的标准。

(五)语料选取与分词对词表研制的影响

在各种词表的研制特别是在大规模的词语统计中,语料选取与分词方法对词种数的最终统计结果有着至关重要的影响。这方面的内容相当多,这里只各举一例加以说明。

第一个例子是《现代汉语频率词典》收了表示官衔义"长zhǎng"的词22条,里面可分两类:部长、厂长、处长、村长、队长、会长、局长、科长、首长、所长、县长、校长、院长、组长、社长;班长、连长、排长、营长、团长、师长、军长。第二类中除"班长"较多在社会层面使用外,其他都属军队的专用称呼。这就跟语料有密切关系。中国军队的社会化，社会组织的军事化，在20世纪中前期表现得相当突出，这就使得这些称呼表现出高频的特点。而在“对外汉语词汇大纲”中，……，“连长、营长、军长、所长、村长、社长、处长、会长”等都未收入。

第二个例子是看四个词表对“走”字后接成分的处理情况：

“频率词典”有：走漏、走走、走动；

“词汇大纲”有：走后门儿、走弯路、走访、走漏、走私、走向；

“语文教材词汇统计表”有：走遍、走车、走出、走船、走错、走到、走动、走访、走过、走过场、走过来、走后门、走回、走火、走江湖、走近、走进、走开、走来、走来走去、走路、走去、走人、走入、走上、走神、走失、走私、走完、走下、走向、走运、走着瞧、走走；

“2005年度词表”有：走遍、走长征路、走低、走动、走法、走钢丝、走过、走过场、走过江、走过来、走红、走红色路、走后门、走回头路、走火、走极端、走江湖、走捷径、走近、走进、走开、走老路、走路、走马、走麦城、走门子、走牛、走俏、走入、走神、走失、走势、走私、走台、走脱、走下坡路、走形、走形式、走熊、走穴、走眼、走样、走样儿、走运、走着瞧、走走、走走看看、走嘴。

## 思考与练习：

1. 什么是语料库？语料库有何作用？如何分类？
2. 《现代汉语频率词典》在语料采集与研究方法上有何特点？
3. 《现代汉语词典》的语料在词汇计量研究中有何意义？
4. 词表有哪些类型？主要研制方法有哪些？试举例说明。

# 第四章　词汇计量功能实现的手段与工具

## 一、语料管理与数据分析

### （一）语料的储存与管理

随着计算机的应用，传统的手工作业方式发生了彻底的变化。靠卡片来处理语料就像火炮时代的弓箭使用。现在如果要谈语言的计量研究而不在计算机上进行，不依靠数据库技术，不依托语料库，几乎是不可想象的。

计算机科学的飞速发展与计算技术的迅速普及和应用，为语料库语言学的复苏提供了强大的物质基础。80年代以来，语料库的发展进入了一个良性循环：计算机的运行速度和存储能力的成倍增长加快了语料库的建设，提高了语料库的处理能力和处理层次。同时，大量经过标注的语料又反过来促进了语料库的研究和利用。在此期间，诞生了更为先进的研究方法和语言模型，许多先前需要人工处理的标注和统计工作，现在可以通过计算机软件自动或半自动地完成。在这一循环中，计算机显然是一个举足轻重的环节。①

数据库在现代社会生活中得到了广泛运用，可以说每个人每

---

① 黄吕宁、李涓子，《语料库语言学》，商务印书馆，2002年，第11页。

天都在接触数据库。去银行取款存款转款，实现资金的自由流转，因为后台有数据库；去图书馆查书，可得知书的有无、借出与否、为何人所借，因为后台有数据库；商店购物的结账，可查得每项商品的数量与价值，因为后台有数据库；上网可查到每个人使用手机的记录，打入打出的通话时间及通话长短、本地还是长途，因为后台有数据库。说数据库已经深入到每个人的生活之中并不过分。数据库里所记录的信息都是计量研究的基本材料，可以从中获得许多有价值的信息。如查阅一个人所有的通话记录，可以掌握这个人的社交网络；通过打电话的多少与通话时间的选择及长短，可以了解社交对象的远近亲疏；通过打电话的时间，可以了解他的生活习惯。又如查阅一个人的借书信息，可以了解他的阅读习惯、知识结构、兴趣爱好、知识更新的方式与程度。通过这些实例人们可以大致了解数据库的作用，就是储存、管理信息。对语言研究来说，它不能再生语料，但能极其长久、安全地保存语料；它不会再生语料，却能提供极为丰富多样的功能来整理语料、提取语料、挖掘语料，凸显其内在的特点与规律。数据库所储存的内容是数据或信息，本书为了撰写的方便，统一以语料来概称。

（二）数据的统计与分析

数据库能对存储的语料进行安全、有序、有效的管理，对存储的语料能进行几乎是随心所欲的查询，但这毕竟仍属于信息管理的范畴。在得到了语料的各种数据后，还需要对数据进行各种分析，以了解种种数值关系。这是属于计量工作中的统计分析层面，它所揭示的关系更为深入。数据库本身也带有一定的数据分析功能，但专用的统计分析软件功能更为强大，操作起来也更方便，因此本章在介绍完数据库 Access 后，也对 Excel 作一简单介绍，因为在后面的章节中有的地方会涉及 Excel 的某些功能。

（三）本书练习库介绍

本书使用的练习库主要有两个，软件为 Microsoft Access (2003)。

第一个练习库是 xhk，全称为 xiandaihanyucidian，为单表练习库，内有 61261 条记录。有 7 个字段，见下：

| xhk | | | | | | |
|---|---|---|---|---|---|---|
| **sid** | **szimu** | **scimu** | **sshiyi** | **syema** | **syin** | **slaiyuan** |
| 5 | | 阿斗 | 三国蜀汉后主刘禅的小名。阿斗为人庸碌，后来多比喻懦弱无能的人。 | 1 | ā Dǒu | 0 |

字段命名时首字母都统一为“s”，表明这是第 3 版。第 2 版字段命名时则首字母统一为“e”。主键字段是 sid。7 个字段的内容与数据类型如下：

| 字段名 | 内容 | 数据类型 | 字段大小 |
|---|---|---|---|
| sid | 记录编号 | 自动编号 | |
| szimu | 单字条目 | 文本 | 10 |
| scimu | 复音条目 | 文本 | 30 |
| sshiyin | 释义 | 备注 | |
| syema | 页码 | 数字 | 50 |
| slaiyuan | 词语来源 | 文本 | 10 |

第二个练习库是 ncyk（“新词语库”）。本库为多表练习库。里面包括三个表：

1. zongku（总库）：有 73785 条记录。共 7 个字段，反映新词语所在词典中的基本信息。主键字段是 zid。见下：

| zongku | | | | | | |
|---|---|---|---|---|---|---|
| zid | zcimu | zzhuyin | zshiyi | zyema | zlaiyuan | zshuming |
| 37722 | 鞭打快牛 | biāndǎ kuàiniú | 喻指给能干的、干得好的人增加工作量，或给赢利企业增加经济负担。 | 37 | | 现代汉语新词词典 |

7 个字段的内容与数据类型如下：

| 字段名 | 内容 | 数据类型 | 字段大小 |
|---|---|---|---|
| zid | 记录编号 | 自动编号 | |
| zcimu | 复音条目 | 文本 | 30 |
| zzhuyin | 注音 | 文本 | |
| zshiyi | 释义 | 备注 | |
| zyema | 页码 | 数字 | 50 |
| zlaiyuan | 词语来源 | 文本 | 10 |
| zzhuming | 新词语词典书名 | 文本 | 50 |

本表是收录新词语的总库，各种新词语词典所收词语都在本表中有反映。除了反映词语的基本信息外，还包括它所在的新词语词典的书名。

2. cizhongku(词种库)：共有 7 个字段，主键字段是 cid。本表的作用是反映新词语的语法、语用等信息，见下：

| cizhongku | | | | | | |
|---|---|---|---|---|---|---|
| cid | ccimu | cnumber | cjiegou | czhuyin | ccichang | cyuyong |
| 8204 | 法治 | 4 | 偏正 | fǎzhì | 2 | |

7 个字段的内容与数据类型如下：

| 字段名 | 内容 | 数据类型 | 字段大小 |
|---|---|---|---|
| cid | 记录编号 | 自动编号 | |
| ccimu | 复音条目 | 文本 | 30 |
| cnumber | 新词语在总库中出现的次数 | 文本 | 20 |
| cjiegou | 词的结构 | 文本 | 20 |
| czhuyin | 页码 | 数字 | 50 |
| ccichang | 词语长度 | 文本 | 10 |
| cyuyong | 语用信息 | 文本 | 50 |

本表收录不重复的新词语，多部新词语词典的词语，经去重后只保留了一个词语(词种)进入此库。因多部新词语词典可能作出不同的释义，故释义在本表不作反映，而只在 zongku 中予以保留。这里保留的都是对词种作单纯词形分析的有关信息。里面共有 41921 条记录。重复出现次数最多的是“空调”，出现了 13 次，即有 13 部新词语词典把“空调”作为新词语收录了。

3. dictionary(新词词典书目库)：内有 45 条记录。共有 5 个字段，关键字段是 dshuming。见下：

| dictionary | | | | |
|---|---|---|---|---|
| did | dshuming | dzuozhe | dchubanshe | dshijian |
| 1 | 1991 汉语新词语 | 于根元 | 北京语言学院出版社 | 1992－10－1 |

5 个字段的内容与数据类型如下：

| 字段名 | 内容 | 数据类型 | 字段大小 |
|---|---|---|---|
| did | 记录编号 | 自动编号 | |
| dshuming | 书名 | 文本 | 50 |
| dzuozhe | 作者 | 文本 | 20 |

（续表）

| 字段名 | 内容 | 数据类型 | 字段大小 |
|---|---|---|---|
| dchubanshe | 出版社 | 文本 | 50 |
| dshijian | 出版时间 | 日期/时间 | |

本表反映的是新词语词典的书目信息，包括书名、作者、出版社、出版时间。里面共收了45部新词语词典，出版时间为1981至2004年。

关系数据库ncyk包括了三个表，分别反映了三组信息：一是新词语词典收录新词语的原始信息，二是每一个新词语词种的词形信息，三是新词语词典的出版信息。三个表之间形成了一对多的关联表。

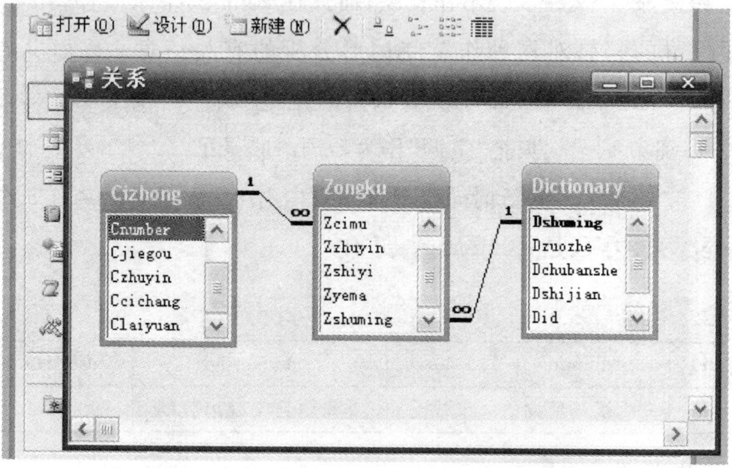


## 二、Microsoft Access关系型数据库

（一）Microsoft Access的特点

Microsoft Access是小型桌面关系型数据库，主宰着整个桌面数据库市场，与Word、Excel、PowerPoint、Outlook等一起构成

了 Microsoft Office 系列办公软件。Access 有着强大的数据库功能,随着 Microsoft Office 而迅速流传进入了人们的日常运用。相对于 Office 中的其他软件,它的数据处理功能突出,潜在的开发能力强大,操作起来也复杂些,但远没有像 Office 中其他软件那样得到重视和广泛使用。

与其他数据库软件如 FoxPro 相比,Access 的优点非常突出,表现在:1. 数据库的建库、查询、窗体显示、报表打印等常用功能可以不用编程来实现,直观性强,图例式操作,自动化程度高。2. 是 office 家庭中的一个成员,与 Word、Excel、PowerPoint 等捆绑在一起,菜单相通,一通俱通。与 Excel 之间能轻松实现资料完全转换。3. 单表的处理数据量大,有极好的安全性。4. 潜在开发能力大,经适当加工,可与其他大型数据库连接。5. 将整个数据库应用存储在一个单独的文件之中,独立性强,而其他桌面数据库如 Microsoft FoxPro,表与查询是分开管理,需用多个文件来存储数据。6. 管理容易,操作方便,适合于个人与中小单位使用,特别适用于一般办公人员和文科出身无编程能力的人士使用。

人们在实际使用中往往把 Access(关系型数据库)与 Excel(电子表格软件)混用,特别是多用后者来代替前者,以为二者的功能完全一样。Excel 也是 Office 家族中一个非常著名的软件。Access 与 Excel 两个软件之间有许多功能是相通的,如都能完成输入、编辑、查看和打印以行列形式存储数据的任务,所以人们在一般的运用中多把它们互用,甚至 Excel 用得更为普遍。其实它们各自最主要、最强大的功能是完全不同的。简而言之,就是 Excel 有着强大的计算功能,简单的数据管理功能;Access 有着强大的数据管理功能,简单的计算功能。

Access 对信息处理主要有以下四个特点：

1. 能高效地处理巨量信息。一个表存储行记录最高可达 20 亿条，Excel 的一个工作表最多只能容纳 65000 条。

2. 能方便地关联起多个表格，使之形成一个整体，组成强大的数据关系网。

3. 可以对信息进行分类储存，同一条信息的不同信息点可以分别储存，形成表与表之间的关联，排除冗余信息，使数据库的信息储存更简捷、准确。

4. 有强大的查询功能，能对表内的数据进行几乎是随心所欲的查询、筛选、分离、归并、分析。表与查询之间，查询与查询之间，可以形成灵活的关联。

因此要存储大批量的数据，进行严格有序的管理，多层次多角度的数据挖掘与开发，还得使用数据库软件而不是电算软件。

下面对 Access 作一些简单介绍，为后面的词汇计量学习作好准备。一个 Access 文件，包括了存储数据的“表”，对数据进行检索、筛选、分类用的“查询”，显示数据的“窗体”，用来打印的“报表”等。把数据的储存与数据的使用集中在一个文件，这是与 FoxPro 大不一样的地方。下面是“表”、“查询”、“窗体”的简要介绍。

（二）“表”的界面

表是存储数据的地方。“查询”与“窗体”也可以显示与输入数据，但最终都是存储在表中。表就好比是仓库，所有的东西都放在里面，查询、窗体只是对仓库里的东西进行归类整理以方便人们观察里面的内容或存放内容的窗口。

表呈表格式，有横行和竖列。横行又称记录，一条语料占一行。在本书的练习库“xhk”里一条词语占一行，如处理其他语料，则可以是一个字、一个句子、一个音占一行。如图书馆数据库，是一本书占一行，人事部门的数据库，是一个人占一行。占一行的信息应该是该数据库的管理、处理的最小单位。在数据库里增添记录只能在表的最后一行增加，不能用插入的方法。这是为了保证数据的“顺序”与“唯一”性，用“自动编号”形成的“id”号就能起着这样的作用。对数据的先后排序可以通过其他方式来实现，如要固定下来则可通过查询来实现。有时实在需要在表中插入，则可转换成 Excel 文件，完成插入后重新编号再导入数据库；也可把“自动编号”改成数字格式，使之变成可修改项，在新增添的记录前写上拟插入记录所在位置的小数位，排序后即达到了插入的效果。

竖列称字段，一个字段表示词语的一个信息。如 xhk 库中一个词语记录有读音、页码、释义、来源 5 个信息要保存，就分别列入 5 个字段。要遵守一条资料一个记录的原则。如一个人为一条资料，有关他的年龄、职称、职务、住址、电话等信息点都要分别列入不同的字段。

字段最多可有 256 个，也就是说在一个表中一条语料最多可以列出 256 个信息点。这对反映一条资料的特征来说是足够了的，一般情况远不会用到这么多。如果某一个信息点有重复，而且这个信息点又有共性可以归纳，且需要扩展时，则可以考虑建立不同的表来反映，以减少冗余信息。建立字段最好能保存该资料的最小信息点。一般来说，信息点愈细，查询起来愈准确。

横的是“行”，竖的是“列”，下表是“数据表视图”下显示的内容。如：

| xhk | | | | | | |
|---|---|---|---|---|---|---|
| id | szimu | scimu | sshiyi | syema | syin | slaiyuan |
| 1 | 阿 | | 〈方〉前缀。(1) 用在排行、小名或姓的前面,有亲昵的意味:~大\|~宝\|~唐。(2) 用在某些亲属名称的前面:~婆\|~爹\|~哥。另见 2 页·ɑ'啊';327 页 ē。 | 1 | ā | f |

"行"与"列"就是用来装东西的。从这里看上去它们很简单,其实每个列都有格式要求。格式是看不见的,但对数据存储影响非常大,专业术语称之为"值"、"属性"或"数据类型"。在"设计视图"下就可以进行数据类型的设置。"设计视图"与"数据表视图"是可以互换的,可在菜单左上角点击来交换。"设计视图"有 3 个字段,从左到右分别是"字段名称"、"数据类型"、"说明"。xhk 的设计视图如下图:

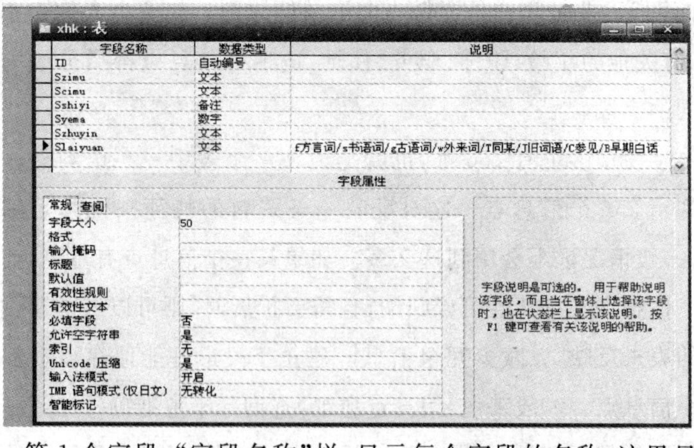


第 1 个字段,"字段名称"栏:显示每个字段的名称,这里显示了样库中 7 个字段的名称。字段命名要简洁,能清晰地反映字段内容;不要夹杂标点符号,字母或汉字之间不要有空格。考虑到数据库深度开发的需要,方便于SQL的使用,命名最好能做到两点:一是用英文字母作字段名,二是同一个表中所有字段名前都列出表名的首字母,以显示字段的隶属关系。这两点对建立联表查询,及使用SQL语言时都会带来很大的方便。

第2个字段,"数据类型"栏,下拉里面有10种类型可选。下面用列表的方式对这10种数据类型作一简要说明:[①]

| 数据类型 | 作用 | 大小 |
|---|---|---|
| 文本 | 能用它存储的信息类型很多,但最适合的还是文本、文本与数字的组合,及不需计算的数字。能实现排序功能。但对数字的排序是1、10、100、11、12、2、20、200、21、22 | 最多255个字符。可在255范围内设定任意字符数,以便控制输入字符的数量 |
| 备注 | 长文本。不能排序。在报表中较长的内容能自动分行。 | 最多64000个字符 |
| 数字 | 可用来进行算术计算的数字(不包括货币类型) | |
| 日期/时间 | 时期和时间 | 可用长、中、短等7种格式选择 |
| 货币 | 货币值。使用货币数据类型可以避免计算时四舍五入。可精确到小数点左方11位数及右方4位数 | |
| 自动编号 | 在添加记录时自动插入唯一顺序(每次递增1)或随机编号。建表时系统会提示自动添加主键。主键对保持数据库的高效有序非常重要 | 最长可达10位数 |

① 下表主要参考了Roger Jennings著,前导工作室译,《中文Access 2000开发使用手册》,机械工作出版社,2000年。第80-81页。

（续表）

| 数据类型 | 作用 | 大小 |
|---|---|---|
| 是/否 | 字段只包含两个值中的一个，如“是/否”、“真/假”、“开/关” | 1位 |
| OLE对象 | 可嵌入其他应用软件创建的对象，如Word、Excel文件及图像、声音等。须在窗体与报表中才能显示 | 最大可为1GB |
| 超级链接 | 存储超级链接的字段 | 最多64000个字符 |
| 查阅向导 | 创建允许用户使用组合框选择来自其他表或值列表中的值的字段 | |

点击数据类型时，在它的下方会出现各不相同的“常规”设定。这些设定对提高数据库的效率非常有用。在数据的输入、显示、调用中极为重要的有效性、关联性、隐蔽性、自动性、防错性，都与这里的常规设定有关。初学者可以先放下这一部分，但要真正懂得数据库的使用，必须学会设定参数。参数都有特定含义，有的有很强的实用价值。如：

“字段大小”项，对“文本”格式可以1—255进行选择。如该字段是“邮政编码”，可设置为6，如输入第7个数字时就不会被允许。对“数字”类型则有“长整型”、“整型”、“单精度型”、“双精度型”等几种选择。

“输入掩码”项，选择“密码”，可使输入的内容隐藏起来，起到保密的作用。

“默认值”项，可输入文字、数字或函数，使得每增加一条记录都会在该字段显示出该内容。如函数是“now()”（凡是函数前要有“=”号），则该字段会显示当前日期和时间。

“有效性规则”项，能限制输入值的表达式。如对“syema”字段，键入了“>0 and <1690”，就表示该字段键入的必须是《现汉》1—1689 的页数。如“slaiyuan”字段用“s”“f”“w”“g”分别表示了书语词、方言词、外来词、古词语，在“有效性规则”就可以键入 like “s” or “f” or “w” or “g”，这样就能避免错误输入其他内容。

“有效性文本”项，显示在键入了“有效性规则”不允许的值时出现的提示出错消息。如针对上面“syema”字段的“有效性规则”设定，在这里就可以键入“应输入 1—1691 间的数字”的内容以起到提示作用。这样如果输入了 1692 的数字，就会自动出现上面这句提示语。

“数字”下的“格式”项有 7 种选择，如选的是百分比，则数值 1 会显示为 100％。

“必填字段”项，如选了“是”，就意味着该字段不能为空。这对保证某些字段内容的不可或缺很有好处。

“索引”项，有三种选择：“无”、“有(无重复)”、“有(有重复)”。选择了无重复的索引，可以保证该字段内容不会出现相同的值，这对建立防止重复值，建立“一对多”中“一”表示的主表，很有好处。

这些常规设定，对数据库的有效运作都有帮助。如“有效性规则”栏，在里面加入函数，可自动出现变化多端的效果。

第 3 个字段，“说明”：这里可以对该字段进行说明、限定或标注。当在查询界面把光标移入该字段时，左下方的状态栏会显示出这些字样。这对作标注用的字段很管用，可把有关标注符号的含义写在此处。

(三)“查询”的界面

查询是数据库最主要也是最重要的功能，就是对数据库中已有的一个装有内容的表或查询所做的有针对性、有目标的检索活动，将查询、检索过程保存下来的也叫查询。建立一个表只是完成了数据存储的任务，这是最基础的，甚至可以说是最简单的任务。上面讲到那么多的数据类型与设定，都是方便于数据的存储，它的作用会在后面的数据库使用中发挥出来。查询才是数据库最有价值、最有生命力的东西。查询对象可以是一个表或多个表，或已经是查询的存储单位。

要实现 Access 的查询任务，可通过两条途径来进行。一条途径是"设计视图"。设计视图是将抽象的函数语言变成可视性操作图符，每一步操作都变成了按键的点击或移动，或对所想要的内容进行指定，全然没有了抽象的计算机语言的表述，易学好懂。一条途径是"SQL 视图"，将在下一节再来展开。

进入 Access 的查询新建，里面会显示五种查询向导：设计查询、简单查询向导、交叉表查询向导、查找重复项查询向导、查找不匹配项查询向导。下面逐个介绍。

1. 设计查询

设计查询是五种新建查询方式中功能最丰富的一种，包含着 Access 的所有查询功能。其他四种查询实施的都只是单一、专项的功能。在设计查询中，可以随意地调入对象，进行任意的条件设定，从而搜索到所需要的数据。

下面分三步来介绍设计查询的使用过程。

第一步，调入查询对象。

可对三种对象进行查询："表"、"查询"、"表/查询"。即成为查询对象的不仅仅可以是表，也可以是已有的查询。点击所需的表或查询后它会出现在"查询设计"窗口的上部左侧。然后关闭"显示表"。如果调入的是多个表与查询，则要在它们之间建立关系，这在后面的多表查询中再谈。

后面的步骤将在下面这个界面中完成：

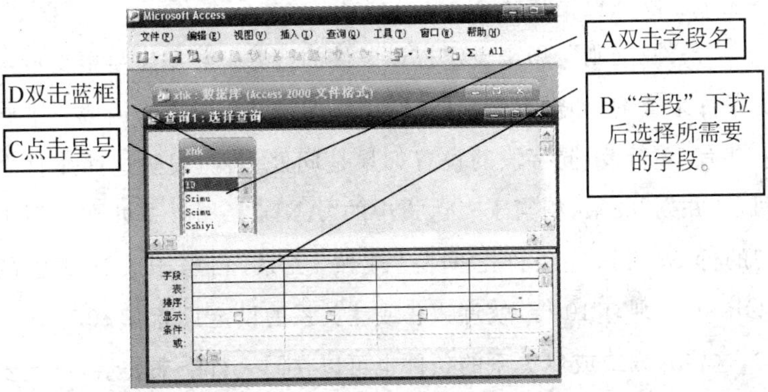


第二步，调入查询对象中的字段。

有四种方法。A. 双击要调入字段的字段名。B. 在下方网格的“字段”行下拉框里的字段名进行选择。C. 点击位于第一行的星号，调入所有的字段。D. 双击查询对象上端的蓝框，使框内所有内容变深色，然后鼠标拖着深色区域移到下面的网格，松开鼠标，所有字段都进入了网格。前两种方法是选个别字段，后两种方法是全选。

第三步，对拟查询的字段进行条件设置。

上图的下半部是一个空白的网格，这就是设置查询条件的区域。网格状查询区域的左边有“字段”“表”“排序”“显示”“条件”等横行。每一行都可以作不同的选择，如果不作条件设置，其效果相当于“简单查询”。

“字段”行：调入要显示或设定条件的字段。当要进行函数运算时，也是书写在这一行。

“表”：调入字段所属的表或查询。

“排序”：有升序、降序、不排序三种。默认是升序。默认的排序值可在菜单的工具/选项/常规/新建数据库排序中完成。

“显示”：有一小四方空格。选中为在新查询中要显示，取消为不显示。默认值是显示。

“条件/准则”：用来设定查询条件的地方。数据库将根据设定的条件来查询，如没有设定条件，则显示该字段的所有内容。准则一共有10行，不同字段的设置如果是同处一行，表明这些条件之间是“并列”关系，相当于表达式中的“AND”。如果是处在上下不同的行，表明这些条件之间是“或然”关系，相当于表达式中的“OR”。准则有10行，就意味着或然关系的设定只能有10个。其实，这些并列或或然关系的条件也可以在同一行中来表示，只是要在这些条件之间加上“AND”或“OR”。

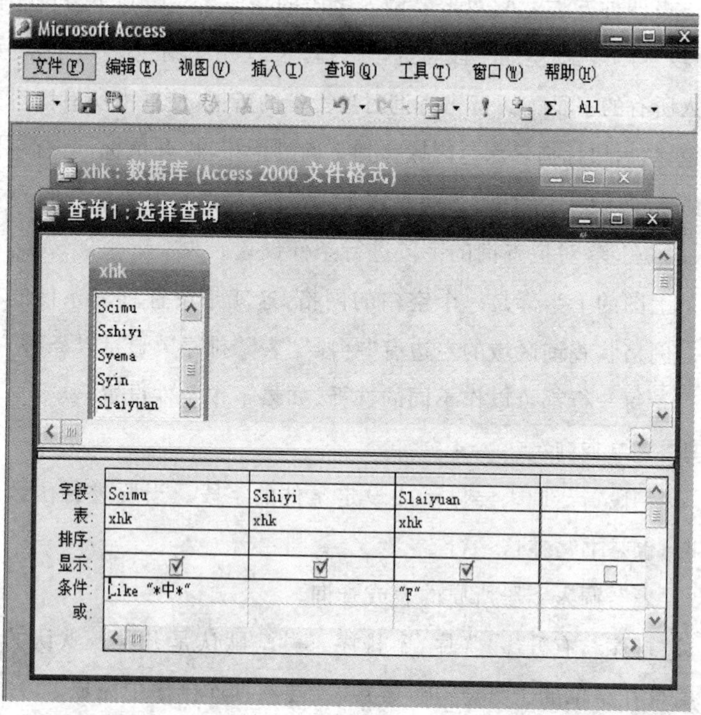

上图显示：调入了3个字段；设置了两个条件，即“凡是词目里含‘中’字，并来源于方言（f）的词”；查出了两个词：“不中：〈方〉不中用；不可以；不好：这个办法～，还得另打主意。”“中不溜儿：〈方〉不好也不坏；不大也不小；中等的；中间的：成绩～|不要太大的，挑个～的。也说中溜儿（zhōngɫiūr）。”

以上是对设计查询最简单的运用。如果是复杂的运用，变化主要在于函数的调用，在“字段”栏里写入表达式，在“准则”栏里写入条件。例如要统计两个字节长度的词语，就在“字段”键入表达式“len([字段名])”，在“准则”键入2，执行查询后显示的就是两个字节长度的词语。

计算方法的选用。在默认状态下还有一行不会显示，这就是“总计”行，起统计作用。点击菜单上的Σ符号，或点击菜单上“视图/总计”，网格上会显示“总计”行。点击该行，会显示12种计算方法：分别是GROUP BY（分组）、SUM（相加）、AVG（平均数）、MIN（最小数）、MAX（最大数）、COUNT（非空值的计数）、STDEV（标准偏差）、VAR（方差）、FIRST（第一个记录中的值）、LAST（最后一个记录中的值）、EXPRESSION（表达式）、WHERE。

这里可以对数据库中常用的一些运算方法进行简单地使用，不用通过太复杂的操作就能实现计算目的。不同的运算方法对字段的数据类型和字段的数量会有不同的要求。

2. 简单查询向导

简单查询的功能是对字段的选择，不能对“字段”的内容进行条件设定。所以它的功能比起设计查询要简单得多。它的作用主要有两个，一是对拥有许多字段的原表，可以以简洁的面貌出现，或是对需要保密的字段不让它出现在新的查询中。点击简单查询向导，会出现以下界面：

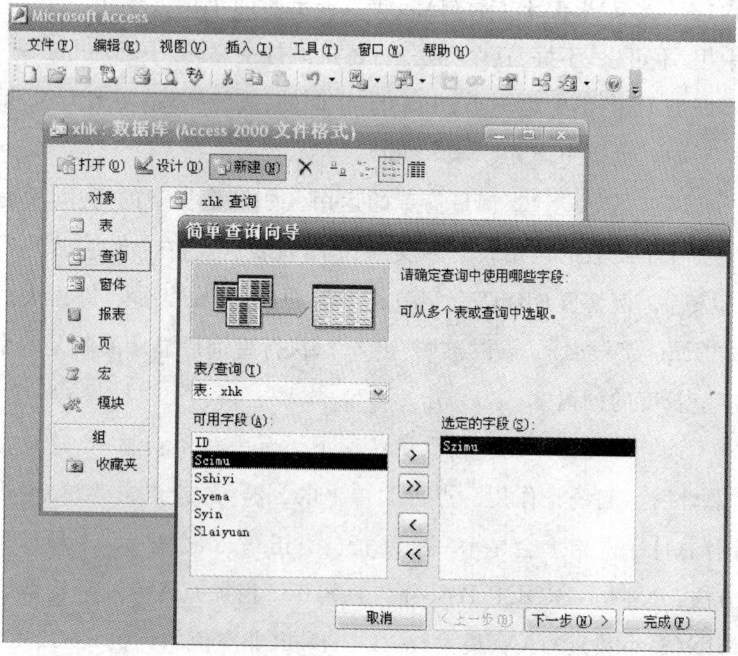


操作步骤如下：①在“表/查询”框下选择查询的对象。②在“可用字段”中选择查证的字段。③将左边拟选的字段用＞或＞＞调入右边。这样就完成了简单查询向导的任务。简单查询向导实际上就是简单到只是对字段的选择，而不是对字段内容的选择。

下一步有两个选项，默认值是“打开查询查看信息”，如选择“修改查询设计”就进入了上面已经介绍过的“设计查询”了。

3. 交叉表查询向导

交叉表查询的功能是查询同一个表或查询中两个字段之间的数值关系，即字段与字段之间的交叉关系。这两个字段在新的查询中一个位于行的位置，一个位于列的位置，表中的数字即是“行”与“列”的统计值。下面以样库 dizhi 为例。操作步骤如下：

① 调入查询对象。查询对象可以是表或查询。

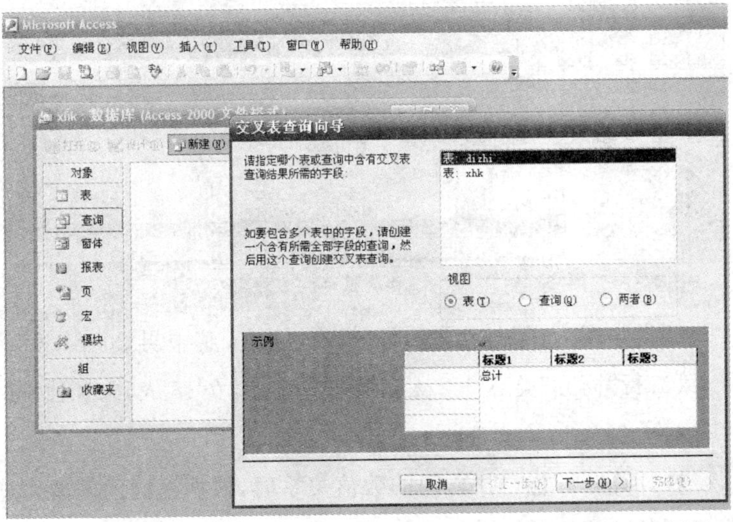


② 调入作行标题的字段。点击下一步会出现对行标题的选择。作行标题的字段其作用相当于用于分类的对象。最多可选 3 个字段作行标题，即实现三个层次的分类。这里把“relation(关系)”字段作为行标题。

③ 调入作列标题的字段。其作用相当于分类的类名。最多不能超过 256 个字段。这里把“sex(性别)”字段作为列标题。

点击完成，表格中出现的是分类的数字，见下图：

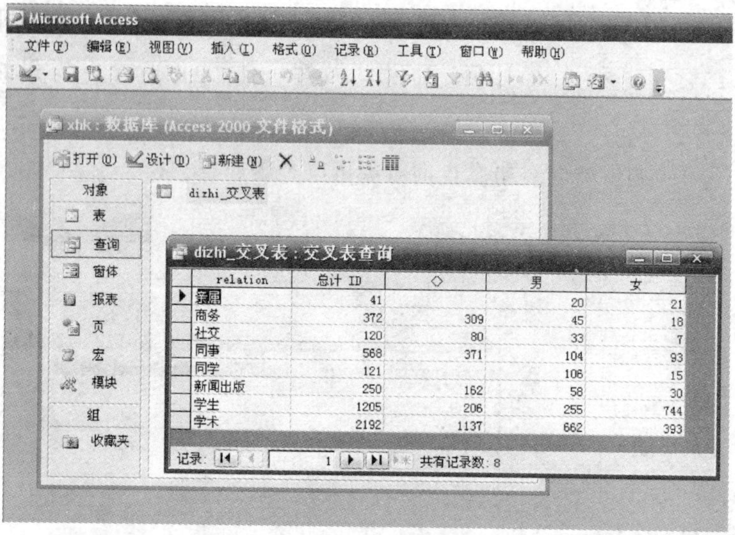


所得数据为：第一行“亲属”类有41人，其中男20人，女21人；第二行“商务”类有372人，其中男45人，女18人，未标性别的309人等。

在计算“行”与“列”之间的数值关系时，根据不同的需要可选择不同的计算函数。计算函数共有STDEV、VAR、平均、最后一项、最大值、最小值、求和、第一项、计数九种。上例选择的是“计数”函数。确认后会在所选定的行标题的右侧一行显示计算结果。作为列标题的字段不能多于256个，也就是说作为列标题用的字段，里面不同的数值个数不能大于256个。

4. 查找重复项查询向导

重复项查询的功能是查找出某个字段中有重复内容的个数。如点击查找重复项查询后，依次调入查询对象/字段名即可完成查找。如调入的字段名“relation(关系)”，所得结果为下图：

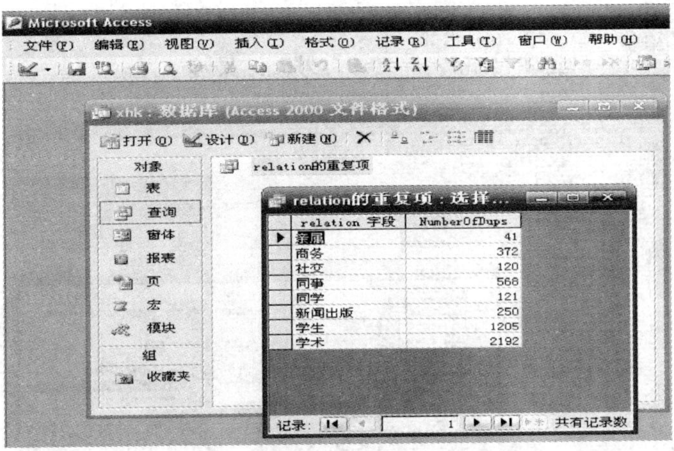


本图的结果与上图左边的两栏数据是相同的。

重复项查询的功能也可在“选择查询”界面中实现，即调入字段后，点击“Σ”后在“总计”行中选择“成组”即可得到重复项的结果。该功能不能在“备注类型”的字段上实现，进行该操作时，“备注类型”的字段不会显示。查询结果显示的数值实际上是“组”数，即“>1”的个数。如果要显示“不重复的数”，则应把查询结果转换到“设计查询”界面，在“准则”栏里把“>1”改成“>0”，这样出来的结果就是“不重复的数”。

5. 查找不匹配项查询向导

查找不匹配项查询要在两个“表”或“查询”，或在“表”与“查询”之间进行，它的功能是要确定两个表或查询的某个字段之间是否有不相同的值。比如在“dizhi”表与“relation 的重复项”查询之间来看他们的 relation 值是否相同。查询步骤如下：

① 调入第一个查询对象。查询对象可以是表或查询。这里是“dizhi”表。

② 调入第二个查询对象。这里是“relation 重复项”查询。

③ 确定两个查询对象之间将进行比较的字段。这里选的是“relation”字段，并点击“＜＝＞”符号。结果见下图。

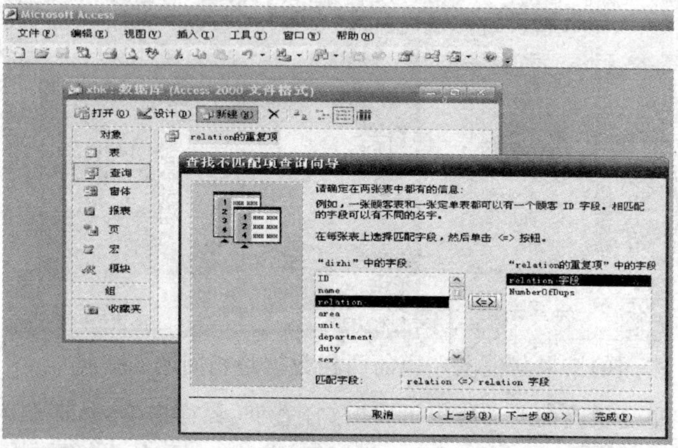


查询结果显示无不匹配值。

如果要统计同一个表的内容，则可以先生成出一个包括拟作比较的字段的查询。该功能同样不能使用在“备注类型”的字段上。如果两个字段的数据类型不一致，会出现中止提示。

查找不匹配项实际上是联表查询，将两个表/查询已建立关联的字段中不同值的内容显示出来。这个功能也可以在“设计查询”中实现，即在甲乙两个表/查询之间已建立关联的字段下的“条件”栏键入“IS NULL”，“IS NULL”是“为空”或“没有”的意思。建立关联的两个字段，其数据类型须相同。

上面对查询界面下的五种方法作了简要介绍。“设计查询”是功能最丰富、使用最灵活、变化最多样的查询方式。后面介绍的所有功能都可在这里实现。在使用熟悉后，建议尽量在“设计查询”中来完成所要达到的目的。而“简单查询”、“交叉表查询”、“查找重复项”、“查找不匹配项”则都是对“设计查询”中某些功能的固化,以达到简单明了,直截了当完成查询的目的。这四种方法虽然方便,但变化不多,其中的设置都已经预定好了。

选择“设计查询”后,进入的是“选择查询”界面。这时点击菜单的“查询”栏,或点击鼠标右键,会显示六大查询功能的选项:选择查询、交叉表查询、生成表查询、更新查询、追加查询、删除表查询。

下面对这六大基本查询功能作一简单概括,具体的则在下一节 SQL 语言中介绍。

- 选择查询:选择查询是默认方式,以上所叙述的操作都是在选择查询下进行。
- 交叉表查询:是统计同一个表中两个字段之间的数值关系。这一功能在“交叉表查询向导”已谈到。
- 生成表查询:是把查询出来的结果从原表中分离出来,成为一个独立的表。生成后的新表与原表没有关系,所作的任何修改都与原表无关系。这个功能使用非常普遍,它使原表具有良好的生成性,也保证了原表的完整性不受影响。
- 更新查询:是对选定字段的数值进行修改。完成查询条件设置后,调出“更新查询”,会在下面的查询网格中出现一新行“更新到”,在该行输入更新的内容,按执行键,得到确认后即完成。如果该字段是空值,更新内容会填充到里面;如该字段原有内容,更新内容会替代原有值。如在“更新到”行键入“[字段名]+新值”,则是在原值的基础上添加上新值。原字段是文本类型,则新值添加在后面,如原字段是数字类型,则新值将与旧值相加。这里的运算符号还可使用“-”“*”“/”等,它们不能用于文本类型。
- 追加查询:是把查询出来的内容增加到一个已有的表中。调出

"追加查询"后,会跳出提示窗,键入拟增加到的目标表表名。里面有两个选项,问目标表是在当前数据库中还是在另一数据库,默认是当前数据库。按确定后关闭设置窗口。按执行键"!",它会显示查询出来的数据行,并提示确认。追加查询要求调出与调入的字段数量、字段名称均相同,数据类型能兼容。

- 删除查询:是把查询出来的内容从原表中删除。调出拟删除的查询结果后,会跳出一个确认窗口,提示将删除多少行。得到确认后该行的所有字段都会从原表中删除。

在"(三)'查询'的界面"下介绍了进行"新建"后出现的五个选项,其实它们的功能都是被"选择查询"所涵盖了的。只是将"选择查询"的一些常用功能模块化了,将一些细化的过程中的东西,或是要用表达式来表示的东西集合成了一组组按键,更加简单化了。这有点像傻瓜相机,把光圈、速度、焦距、景深的调控都简化成了"拍摄模式",不懂相机原理的人只需根据拍摄的具体条件与需要选择按钮就可以了。

(四)"窗体"的界面

1. "窗体"的作用

数据库里的数据信息都是储存在"表"中,"窗体"是数据库的显示窗口,它能对表中的数据起到显示、录入、屏蔽、分类的作用。

显示功能就是能针对数据的性质与类型,及外观的需要来设计最恰当的显示窗口。

录入功能就是它是往表里输入数据的通道,可以根据数据的性质与类型,及录入者的输入习惯来设计窗体。从这里录入的任何信息最终都是会落在表里。

屏蔽功能就是能根据需要来显示表里的字段,把无关或不方便显示的字段屏蔽起来，屏蔽功能还会因为能进行“掩码”、“密码”等的设定而大大加强。

分类功能就是能对不同字段之间的数据进行分析，并将结果以图或表的形式体现。

2. 建立“窗体”的方法

在新建窗体栏，里面会显示九种新建方式：“A 设计窗体”、“B 窗体向导”、“C 自动创建窗体：纵栏式”、“D 自动创建窗体：表格式”、“E 自动创建窗体：数据表”、“F 自动窗体：数据透视表”、“G 自动窗体：数据透视图”、“J 图表向导”、“K 数据透视表向导”。根据功能和使用的方便，大体可以分成三大类。一是创建简单的窗体，包括 B、C、D、E 四种，只要选择显示的对象就可以完成窗体的建构，各显示栏会自动设定，影响自动设定栏的大小宽窄主要根据的是表中各字段的数据类型。如同是文本数据类型，字符数的大小不一也会影响到显示栏的大小。C、D、E 是对选择对象中所有字段的全显示，E 类显示的是表的格式，与“表”相同，故一般很少使用。B 类则能对字段的多少进行选择，使用起来更为灵活，用得较多。

第二类是 A 设计窗体。它是将调查对象的每个字段一一调入，可在设计栏中作任意的摆放，充分体现使用者的意图，所以它的功能最为强大和灵活。但设计时需要的时间较多，使用起来显得不够简便。

第三类是 F、G、J、K。这四种其实都不是简单地显示，而是对表中的数据，特别是列与列之间的交互数据关系作了汇总归类，所以这四种体现的是窗体对数据的分类功能。显示方式有“图”与“表”两种。下面以 dizhi 库为例：

① 点击 F 项（自动窗体：数据透视表）。

② 在选择框调入 dizhi。

③ 点击确定，这时会出现一个白底设计图，左边标有“将行字段拖至此处”，上方左边标有“将列字段拖至此处”，正中间空白处标有“将汇总或明细字段拖至此处”。右边还有一个“数据透视表字段列表”，里面有 dizhi 的所有字段以供选择。

④ 逐一将要进行汇总的字段分别拖至有标题处。先拖放行字段“relation”。

⑤ 再拖放列字段“sex”。行字段可放 1—3 个字列。

⑥ 最后将要汇总的字段拖至中间，为“sex”，字段只能放一个字段。这样就会自动显示行与列的分类汇总数据。

⑦ 在“数据透视表字段列表”最下一行是功能选择项，有“列区域”、“行区域”、“筛选区域”、“数据区域”、“明细区域”。前两个为位置更换键，后三个为汇总键。“添加至”为执行键。

结果见下图：

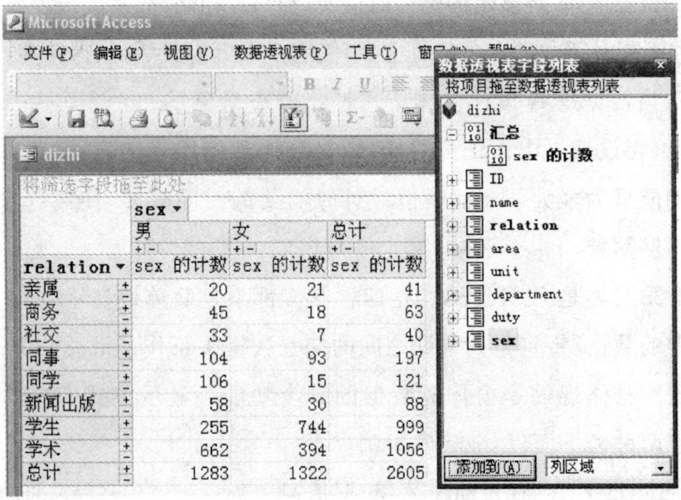

3. 如何修改“窗体”

进入窗体的设计界面，可对窗体进行任意的修改。包括显示大小、字体、名称、数据来源、顺序、颜色、点击方式等许多方面。这里只介绍几种有特殊功能的使用。要实现这些功能，可点击菜单中的“视图/属性”，或在拟修改的对象上点击鼠标右键，进入“属性”，在“格式/数据/事件/其他/全部”下进行选择。

① 锁定功能。即对字段只能阅读，不可修改。这样可以防止误删误改。对一些经常只用来阅读的窗体可作该项设定。即使是对自己用的窗体，由于打开窗体时光标是自动放在首个字段，也容易误删，这样就可在一个窗体中调入两个字段，一个设定为锁定，放在首位，专供查询之用。在“属性/数据/是否锁定”，里面有“是/否”选项，选“是”。

② 密码功能。即该字段的内容只能显示为＊，具体内容不可读，但仍可进行查找、更新的功能。在“属性/数据/输入掩码”，在里面选择“密码”项。

（五）表达式与函数的运用

在实现数据库的查询功能中，表达式与函数的运用是关键。在设计查询界面中的“条件”栏，就是设置查询条件的地方。下面介绍一些常见的操作符。在这里用“◇”代表某个假定的字，如“国”字。使用操作符时，默认值是要用英文引文括起来。下面用 xhk 为例。

a　“＊”：通配符，表示查所有的值。

b　“＊◇”：表示查某字之前所有的值。（查“国”字前面所有的词，如“爱国”、“工业国”、“安邦定国”，库中共有 74 例）

c　“◇＊”：表示查某字之后所有的值。（查“国”字后面所有

的词,如“国宝”、“国防军”、“国际儿童节”,库中共有 113 例)

d “?”:替代一个任意符号。

e “? ◇”:查位于第 2 个位置的某值。(查“国”位于词尾的二字词,如“爱国”、“报国”,库中共有 42 例)

f “>”:表示大于某值。不适用于文本格式和备注格式。下面 ghij 4 例同此。

g “>=”:表示大于等于某值。

h “<”:表示小于某值。

i “<=”:表示小于等于某值。

j “BETWEEN…AND…”:查两个数字之间的内容。

k “NOT”:排除性查询。

l “NOT NULL”:非空查询。

m “AND”:表示与、和的关系,同时具有。

n “OR”:表示或的关系,不必同时具有。

o “+”:两个操作数相加。用在“字段”栏,“[字段名]+3”,表示该字段的值加 3,用在“条件栏”中表示一般的符号。

p “-”:两个操作数相减。用在“字段”栏,“[字段名]-3”,表示该字段的值减 3。用在“条件栏”中表示一般的符号。

q “*”:两个操作数相乘。用在“字段”栏,“[字段名]*3”,表示该字段的值乘 3。*用在“条件栏”中表示通配符。

r “/”:两个操作数相除。用在“字段”栏,“[字段名]/3”,表示该字段的值除 3。用在“条件栏”中表示一般的符号。

s “COUNT”:计算含有内容的行的个数。用在“字段”栏,“COUNT([字段名])”。只能对一个字符进行计算,结果为该字段中含有内容的行的数量。

t　“LEN”：查内容的长短，用在“字段”栏，“lEN([字段名])”，结果为该字段中所含有字符的个数。如在“准则栏”设置参数，显示的将是与该参数相等的内容。如参数设为4，显示的将全部是4字词，如“白云苍狗”、“白纸黑字”，库中共有5020例。

设定查询条件还有一种办法，就是通过“表达式生成器”来添加查询条件。操作过程如下：

在设计查询界面，鼠标在拟设立条件的准则行选中，然后按工具栏上的“生成器”按钮，显示“表达式生成器”窗口；或者在准则行右击鼠标，选择“生成器”。进入“表达式生成器”后就可以按照所希望的来进行设定。对简单的查询来说，在查询设计界面比较快捷。对复杂的查询，通过表达式生成器比较方便，因里面集聚了许多内带的函数、常量、操作符、通用表达式，操作起来更为方便。表达式是计算机程序设计的核心要素，掌握了它，就大大增强了查询数据的功能。函数是表达式的核心部分。Access内带的函数十分丰富，有150多个，值得好好学习。这些函数共分“数组”、“转换”、“数据库”、“日期/时间”、“域聚合函数”、“出错处理”、“财务”、“常规”、“检查”、“算术”、“消息”、“程序流程”、“SQL聚合函数”、“文本”。对词汇计量研究来说，经常用到的是“SQL”类与“文本”类。函数的学习与运用不是这本小书能包括得了的，这里就不展开，在后面几章将结合词汇分析的需要再作具体涉及。

（六）表的关联

以上的介绍主要都是针对单个表。数据库更强大的功能在于它能把多个相关的表连起来，进行关联性查询。联表查询使单表的作用几何式地增强，它保证了存储数据的简洁、准确，充分发挥出数据库强大的信息互联作用。当然，这首先需要能把复杂的数据对象分别存储于不同的表。这属于数据库设计的知识,在后面结合数据库运用时再来展开。这里只谈谈如何将两个或两个以上的表关联起来进行查询。

“联表查询”可以把两个或多个不同的“表”与“表”、“表”与“查询”、“查询”与“查询”联合起来查询,其目的就是为了把两个独立的表能关联起来进行查询。拟用来建立关联的“表”或“查询”中那个实现关联的字段,数据内容与数据格式必须相同。

建立联表的操作步骤为:

① 进入查询界面,在新建栏选择“设计查询”。

② 在“添加表”中,调入两个或多个不同的查询对象。

③ 在两个或多个查询对象中确立建立关系的字段。按住甲表中要建立关系的字段,拖到乙表中相同字段的上面,松开鼠标,这时在两个字段中会出现一条黑线,表明关系已经建立。

④ 选择关系的类型。在连结线上单击右键,会出现“联结属性”与“删除”两个选项;点击“联结属性”,有三种选择:A. 只包含两表中相等的“行”,B. 包含甲表中所有的“记录”及乙表中与相连结字段相等的“行”,C. 包含乙表中所有的“记录”及甲表中与相连结字段相等的“行”。默认值是第一种。

两个联结对象之间的关系有“一对一”、“一对多”、“多对多”三种。

第一种:“一对一”关系。

建立了“一对一”的关系,会在双方建立关系的字段之间有一条细长的线。

建立一对一的关系要求最低,只要字段的数据类型相同就可以建立。比如在 dizhi 和 xhk 是两个不同类型的库,但也可以在

dizhi. name 字段和 xhk. scimu 字段之间建立起联系。这时建立关系的字段没有主键,即意味着里面可能有重复值,也可能有空行。这时显示的是分属两个表的联结字段中相同的值,即有"高歌、康泰、林立、林涛、陶然、腾达"等 11 个词,这说明这 11 个词在 dizhi 中是人名,同时在 xhk 中又是作一个一般的词语出现。

假如一方的记录有重复值,就会把重复值都显示出来。假如同一个记录在双方都有重复值,这时显示的就是双方重复值的乘数,即以几何的方式显示。如在 dizhi. name 中的"高歌"有两个,在 xhk. scimu 中的"高歌"也有两个,在查询中显示的就会有 4 条"高歌"。这就是一方的每个"高歌"都跟对方的两个"高歌"发生了关系。到这时,"一对一"的关系实际已经演变为"多对多"的关系了。

在没有主键的一对一关系下所显示的内容是不可更改的。它只能起到显示的作用。它使用简单,能达到穷尽显示的作用,但作用有限,一般不提倡使用。

第二种:"一对多"的关系。

建立了"一对多"的关系,会在双方建立关系的字段之间有连线,连线的两端为粗线,"一"方的粗线上有"1"字,"多"方的粗线上有"∞"无穷符号。"一"所在的表叫主表,其中的字段必须是"主关键字";"多"所在的表叫关系表,相对应的字段是"外来关键字"。

要建立一对多的关系,"一"方必须要达到这样几个条件:没有重复值,没有空行,设置了主键,所含有的值包括了"多"方中所有的值(它所含有的值可以不为"多"所包含)。缺一个条件都不能建立"一对多"的关系。

建立起了"一对多"的关系,还可对二者之间的关系进行编辑,以更好地增加相互之间的联动。有三种功能可供选择:“实施参照完整性”、“级联更新相关字段”、“级联删除相关记录”。选择了这三种功能,在主表中所作的任何更新,包括改动、删除,从表中关联起来的那个字段,都会在内容上相应地作出改动,或整个记录被删除。只选了“实施参照完整性”,而没选择“级联更新相关字段”和“级联删除相关字段”,主表的内容不可删除。要在“多”表中的关联字段增加新的内容,也必须首先在“一”表中添加后才会被允许。这三种功能选项体现了数据库之间不同程度的相关性操作。要充分发挥数据库的功能,这些操作是必须掌握的。

关系型数据库的价值主要就是建立在“一对多”的关系类型上。这样可以更好地简化库的内容,可将字段数量多、内容庞杂的一个表分解为几个表,这时找到数据之间哪个可以作为“一”,哪个可以作为“多”,就是一个关键。同时,还可以更好地对数据库进行扩展,在找出“一”的信息以单独作库后,就可以对“一”的信息点进行更详细的描述。这点在后面的第四章和第八章会作进一步的说明。

第三种:“多对多”关系。

“多对多”指的就是两个表相联结的字段中都有多个相同的值。在多对多的查询中,结果会显示两个表中相同值的乘积行数。它与“一对一”表接近,只是两个表中均出现了重复值而已。

(七)表的复制与合并

对“表”可以很轻松地进行复制与合并。复制方法如下:鼠标点击所需要复制的“表”,按右键,选择“粘贴”,这时会显示下面三种选择:“只粘贴结构”、“结构和数据”、“将数据追加到已有的表”。

“只粘贴结构”,指只复制“表”的数据库格式,即字段数量、字段名称、字段的数据类型，都是一样，结果是获得一个与原表相同的数据库空表。

“结构和数据”，指同时复制了“结构”和“数据”，结果是获得一个与原有“表”的形式和内容都一样的表。

“将数据追加到已有的表”，指把粘贴表与已有表的内容相加，粘贴表的记录自动加到已有表最后一条记录的后面。要实现这项功能，要求粘贴表与原表的字段数量、字段名称、字段的数据类型都必须一样，否则会被系统拒绝。由于粘贴结果可能会导致某个字段里出现重复值，因此，表中设置了主键的应取消，否则会拒绝执行。这种方法有时还会导致记录的排序出现前后错位。

用另一种方法则会保险得多，就是在点击了要复制的表后，将要复制的表存放在粘贴板上，然后打开要存入的表，点击最下面的添加新记录的左端，把该行全部选黑，再按粘贴，就能把内容全部复制到目标表中。当然，用这种方法也要求新旧两表中字段数、字段名称、字段的数据类型都完全一样才行。如果目标表中有自动编号的字段，结果是自动在已有数码后增加编号，而上面那种方法是将原表的编号增添在自动编号后。这样就出现了重复的编号，要再设置主键就不允许了。

## 三、SQL——数据库管理语言

（一）SQL 简介

SQL 全称是 Structured Query Language（结构化查询语言），是一个功能强大的数据库管理软件。它不是数据库，而是数据库的一种管理系统。它提供了连接、数据安全性和查询请求服务的全部功能。概括地说，能用它来建立和维护数据库，管理数据库，确定用户数据库的使用权限，备份和恢复数据，分配数据库的使用，数据的调用、导入、导出，监视和调整服务器的运行，等等。这里不可能对这样一个功能如此强大、应用范围如此广泛的软件进行全面的介绍，只是从词汇计量研究的角度来学习 SQL 用于数据查询方面的功能。

SQL 可以独立运用，也可以嵌套在某个应用软件中来使用。Access 中就嵌入了 SQL，下面要介绍的就是嵌套在 Access 中的 SQL。在 Access 中打开查询，在上方菜单的最左端会有三种视图可供选择：设计视图、数据表视图、SQL 视图。设计视图就是建立新查询时调入查询对象，进行条件设定的界面，这点上面已经介绍了；数据表视图就是在查询界面中显示表格内数据的界面；SQL 则是书写、运用 SQL 语言的界面。可用快捷键来进行界面的转换：进入 SQL 视图用 Alt＋V、Q；进入数据表视图用 Alt＋V、S；进入设计视图用 Alt＋V、D。执行的快捷键是 Alt＋Q、R。

SQL 是一种编辑语言，但是一种非过程化的编程语言，它能在已经形成的高层数据结构上工作，而不必要求用户来了解或从事更深入的数据存放形式、存放方法、存放结构等。SQL 能对底层结构完全不同的数据库系统及在不同的数据库之间实现各种输入与输出的功能，这样用 SQL 来管理数据库就具有了简单、方便、快速的特点。

SQL 有专门的表述语句，语句结构依照英语语法结构而成，已经形成了非常规范的用词和格式。这些语句要经过一定的学习，这是比 Access 中完全依凭按钮和选项来实现功能要稍困难些的地方，但这些语句学习起来并不难，在掌握了之后，能大大提高对数据的开发能力，可以非常方便地对数据进行各种处理。下面就对 SQL 的基本语句和基本功能作一简单介绍。使用的样库是 xhk。

（二）SELECT 语句——查询数据

SELECT 语句是从数据库中访问和提取数据的一种表达式，它是最强有力的表达式之一，比 SQL 中其他语句有多得多的可用选项。SELECT 语句可以从对象中取出所有的行和列，或是有条件地限定任意的行或段。

SELECT 语句的基本句型

SELECT *

FROM xhk

上面第一句的意思是：选出所有的字段。第二句的意思是：数据来自 xhk。连起来表示：从 xhk 中选出所有的字段和行。里面有两个关键字：SELECT 和 FROM。为了以示区别，一般要求关键字用大写，查询对象为小写。

SELECT 语句中这些组成部分的位置和间隔并不重要，关键是次序必须正确。如上面的两句也可以写成：

SELECT * FROM xhk

或

SELECT

*

FROM

xhk

或

SELECT

* FROM

xhk

或

SELECT *

FROM

xhk

使用以上不同的SELECT语句的表达式,效果是一样的,基本式还是规范的表达方式,它清楚醒目,把关键词都放在每行第一个词的位置,也形成了规范的叫法,如SELECT子句,FROM子句。

在SELECT子句中运用“*”能把所有的字段都调出来了。但人们在使用中往往并不想把显示表中所有的内容,通常只是想要其中的一部分,这就需要进行各种条件的设定。在条件设定中有着非常多的变化,简单说来主要有以下几种。

1. 选择要显示的字段

只需要显示部分字段时,就不要使用“*”,而是直接写出所要字段的名称。字段之间用逗号隔开;最末一个字段的后面不要出现标点符号;所有的标点符号都要英文状态下的小写;如字段名是字母、数字、汉字的混用,则字段名要用方括号括起来;如果是单表查询,往往可以省略表名,如果是联表查询,每一个字段前还要写上表名,表名与字段名之间用英文句号隔开。请看下面例句:

SELECT [scimu],[szhuyin],[sshiyi]

FROM xhk

这样显示的是“scimu”、“szhuyin”、“sshiyi”三个字段。

如果查询的字段来自“xhk”和“ncyk”两个表,则每个字段前都应带上所在的表名。如除了xhk表的“scimu”、“szhuyin”、 "sshiyi"三个字段外，同时还要查询 ncyk 表中的"ncimu"、"nzhuyin"、"nshiyi"字段，就应写成下面这样：

SELECT xhk.[scimu],xhk.[szhuyin],xhk.[sshiyi],ncyk.[ncimu],ncyk.[nzhuyin],ncyk.[nshiyi]

FROM xhk,ncyk

2. 修改字段名

在新建的查询中需要修改原字段的名称，即查证结果以一个新的字段名出现，可用以下方法：

SELECT [scimu],[szhuyin], [sshiyi] AS 96shiyi

FROM xhk

第一行的第 3 个字段名就由原来的 sshiyi 名改成了 96shiyi。方法是原字段在前，新名在后，中间写上 AS，AS 的前后各空一格。用 AS 带出的名叫字段的别名。

3. 给记录排序

当需要给记录排序时，要在最后另起一行写上起排序作用的语句。在最后一行的开头写上关键词"ORDER BY"，BY 后接字段名，表示的是升序。如要表示降序，而在字段名后加"DESC"。要查询结果按 scimu 字段的顺序排列，可写成：

SELECT [scimu],[szhuyin],[sshiyi]

FROM xhk

ORDER BY [scimu]

按降序排列则要写成：

SELECT [scimu],[szhuyin],[sshiyi]

FROM xhk

ORDER BY [scimu] DESC

不作设定时默认值是升序。

如果是需要给几个字段都排序，则可在“ORDER BY”依排序的需要依次列出字段名，字段名之间用逗号隔开。

4. WHERE 子句

上面介绍的是有关字段的调用，而人们用得更普遍的是对行记录内容的选择，即在一个字段中只查询那些感兴趣的特定记录。这就需要用到另一关键字 WHERE。WHERE 的作用非常重要，所有对记录里内容的限制条件都要写在 WHERE 的后面，以致 WHERE 子句几乎成为 SELECT 语句中不可或缺的部分。WHERE 子句中，有两个字是经常要用到的：“BETWEEN AND”和“LIKE”。

(1) BETWEEN AND

查找那些介于两个确定值之间的所有数，可用 BETWEEN AND。它适用于数字、货币、日期时间等数据类型的数据。如：

```
SELECT [scimu],[szhuyin],[sshiyi]
FROM xhk
WHERE (([sid]) BETWEEN 1 AND 100)
```

表示查询的是 xhk 库中 Sid 字段从 1 至 100 的所有记录，这些记录带有 scimu、szhuyin、sshiyi 三个字段。

(2) LIKE

要引出条件的设定时，前面要用 LIKE，设定的条件要用双引号括起来。如要在“scimu”中查找所有带“中”的词语，写成：

```
SELECT [scimu],[szhuyin],[sshiyi]
FROM xhk
WHERE (([scimu]) LIKE “*中*”)
```

表示从 scimu 中查找含有“中”字的所有词语，并带有 scimu、szhuyin、sshiyi 三个字段。

在 WHERE 字句中经常会用到一些常用的操作符。如“＝”（等于）、“＜＞”（不等于）、“＜”（小于）、“＜＝”（小于等于）、“＞”（大于）、“＞＝”（大于等于）、“AND”（和、与）、“OR”（或）、“NOT”（不）。如：

SELECT [scimu],[szhuyin],[sshiyi]

FROM xhk

WHERE ([sid]) ＞1000

上例是从 xhk 中查找“sid”号大于 1000 的记录，并同时带 scimu、szhuyin、sshiyi 三个字段。

以上最简要地介绍了 SELECT 语句三个最基本的部分：SELECT 子句，后面跟希望显示的字段；FROM 子句，后面跟表名，表示从这个表里提取数据；WHERE 子句，设定查询条件以获得指定范围内的行数。

5. 消除相同的行

消除相同的行，获得唯一值的记录，可用关键字 DISTINCT。在 SELECT 关键字后键入 DISTINCT，后接要消除相同行的字段名，中间不加逗号。如：

SELECT DISTINCT [scimu]

FROM xhk

这样得到的是没有重复内容的行。如果后面带了多个字段，那么唯一值是包括了多个字段一起来计算的，如：

SELECT DISTINCT [scimu],[szhuyi],[sshiyi]

FROM xhk

DISTINCT 不能单独使用，必须跟在 SELECT 后配套使用。

6. 获得有相同值的行

要查找有相同值的行，即成组的行，要使用关键字 GROUP BY。它多与 HAVING 连用。HAVING 为一个组的重复次数指定搜索条件。如：

```
SELECT [scimu]
FROM xhk
GROUP BY [scimu]
HAVING COUNT([scimu])>1
```

它查询的结果是 scimu 中有相同值的行。对词语来说查找的就是同形词。如要知道每一组有多少相同值的行，则要写成下面这样：

```
SELECT [scimu],COUNT [scimu] AS scimu number
FROM xhk
GROUP BY [scimu]
HAVING COUNT([scimu])>1
```

这一式在 SELECT 语句后面多了一句"COUNT ([scimu]) AS scimu number"，意思是统计 scimu 字段重复的次数，并将显示的字段命名为 scimu number。

GROUP BY 功能就是 Access 中的"查找不重复项查询"。但在 HAVING 里能自由地设定，如把">1"改成">0"，实现的功能与 DISTINCT 相同。">"后面的参数可以根据需要而随时修改，如">3"意思就是重复 3 次以上的数。

这个功能在 Access 的设计查询中还有一个简捷的实现方法，就是在设计界面点击菜单中的"Σ"，就会在"总计"栏中自动显示"分组"。参见前面对"查找不重复项查询"的相关介绍。

7. 把不同表的数据连结在一起

把不同表的数据连结起来查询是经常要做的事，这也是关系型数据库真正价值所在。只有能够把多个表关联起来查询，才能充分发挥数据库高效、大容量、简洁的作用。下面介绍三种连结方法。

先要指出的是，联表查询时为了有效地区别字段不同的来源，特别是为了防止混淆不同表的字段，这就需要在每个字段名前都把表名写上。表名与字段名之间用英文句号“.”隔开。在写出字段名的同时写出表名，是一个好的习惯。当只有一个来源表时，为了简洁，人们常会省略表名。当然为了增加区分度，还应在字段名的首字母统一冠上表名或有区别性的统一标示，如“scimu”、“szhuyi”、“sshiyi”三个字段都用了“s”表明都来源于 xhk 表的第三版(san ban)之义。

(1) 内连结(INNER JOIN)。这是最常见的一种连结。它的作用是查找两个表中相同值的行。比如要在 xhk. scimu 和 ncyk. ncimu 之间查询词语相同的行，可写成：

SELECT xhk. [scimu], ncyk. [ncimu]

FROM xhk INNER JOIN ncyk ON xhk. [scimu] = ncyk. [ncimu]

(2) 左连结(LEFT JOIN)：从连结在左边的表中检索所有的行，同时显示与之相配的右边表中的匹配行。如右边的表中没有匹配行，则显示空值。如要查询 xhk 中 scimu 所有的词语，及 ncyk 中 ncimu 相关的词语，可写成：

SELECT xhk. [scimu], ncyk. [ncimu]

FROM xhk LEFT JOIN ncyk On xhk. [scimu] = ncyk.

[ncimu]

(3) 右连结(RIGHT JOIN):从连结在右边的表中检索所有的行,同时显示与之相配的左边表中的匹配行。如左边的表中没有匹配行,则显示空值。如要查询 ncyk 中 ncimu 所有的词语,及 xhk 中 scimu 相关的词语,可写成:

SELECT xhk.[scimu],ncyk.[ncimu]

FROM xhk RIGHT JOIN ncyk On xhk.[scimu] = ncyk.[ncimu]

8. 把查询结果生成新表

把查询结果独立出来成一个新的表,就要用到 SELECT INTO 语句。如要从 xhk 中把含有"中"字的词语搜索出来并独立为一个新表,可写成:

SELECT xhk.[scimu] INTO zhongzici

FROM xhk

WHERE ([scimu]) like " * 中 * "

按执行键即会把"zhongzici"生成一个新表,并显示有多少条记录。xhk 中含"中"字的词语是 223 条。

如果是在"选择查询"界面,在完成查询条件设置后,在"菜单→查询"中选择"生成表查询",会跳出提示窗,在生成新表的"表名称"中填写表名。下面有两个选项,问生成的新表是在当前数据库中还是在另一数据库,默认是当前数据库。按确定后关闭设置窗口。按执行键"!",会显示查询出来的数据行数,确认后即会生成一个新的表。

9. 把两个表或查询联结成为一个结果

为了把两个表或查询联结到一起,要使用到关键字 UNION,

结果显示为行记录的相加。相加字段的数字类型必须一致。如果字段数量不止一个，则还要求两个相加表所拥有的字段数量相同。如果两个相加对象的字段名称不同，则显示出来的是位于UNION前的字段名。如要把 xhk 与 cnyk 相加，它们的字段分别是 scimu、szhuyi、sshiyi 和 ncimu、nzhuyi、nshiyi，可写成：

```
SELECT xhk.[scimu],xhk.[szhuyi],xhk.[sshiyi]
FROM xhk
UNION
SELECT ncyk.[ncimu],ncyk.[nzhuyi],ncyk.[nshiyi]
FROM ncyk
```

或可简写成：

```
SELECT *
FROM xhk
UNION
SELECT *
FROM ncyk
```

以上对 SELECT 语句的常用功能作了一些基本介绍。SELECT 功能非常强大，变化也极为丰富。SELECT 语句是 SQL 中最重要也是最基础的语句，后面许多用法都是立足在它之上的。

（三）INSERT 语句的使用——插入数据

1. 给表增加新行与新值

当需要在表中添加新的数值，就要用到 INSERT 语句。INSERT 语句由两部分组成，第一部分是 INSERT 关键字，后面为要插入数据的表和字段的名称。使用 INSERT 时，通常后面会加上 INTO。第二部分是 VALUES 关键字，后面跟着拟插入的值。

拟插入的字段是文本类型的话，插入值要加括号，拟插入的字段是数字类型，插入值则不加括号。例如要在 scimu 字段中添加“鹅行鸭步”，可写成：

INSERT INTO xhk ([scimu])

VALUES(“鹅行鸭步”)

值得注意的是 INSERT INTO 所带表名后的字段名外是括号，而不是用像 SELECT 语句那样在表名与字段名之间要用英文句号“.”。

如果一条记录有多个字段，则要在 INSERT INTO 与 VALUES 后同时写上几个字段的名称。如要把“鹅行鸭步”的释义“像鹅和鸭子那样走路，形容行动迟缓。也说鸭步鹅行。”也插入 Sshiyi，则要写成：

INSERT INTO xhk ([scimu],[sshiyi])

VALUES(“鹅行鸭步”,“像鹅和鸭子那样走路，形容行动迟缓。也说鸭步鹅行。”)

“给表增加新行和新值”的功能在特定场合下很有用，如表数量很多，且没有打开的情况也需要加入信息。但一般情况下可直接把表打开或从窗体中输入新行和新值。

2. 把查询结果插入表

与上面不同的是这里是把查询出来的结果整个添加到一个表中。它实际上是基于 SELECT 语句中的插入，即 VALUES 不出现，而是将一个完整的 SELECT 查询过程跟在 INSERT 后面。如要把从 xhk 的 scimu 字段调出所有“中”字词插入到 ncyk 中的 ncimu，可写成：

INSERT INTO ncyk([ncimu])

SELECT [scimu]

FROM xhk

WHERE ([scimu]) like“＊中＊”

这里实际上是使用了两个查询,下面的叫做子查询。书写时子查询一般要缩进两格,以示清晰。

(四) UPDATE语句的使用——更新数据

更新数据库里的内容是经常会遇到的事情,这就要用到UPDATE语句,配套使用的还有SET。UPDATE后面为表名,表名后是SET,SET后是要更新内容的字段名,字段名后面是“＝”。因更新内容的不同(字符型还是数字型),更新位置的不同(在原有内容的前面还是后面),更新方式的不同(部分更新还是全面更新),“＝”后会使用到不同的表达方式。

1. 在字段内增加新值,或用新值代替旧值

当要在字段已有内容上增加新值时,可写成:

UPDATE xhk SET [sshiyi] ＝“新值”

“＝”后面的新值如果是字符,外面就一定要加双引号,如新值是数字则引号可用可不用。原字段为空的话,新值会填充在空字段;如原字段已有内容,新值会取代原内容。

2. 对更新的字段进行条件限定

如只对字段的部分内容进行更新,就需要进行条件限定,即在WHERE子句后设定条件。要把xhk中syema的100页改为110页,可写成:

UPDATE xhk SET [syema] ＝ “110”

WHERE ([syema]) Like “100”

这样Syema原来的100都会改成“110”。

3. 在原有文本内容的前后增加新值,而不是替代原有内容

如要在 sshiyi 字段的所有内容前面增加“释义:”,就要写成

UPDATE xhk SET [sshiyi] = “释义:” + [sshiyi]

这里最关键的就是把拟增加内容的字段名外加方括号,放在拟增加新值的后面,中间用“+”相连。

如果“释义:”要加在 sshiyi 字段的所有内容的后面,则要写成:

UPDATE xhk SET [sshiyi] = [sshiyi] + “释义:”

4. 在原有数值上增加新值

当原有字段是数字类型时,则增加的数值就不是替代原数值,而是在原数值基础上作出相应的变化。如拟在 syema 字段都增加“1”,则原来的“1”变成“2”,原来的“10”变成“11”。要写成:

UPDATE xhk SET [syema] = [syema] + “1”

如果原有字段是文本类型,则增加的数值则是在原有内容(无论是数值还是字符)后面加上“1”。假如把 syema 由数字类型改成文本类型,那么原来的“1”就变成了“11”,原来的“10”就变成了“101”。

对数字类型的字段,在“=”后面可以有许多变化。如:

“= [字段] * 10%”,表示原字段的值乘 10%。

“= [字段]- 1”,表示原字段的值减去 1。

(五) DELETE 语句的使用——删除数据

对数据库中不需要的行记录要删除时可以使用 DELETE 关键字。使用 DELETE 语句与 UPDATE 语句都要特别小心,一旦实施,结果是不可恢复的。DELETE 语句比较简单,在 DELETE 关键字后面写上删除对象的表名。下面表达式是删除表内的所有的内容:

```
DELETE *
FROM xhk
```

如果只是删除表中的部分内容，就要使用 WHERE 子句，后面注明限制条件。如要表中所有的“中”字词删除，可写成：

```
DELETE *
FROM xhk
WHERE ([scimu]) like "*中*"
```

## 四、Excel——电算软件

（一）Excel 简介

Excel 是优秀的电子表格软件，有着非常强大的计算功能，俗称“电算软件”。它带有的运算函数非常广泛，分属于数学、统计、财务、货币、文本、数据库、逻辑、工程等领域。对 Excel 的学习和使用，可以通过一些基本功能的掌握以达到入门级的应用，也可以进行很专精的功能挖掘与开发，需要进行很深入的学习。前面在介绍 Access 时曾说到，Excel 有强大的计算功能，简单的数据管理功能；Access 有强大的数据管理功能，简单的计算功能。为了充分发挥各软件的长处，通常可以这样来做，就是在数据库中完成对语料的存储、管理、筛选、查询，以得到准确的数据，再将数据放到 Excel 作计算统计分析。需要时再把计算统计分析的结果用图表来加以反映。

Excel 以行、列的表格方式存在，单元格用于存放数值。单元格是 Excel 非常重要的一个概念，是运算的基本单位，每一个单元格都有专门的名称来定位。定位方法好似地图上的经纬度：“B2”表示的是 B 列第 2 行，“H5”表示的是 H 列第 5 行。对单元格可以作许多设定，最重要的是数据类型的设定，这有点像 Access 在表中对“字段”数据类型的设定。不同的是 Access 的设定是针对整个字段，而 Excel 不必是一列作一个设定，而可以对一个单元格或选定的若干单元格来作设定。设定时把鼠标移到该字段，点击右键，选择单元格属性。默认值的设定，则在菜单→工具→选项→编辑中对选项做出选择。

Excel 文件里的基本存储文本是“工作表”，相当于 Access 的“表”。一个工作表最多可有 65000 行，256 列。65000 行对数据库来说可能会显得太小，可对计算对象来说则是足够大的了。

Excel 有非常丰富的功能，这里用少量篇幅从配合于 Access 的使用，或从方便于词汇计量研究的角度，作一些概括介绍，有些更具体、更有针对性的介绍，则放在具体词汇计量功能的实现中来介绍。

（二）计算功能

计算功能是 Excel 最重要也是最基本的功能，它能极为出色地完成各项计算任务。掌握了运算的基本方式，再学会了函数的调用，就具备了深度开发的基础。通常会用 Access 来存储、调取原始语料，并作些简单的统计。如要作复杂的或大批量的计算统计，则需把从 Access 中调取出来的原始数据放到 Excel 来运算。

计算的基本格式是：＝函数（计算范围）

在 Excel 的单元格要进行任何函数运用，前面一定要有“＝”；“＝”后是运算函数，如加法是 SUM，平均数是 AVERAGE；圆括号里面是计算范围。如“＝SUM（A1：A10）”，表示相加的是 A1 至 A10 之间 10 个单元格的数值。如写成“＝SUM（A1，A10）”表示相加的是 A1 与 A10 两个单元格的数值。

掌握了计算基本格式，就可以生出极丰富的变化。“＝”后面的函数是可变项，可以根据不同的需求选用不同的函数。（ ）里面是表示计算范围的地址，也是可变项。

下面以“A1:A10”的数值为例，来看常用计算函数的运用。

| 行数 | A 列 | B 列 |
|---|---|---|
| 1 | 2 | 10 |
| 2 | 120 | 20 |
| 3 | 300 | 30 |
| 4 | 3 | 40 |
| .5 | 45 | 50 |
| 6 | 1000 | 60 |
| 7 | 77 | 70 |
| 8 | 53 | 80 |
| 9 | 77 | 90 |
| 10 | 1 | 100 |

＝SUM(A1:A10)：求加法。得数：1678。

＝A1－A2：求减法。得数：－118。

＝A1 * A2：求乘法。得数：240。

＝AVERAGE(A1:A10)：求平均数。得数：167.8。

＝MAX(A1:A10)：求最大数。得数：1000。

＝MIN(A1:A10)：求最小数。得数：1。

＝MODE(A1:A10)：求众数，即相同数字的个数。得数：77。

＝COUNT(A1:A10)：求个数。求的是单元格里“非空”的个数，即有内容的单元格的个数。得数：10。

＝COUNTBLANK(A1:A10)。表示 A1:A10 中有空值的单

元格个数。得数:0。

有的函数还需要设定参数。不同函数设定参数的位置不同。如:

=SUMIF(A1:A10,">50")。表示 A1:A10 中间大于 50 的数相加。得数:1627。

=SUMIF(B1:B10,">50" A1:A10)。表示 B1:B10 中间大于 50 的 A1:A10 之间的数相加。这里设定的参数与上一公式有所不同,表示限制条件的单元格和数放在计算范围的前面。得数:1208。

=COUNTIF(A1:A10 ">50")。表示 A1:A10 中间大于 50 的单元格个数。得数:6。

=RANK("*",A1:A10)。表示引号中的某个特定数在 A1:A10 一串数字中的数值排序位。这个特定数必须是位于 A1:A10 中真实存在的具体数。这里选择 45 的话,得数:7。

=QUARTILE(A1:A10,"2")。表示在 A1:A10 一串数字中的四分位数。引号中是设定的参数,"0"表示最小数,"1"表示第一个四分位数,第 25 个百分点值;"2"表示中分位数(第 50 个百分点值);"3"表示第三个四分位数(第 75 个百分点值);"4"表示最大值。得数分别是:1、13.5、65、109.25、1000。

=PERCENTRANK(A1:A10,"*"):表示引号中的某个特定数在 A1:A10 一串组数中的百分比排序。这个特定数必须是位于 A1:A10 中真实存在的具体数。这里选择 45 的话,得数:0.333。

=FREQUENCY(A1:A10,B1:B10):表示按 B1:B10 的分组求得 A1:A10 的数在各组中所拥有的个数。使用这个函数有两个关键地方要注意，一是先要选好一个接受结果的区域，一般是比分组的组数多一行，在这里选择的区域为 C1:C11。二是在选好区域后再输入上面的那个公式，也即公式不是输在一个单元格中，而是输在选定的多个单元格中。三是按确认键是 Ctrl＋Shift＋Enter 同时按下。这样就会得到以下结果：在 1－10 以内有 3 个数；在 40－50 以内有 1 个数；在 50－60 有 1 个数；70－80 有 2 个数；在 100 以上有 3 个数。

| 行 | A | B | C |
|---|---|---|---|
| 1 | 2 | 10 | 3 |
| 2 | 120 | 20 | 0 |
| 3 | 300 | 30 | 0 |
| 4 | 3 | 40 | 0 |
| 5 | 45 | 50 | 1 |
| 6 | 1000 | 60 | 1 |
| 7 | 77 | 70 | 0 |
| 8 | 53 | 80 | 2 |
| 9 | 77 | 90 | 0 |
| 10 | 1 | 100 | 0 |
| | | | 3 |

Excel 的计算功能值得好好学习，掌握了它强大而灵活的计算功能，用来支持、优化数据库的强大储存、查询能力，把数据库查询、统计出来的数据放到 Excel 中来进行运算，就能很快获得计量结果。

（三）文字处理功能

Excel 对文字的处理与 Access 相比，有许多不同之处。有受到限制的地方，如工作表的行数有限，最多只能容纳 65000 万行；单元格的容量太小，较大的语料片段无法容纳；单元格的显示空间太小；对查询结果进行再查询、保存、利用都极为不便；界面显示变化不多。

但也有一些是其特色之处。如：

可以用插入的方式自由地对行的前后位置进行调整，Access 对新增加的行记录都是添加在表的最后一行；

对调整后的行数可以很方便地在新增字段中进行新的排序或增加序数；

输入的文字如果是本次操作中前面已经输入过的文字，在再次录入时会自动显示，按回车就会自动添加到单元格；

可以以单元格为单位对文字进行排版，而 Access 只能对整个表进行排版。

在上面的若干函数中，除了能对数值进行计算外，有的也能对字符进行统计。如公式"＝COUNTIF(A1:A10 '＞50')"中，计算的是 A1:A10 中间大于 50 的单元格个数。如果把"＞50"设定为"＊中＊"，统计出来的就是 A1:A10 中含有"中"字单元格的个数。

以下表为例来看常用文本处理函数的运用。

| 行数 | A 列 | B 列 |
|---|---|---|
| 1 | 村镇 | 村庄和小市镇。 |

Excel 中不少处理文本字符的函数与 Access 是相同的。如：

＝LEFT(B1,3)。表示从 B1 单元格左边第一个字符开始算起的前 3 个字符。结果为："村庄和"。

＝RIGHT(B1,3)。表示从 B1 单元格右边第一个字符开始算起的后3个字符。结果为:“市镇。”。

=LEN(B1)。表示B1中字符的个数。结果为:7。

=MID(B1,3,3)。表示B1中从第三个字符起的3个字符。结果为:“和小市”。

=TRIM(B1)。表示删除B1前的空格。如果B1“村庄”前有空格的话,结果会显示删除空格后的字符。

说这些函数在Excel与Access中相同,也是就其大概而言,有的还是有细微差别。如“MID”在Excel中必须是带两个参数,第一个参数表示起始位置,第二个参数表示出现的字符数,缺一不可。而在Access中,第二个参数是可选项。只有第一个参数时呈现的是“和小市镇。”,两个参数都出现时呈现的是“和小市”。

Excel中有些运用较多的处理文本字符的函数,在Access中有的还没被定义,有的则要通过其他途径来实现。如:

=REPLACE(B1,3,1,“与”)。表示B1中从第3个字符起的1个字符被“与”代替。结果为:“村庄与小市镇”。

=REPT(B1,3)。表示B1中的内容重复呈现3次。结果为:“村庄和小市镇。村庄和小市镇。村庄和小市镇。”

=CONCATENATE(A1,B1)。表示A1、B1两个单元格的内容合并在一起。结果为:“村镇村庄和小市镇。”为了增加可读性,要在词目“村镇”后加上冒号,公式可写成“=CONCATENATE(A1,“:”,B1)”,结果为:“村镇:村庄和小市镇。”

=EXACT(A1,A2)。表示对A1、A2两个单元格的内容进行对比。结果为:“FALSE”,表示结果不相同。如果两个单元格的内容完全相同则显示“TRUE”。

=FIND(“市镇”,B1)。表示查找“市镇”在B1中出现的位置。结果为:"5"。在这个公式中还可以添加参数。如写成:=FIND("市镇",B1,8),意思是从B1的第8个字符算起"市镇"所在的位置。如果B1的内容是"村庄和小市镇。村庄和小市镇。",那么结果就显示为:"12"。

=SEARCH("市镇",B1)。表示查找"市镇"在B1中出现的位置。结果为:"5"。SECRCH与FIND的功能一样,只是SEARCH不区分大小写,在查找对象时可以使用通配符"*",而FIND能区分大小写,不能使用通配符"*"。

=SUBSTITUTE(B1,"村庄","村子")。表示用"村子"代替B1中的"村庄"。结果为:"村子和小市镇。"。

(四)图表加工功能

Excel的图表功能也非常强大,且操作方便。熟练掌握后可以制作出很漂亮、简洁的图表。Access也能完成图表的制作,但不如Excel那样强大、丰富、灵活。

(五)数据统计分析功能

Excel还有一个特色的就是它的统计功能。如方差分析(单因素方差分析、可重复双因素分析)、相关系数、协方差、指数平滑、F检验、T检验、直方图、移动平均、回归,都能深入地分析数据之间的关系。就是一些简单的算术功能,如描述统计、排位与百分比排比、中位数、众数等,也都被集合在一起,操作起来很方便,表现得异常的灵活、高效。与SPSS(原名Statistical Package for the Social Sciences"社会科学统计软件包",今名Statistical Product and Service Solutions"统计产品与服务解决方案")相比,Excel更具有简洁、浅易的特点。

下面只对其中的随机抽样作简单介绍。随机抽样在日常生活中、词汇计量研究中都会经常用到。

数据库能处理海量的语料，一个表可以很轻松地装下几十万、数百万条记录，这固然方便穷尽性的研究，但真要做起来工作量却非常大，这时就会需要用到抽样的方法。如“和”在“人民日报”2000年一年的语料中有180682个用例，我们要了解“和”在全年语料中各个词义与用法，就需要全面考察“和”的所有用法，但对1.8万条语例全部进行排检，花费的时间太多，投入的成本太高。这时就可以用随机抽样的方法来进行抽检，只分析其中1/100的例子，又能起到代表1.8万条整体数据的面貌。使用方法是调用“随机数发生器”。操作如下：菜单→工具→数据分析→随机数发生器，填写如下内容：

变量个数：1

分布：模式

从“1”至“180000”，间隔“100”

重复每一数字“1”

重复序列“1”

最后在“输出区域”、“新工作表组”、“新工作簿”三个显示界面作任一选择，按确定即可得到“1、101、201、301……180000”按定距分布的1801个数字。这里只有原语料规模的1/100，但是通过定距抽样的方法获得，仍有足够的代表性。

如仍想进一步缩小规模，再缩小到1/10，只调查其中的180例，则可采用“抽样”的方法。操作如下：菜单/工具/数据分析/抽样，填写如下内容：

输入区域：A1：A1801(即1801个随机数的所在区域)

随机样本数：180

最后在“输出区域”、“新工作表组”、“新工作簿”三个显示界面作任一选择,按确定即可得到随机抽取的 180 个语例。这些语料只有原语料的 1/1000,但其分布概率仍有相当的代表性。

（六）函数的运用

函数的运用是 Excel 的精华所在。以上功能其实都有专门的函数来实现,只是为了操作的方便,一些常用函数通过图形化以按钮的方式来加以实现。其实按钮只能把一些极常用的功能固定下来了,如能进一步直接调用函数,灵活地设定参数,将会收到更好的效果。

Excel 收了数百个函数,分为以下一些类：

◇ 数据库及列表管理函数

◇ 日期和时间函数

◇ 财务函数

◇ 逻辑函数

◇ 查找及引用函数

◇ 数学和三角函数

◇ 统计函数

◇ 文本函数

每一类都有几十个函数。厦门大学有十多个专业会讲授到 Excel,但没有一个专业能把它所包含的所有函数都学遍。对词汇计量来说要用到的也多是数学函数、文本函数、统计函数。Excel 是非常值得花时间去深入学习的一个软件。市面上有许多介绍 Excel 的书,浅近些的一两百页,详尽的千余页。这里的介绍只能说是起一个引子的作用。

目前还有更专业化的数据分析软件如 SPSS。它的单元格作用可能没有 Excel 灵活多样，对数据的增、删、调也没有那么方便，但对数值关系的分析功能却极为强大。它是目前人文科学研究中最具影响力的统计分析软件。这就需要词汇计量研究者另外多付出一份努力。

## 思考与练习：

1. 什么是表？什么是查询？表与查询有何关系？
2. 什么是行？什么是字段？行与字段有何关系？
3. 简述不同数据类型的作用。
4. 熟悉查询界面，掌握五种查询向导的功能及使用方法。
5. 合并表有哪几种方法？试操作。
6. 如何建立一对多的关系表？试操作。
7. 学习 SELECT 语句的基本格式与作用。
8. 学习 UPDATE 语句的基本格式与作用。
9. 学习 INSERT 语句的基本格式与作用。
10. 学习 DELETE 语句的基本格式与作用。
11. 学习 WHERE 子句的基本格式与主要操作符的使用。
12. 请随机设定一组数，求该组数的和、平均数、最大数、最小数与众数。

# 第五章　如何建词语库

前面几章如果说还主要是理论说明的话，那么从现在起则主要是对数据库实际操作的介绍了，即如何具体来实现词汇计量的功能。从词语库的设计到整理，从词语的描写到计算，从单词语库到多库的关联，从库内词语的导入到导出，从词语集的统计到分析，将成为从本章一直至十三章的内容。

## 一、建库的七种方法

进入"表"的界面，"新建"栏下有五个选项："数据表视图"、"设计视图"、"表向导"、"导入表"、"链接表"。这五个选项也就是建库的五种方法。另外还有两种方法也常用到，下面一并介绍。

（一）数据表视图

点击"新建"中的"数据表视图"，会出现一个空白表，自动显示21行10个字段。可直接在里面输入信息。输入完毕保存时系统会作两个提示，一是给表命名，二是询问"尚未定义主键。主键不是必需的，但应尽量定义主键。一个表，只有定义了主键，才能定义该表与数据库中其他表之间的关系"。除非有自己专门选定的主键，一般都应该选择"是"。

保存后再打开表，会发现表是按实际填入了内容的行与字段来保存的，并根据填入的内容自动选定合适的数据类型。如填入词语会自动选“文本”类型；填入页码等数字会自动选“数字”类型；填日期会自动选“日期/时间”类型。

还需要给字段命名，有两个方法，一是直接在数据表视图中，光标点击字段首行，出现“↓”时按鼠标右键，选“重命名列”即可进行命名。二是进入设计视图来命名。后者详见下段。

（二）设计视图

点击“新建”中的第二项选择就是“设计视图”。虽然用“数据表视图”建库，快捷方便，但详尽、周全、针对性强的建库方法还应该是“设计视图”。设计视图的上半部分有三栏，分别是“字段名称”、“数据类型”、“说明”。下半部分是对各个字段的个性化设置。这些在第四章的“二（二）”中作了详细说明，可以参照阅读。

本章内容主要就是围绕“设计视图”，紧密结合词语库的特点来作一些有针对性的讲解。

（三）表向导

第三项选择是“表向导”。这里实际上是 Access 自带了若干样例表，表里还设定了若干字段，只要一步一步地按照提示就可以顺当地把一个表建立起来。如“联系人”表，里面的字段有：联系人ID、名字、姓氏、昵称、地址、市/县、省/市/自治区、邮政编码、地区、国家/地区、公司名称、头衔、单位电话、单位分机、住宅电话、移动电话、传真号码、电子邮箱账户名……当然，设计得愈详细、细致，适应面也会受到愈多限制。如对中国人来说，“名字”与“姓氏”分开来的似乎就不多。现在有“单位分机”的也不多了。但“表向导”对初学者还是有用的，特别是有些设立字段的方法还是值得仿效的。如“单位电话”、“住宅电话”、“移动电话”、“传真号码”、“电子邮箱账户名”分开来列，这是符合字段的设立要尽量反映最小信息点这一要求的。当然现在来建“联系人”表，还应该加入“QQ号”、“MSN”、“飞信号”等字段才够用。

（四）导入表

第四项选择是“导入表”。就是可以将其他的 Access 文件中的表直接导入来作本文件的表，导入的表所有内容和格式都会保持不变。

导入表是建库的很常用的方法。因为绝大部分资料并不都是首次用直接录入的方式进入到数据库的表格中，而是可以通过其他文档转入进来。除了 Access 文件外，Excel 文件也能方便地进行转换。Word 文件、文本文件的东西也能导进来，但需要经过一些加工、整理、转换才行，操作程序也复杂些。但它们保存了数量巨大的语料，为丰富数据库提供了充足的资源。因此这些加工、转换的方法很值得学习，这些将在后面作专门介绍。

（五）链接表

第五项选择是“链接表”。就是可以将其他的 Access 文件与本文件的表链接在一起。链接方法与导入方法差不多，不同之处是导入后的表与原文件的表是没有关联的，形成了两个完全独立的表；而链接后的表与原文件的表是关联在一起的，在本文件的表中作任何增、删、修改都会在原表中显示并保存下来，同样，在原表作的任何增、删、修改也会在链接表中反映出来。

链接表的方法在一个主库与多个分库、一个后台与多个终端之间的联动中还是有作用的。但带来的授权与限权、资料的完整性与可修改性的问题也是不可忽视的。如果是在个人的数据库处理中，一般不会用到链接表功能。

（六）生成表

生成表是在本数据库中通过查询的方法来生成库。在选择查询界面下有“生成表”的功能，在 SQL 界面下有“INTO”命令。生成表的最大好处是能形成比原表内容更单一，主题更集中，目的更明确的专题库。生成过程操作起来也很方便。

（七）粘贴表

粘贴表是对现有表完全如实的复制。有两个选项，一个是只复制数据库的格式，一个是格式与内容都复制。这对保证数据的安全和对数据库的改造是很有用的。

## 二、如何为语料选择合适的“行”与“列”

（一）怎样选择“行”与“列”

“行”通常又叫“记录”，“列”通常又叫“字段”，只是人们习惯常把行与列对称。在面对一大堆语料要建库时，一个最基础，也是最重要的问题就是选取什么样的信息放在“行”中，选择什么样的信息放在“列”中。熟练使用数据库后这个问题就不成其为问题，但在初学者身上却常常会出现行、列安排不当的情况，许多人把 Access 的表当成了 Excel 的表，以为也像后者那样横、竖之间的单元格可以随意安排。

Access 的行与列与 Excel 的行与列是有根本区别的。前者的行、列是一管到底的。行的出现或删除，都是整体进行的，一行就是一个单位；列也是这样，列的出现或删除，也是以整列为单位。像“数据类型”的设定，就是一旦设定就是对整列起作用，一列也可视为一个单位，或更准确地说一列是具有相同性质的一个信息点。而 Excel 的工作簿看上去也是表格，但实际上它的行与列不是一管到底的关系，一个个单元格才是独立的活动单位。数据类型的设定是以单元格为单位的，上下相邻的单元格可以作出不同的设定。它的活动区域也可以是矩形的，在这个矩形的上下左右，只要单元格不相连，在排序时都不会同步移动。因此，在Excel的一个表即工作簿中，可以在不同的单元格区域进行各不相同的运算，而Access的一个表，只能为一个专门对象来设计。那么，怎样来为这个专门对象选择行与列就显得很重要了。

Access的行反映的应该是一条资料。这个资料指什么主要要看这次建库的基本对象，要看它是否具有相对的独立性，是否是建库的基本单位。如要建词语集，词语是基本的分析单位，那么一条词就应该占一行；要建汉字库，汉字是基本的分析单位，那么一个汉字就应该占一行；要建人事档案，人是基本单位，一个人就应该占一行；要建商品库，商品是基本单位，一种商品就应该占一行。

Access的列反映的则应该是这条资料的一个知识点、信息点，应为每个知识点、信息点各设一列。

如对词语库来说，一条词语占一行，那么它的信息点可以是注音、释义、词性、词长、来源、结构、句法功能、色彩、搭配等。

如对汉字库来说，一个汉字占一行，那么它的信息点可以是注音、释义、笔画数、笔画顺序、部首、结构、常用级别等。

如对人事档案来说，一个人占一行，那么它的信息点可以是性别、民族、籍贯、婚姻状态、学历、学位、政治面貌、职称、职务、奖惩等。

在提取信息点时，要做到信息点愈小愈好，信息点愈是普遍存在，并能做出统一切分的愈好。如词语的“色彩”，对词语的其他信息点来说它已经不算大的了，但里面其实还可以分出更小的类，如还有语体色彩、感情色彩、形象色彩、时代色彩等。如“搭配”，要彻底了解一个词的搭配特点，还可以分出搭配位置、高频搭配对象、特定的搭配词语等，特定的搭配词语如“着”、“了”、“过”、“不”、“很”等。

信息点划分多少，关键是看需要。如对人的健康档案，身高、体重、血压、心跳、血脂、血糖等，就显得很重要了，对人事档案这些则不是必需。对人的科研水平的反映，则承担的课题、发表的论著、担任的学术职务、参加的学术会议、留学讲学的经历则又是很重要的一些信息点。甚至对发表的论著，论著发表的时间、出版社、发行量、厚薄等，有时也是重要的。

（二）怎样为“列”来量体裁衣

定下了要将什么样的资料放入“行”或“列”后，对“行”来说要做的事情就不多了，只管往“行”里添加资料就行了，新添加的资料都会自动增加在表的最后一行。对一般的资料管理与研究来说，表的容量足够大，很少有人会因为一个表装不下而分立另一个表。但这时要对“列”做的事还有很多，也很重要，即要为装入特定信息的列来设定合适的“数据类型”。这点在上一章“表”的介绍已经说到过。这里再根据练习库的情况来做个说明。

“scimu”字段装的是词语，当然要选用“文本”类型。词语一般不会很长，像 xhk 最长的词目是“只许州官放火，不许百姓点灯”，共 13 个字符。考虑到可能有更长一些的词语，它的“文本”的长度可设定为 20。

“szhuyin”字段装的是拼音，也应该用“文本”类型。以一个字的拼音长度为 4 来考虑，它的“文本”长度可设定为 80。

“sshiyi”字段装的是释义，“文本”类型长度最多是 255 个字，而 xhk 最长释义是 652 个字，因此要为它选择“备注”类型。“备注”的容量能装到 6.5 万字，对一般的文本来说是足够了。用“备注”类型还有一个好处，就是在“报表”设计时，即要设计成打印版面时如内容较多，一行显示不了时会自动回行，而“文本”类型一行排不下时内容会隐而不显。当然，也不是所有的文本类型都要改成“备注”类型，因为“备注”类型也有一些局限，如不能排序；在设计窗体时，备注字段在默认状态下会自动占据较大空间。因此为不同类型的信息选用不同的数据类型，为不同长度的字符文本选用长短不一的“文本”类型，还是很有好处的。可以为数据库节约空间，做到紧凑、简洁、高效。如果文本的长度是有定数的，设定“文本”长度还有一个好处，就是可以防止输入错误。如“邮编”长度设定为 6，超过这个长度的就输不进去。

“syema”字段装的是原词典的页码，就要使用“数字”类型，而且应是“长整型”格式。排序时它显示的是 1、2、3、4、5、6、7、8、9、10、11……100、101。如果用的是“文本”类型，排序时显示的是 1、10、100、101、…… 11、110、111、…… 2、20、21、22、…… 3、30、31……。

有时还会需要显示图片，如某个词语的“艺术写法”，某个汉字的古文字拓片。为了要在数据库中能显示图片就要选用“OLE”类型，这样在“输入”资料时就要用嵌入的方式。像人事档案的数据库中人像照片的显示，就要靠这种格式来显示。

## 三、“主键”的使用

主键是在一个表中对某个具有唯一值的字段所作的设定。建表时要养成设定主键的习惯。主键可以设在表的“id”号，但更多也更有效的是根据表的内容将更重要的字段设定为主键。

设定主键需要一些条件。如该字段不能有重复值,不能出现为空。设定主键的好处有不少,对本表来说是不会出现重复值,这在输入语料时特别有用;还有就是能加快检索速度,当然这在容量足够大的时候才会感觉出来。设定主键最大的好处其实是在关联表之间,设立了主键的字段充当"一"方,与之相对应的未设立主键的为"多"方,这样对"一"方所作的任何修改都会在"多"方表中体现出来。如果删除了"一"方表中的某条记录,在"多"方表中所有与之关联的记录都会被删除。xhk 的"szimu"、"scimu"两个字段不能设立主键,一是因为它们都有空值,在"szimu"中没有单字词目的地方是空值,在"scimu"中没有复音词目的地方是空值;二是无论是"szimu"还是"scimu",都有重复值,即都有同形条目。前者重复出现最多的是"欸",出现了 6 次,"差"、"啊"出现了 5 次。后者重复出现最多的是"过去"、"忙活",都出现了 3 次。

因此 xhk 是一个总库,在关联表中只能充当"多"的一方。为了得到唯一词语值的词种库,可以用查重的方法,或用 DISTINCT 命令从 xhk. scimu 中生成一个词种库,这样就可以对词种库的"cimu"字段设定主键,并与 xhk 实行关联。这种产生词种库的方法很管用。如 ncyk 练习库中 cizhong 表的 ccimu,就是从 zongku 的 zcimu 字段生成出来的。cizhong 的词语种数是 41921,而 zongku 有词条 73785,说明有 31864 条是重复出现。还如《中国语言生活状况报告》(2005)下编,从当年 9 亿字语料提取出了带词性的词 169 万条,里面有的词有多个词性,这样的词语字段也是不能设主键的。去重后形成的词种数是 165 万条,这时就可以对它设定主键,方便地进行词长、频次、频率、分布等的调查。

设定主键后，当该字段出现重复值，或误删信息，系统会拒绝光标离开该字段。

在一个表中，也可以对两个或多个字段进行主键的设定，设定方法是同时按 Ctrl + Shift，再点击“主键”即可。如下面单看“cimu”字段是不能设置主键的：

| cimu |
| --- |
| 呆 |
| 呆 |

但两个“呆”的注音不同，如下图，这时同时算上“cimu”“zhuyin”两个字段就不能算是重复值了，这时就能设置主键了。

| cimu | zhuyin |
| --- | --- |
| 呆 | Ai |
| 呆 | Dai |

只是这样的主键在关联表时仍起不了作用，因为表与表之间只是在一个字段上产生关联。

## 四、保护功能的设置

在建表时对字段内容可视重要性来作“保护性”的设置。

(一) 必填项的设置

ncyk 的“cizhong”词种表中词是必填项，没有了词也就没有了相关的注音、结构、来源、色彩、功能等的标注。这就需要把 ccimu 设定为“必填项”。操作方法如下：

1) 进入表的设计视图；

2) 点击字段 ccimu 的数据类型；

3）点击下面“常规”中的“必填字段”栏，选“是”；

确认后退出。当在数据表视图的该字段内没填内容，或误删为空后，系统会拒绝光标离开该字段。

（二）非重复项的设置

前面讲过设置了主键就不能出现重复值与空值。那么对没设定主键的字段，也可以通过对“有重复”、“无重复”的选择来实现这一功能。操作方法如下：

1）进入表的设计视图；

2）点击字段 ccimu 的数据类型；

3）点击下方“常规”中“索引”栏，里面有“无”、“有(有重复)”、“有(无重复)”三个选项，选“有(无重复)”，确认后退出。

当在数据表视图的该字段内没填内容，或误删为空后，或输入与前面的记录有重复内容后，系统会拒绝光标离开该字段。

（三）对输入某些特定内容作限定性设置

有时还需要对是否要输入某些特定内容做出限定。必须要输入某些内容的可用“LIKE”，必须不能输入某些内容的可用“NOT”。以 ncyk 的 zongku 为例，为了保证其中的 zshuming 输入的必须是“……词典”，可设置如下：

1）进入表的设计视图；

2）点击 zshuming 字段的“数据类型”栏；

3）在下面“常规”点击“有效性规则”栏，输入“LIKE‘ * 词典’”；

确认退出。这样在数据库视图的该字段就只能输入“某某词典”的内容了。如果写成“LIKE‘ * ’”，则表示只允许输入某一内容。为了保证在该字段里必须不能输入某些内容，使用的表达方式是

“NOT‘＊’”。

还如，如果要保证在“性别”字段不漏填或误填其他字，可在“有效性规则”栏输入“LIKE‘男’OR‘女’”，并在“必填字段”选择“是”。这样就确保填入的内容一定是“男”或“女”，而不会错填为“男女”、“女男”。

（四）隐藏项的设置

有的字段内容不要随便让人看到，如对释义的修改，对标注的修改，或是笔记，或有的如个人信息身份证号等，则可以选择“输入掩码”。操作方法如下：

1）进入表的设计视图；

2）点击字段 ccimu 的数据类型；

3）点击下方“常规”中的“输入掩码”栏，有多种掩码方式可供选择。

该功能只对“文本”格式和“日期”格式起作用。选择后字段内容只会以选定的掩码方式显示。

## 五、“说明”栏的功能

在表的设计视图有三栏，分别是“字段名称”、“数据类型”、“说明”。人们往往忽略了“说明”的作用而没有加以利用。“说明”栏可以记录有关该字段的所有说明文字，如设立的时间、缘由。如在研制《现代汉语常用词表》时，因词语的增删前后作了十余次的修订，每次修订后都对 5 万多条词语作了常用度的重新排序。每次修订结果都用一个新字段作了记录，这时把修订缘由与类型在“说明”处作了说明，后来查阅时就一清二楚。

“说明”栏还有一个很有用的功能，就是在数据表视图中当把光标移到该字段时,“说明”里的文字会在屏幕下方显示出来。这对数据表视图的操作会十分有用。如 xhk 的 slaiyuan 是对词语的不同来源与关系作的标注,xhk 有 6 万多条词语,在这里作了标注的词语达 1.25 万条,分十余种类型,如:“f(方言词)”、“s(书语词)”、“g(古语词)”、“w(外来词)”、“t(同某)”、“j(旧词语)”、“c(参见)”、“b(早期白话)”。如只是某个义项具有这样的属性,则重复该标注符号。如“ff”表示多义词中的某个义项是方言义。标注时因类型多,数量大,且前后不断修订,要记住这些类型与符号甚为不易。当把这些标注符号写在“说明”栏,在数据表视图操作时能清楚地参照对比,大大提高了工作效率。

## 六、提示功能的设置

(一) 对时间的提示

在操作数据库时有的提示是很有用的。如往库里增加一条记录时,自动标上时间就清楚记录了增加记录的原始时间。操作步骤如下:

1) 进入表的设计视图;

2) 设立新字段,在“字段名称”填写名称,如可写上 entertime;

3) 在“数据类型”栏选择“文本”或“日期/时间”;

4) 在下面“常规”点击“默认值”栏,输入“=NOW()”;

确认退出。当在数据表视图输入一条新记录时,系统就会自动显示当时的“日期、上午/下午、时、分、秒”。如果在“默认值”栏输入的是“=TIME()”,则显示的是当时的“上午/下午、时、分、秒”。

如果是在一个已经有了内容的表中设置这个字段,那么自动显示新增记录的时间只会从设立字段后才有。

（二）对输入出错时的提示

往表里输入内容时经常会出错。为了防止出错，或出了错也能及时得到提醒，就可以利用“有效性规则”来提供帮助。比如在xhk 的“syema”输入页码，原书正文的页数最多是 1689，为了防止输入超出 1689 的页码，可这样来设置：

1）进入表的设计视图；

2）点击 syema 字段的“数据类型”栏；

3）在下面“常规”部分点击“有效性规则”栏，输入“BETWEEN 1 AND 1689”，或输入“＜1690”，确认退出。当在数据表视图 Syema 字段中输入了不在 1—1689 之间的数字时，系统会自动拒绝。为了得到更好的提醒，还可以“有效性规则”下面一行“有效性文本”再输入简短的提示性话语，如“输入数字有误”，或“输入数字不在 1—1689 之间”等。

## 七、单表与多表的选用

在建库时还有一件事需要认真考虑的，就是要建立的语料库是以单表还是多表的形式出现。

（一）适合作单表的情况

单表把所有信息都集中在一起，查询起来相当方便。而且表的强大功能也适合于单表内容的扩展。一个表的字段数最多可达 256 个，行数可达 20 多亿行。不过从实际使用来说，当字段达到五六十个时使用起来已经有点不方便了。行数达到几百万、几千万时，对一般电脑的硬件提出了很高要求，运行速度会受到明显的影响。

那么什么样的信息适合作单表呢？简单来说，凡是主字段目标集中，信息点附着性强的，都适合用一个表来处理。对词语库来说，“词”就很合适做词语库的主字段，而字形、注音、释义、词性、功能、色彩、来源、分类等，则适合用字段来反映。如 xhk 是要对《现汉》进行穷尽分析，它把词典的所有词语都囊括于一表之中，形成了一个完整的词语数据表以方便于进行形音义的全面分析。

对人事档案来说，“人”就很适合作为主字段，性别、年龄、民族、职称、学历、学位、婚姻状况、政治面貌、奖励、惩罚、工作单位、电话、电子信箱、工作量等，都适合于在一个表中以不同的字段来加以反映。

（二）不适合作多表的情况

这里说的多表，指的不是同一对象因篇幅大小而分别装入不同表格。比 ncyk 收录了几十部新词语词典，一部词典装入一个表，这是没必要也是不对的。恰恰相反，应该把这几十部新词语词典装入一个表，只需另设一个字段注明每个词条所属的词典名，就可以既对所有新词语作归并的统一处理，也可以通过对不同词典的查询来作各自的处理。

多表也不是指内容独立，没有内在关系的多个表，如分析词语的注音、释义、结构、来源、色彩、功能的词语表，与分析汉字的笔画、部首、笔顺、结构、常用频级的汉字表，看起来都有“词目”与“字目”，但里面分析的信息点完全不同，这其实是两个完全独立的表。

甚至也不是指内容有些联系，但没有经过严格整理，形不成数据库的关联表之间“一对多”那种程度的多个表。如 xhk 与 ncyk，看上去这两个表都是词语表，里面也都反映了词语的注音、释义等信息，但它们的差别还是非常大，粗看去它们还有一些字段不同，其实更主要的是它们装有“词语”的字段（scimu、ncimu）没办法关联。这两个字段都有重复值，即都收有相同的词语，如 scimu 是“过去”、“忙活”，ncimu 是“空调”。一旦关联起来，呈现“多对多”的关系，关联后会出现乘的倍数。这样的关联既没有实际价值也无从修改，是无意义的关联。

（三）适合作多表的情况

1. 有共同的服务对象和目标

ncyk 有三个表：zongku、cizhong、dictionary，这三个表分别是词语总库、词种库、词典库。zongku 是对新词语的汇集，汇集了各种新词语词典的词语，反映了新词语在每部词典中的形、音、义、出处、年代。cizhong 是以不重复的词种为对象，所属多个字段反映了每个词的读音、结构、词长、词次等。dictionary 反映了每部新词语词典的信息，包括作者、出版社、出版时间等。这三个表都是围绕着新词语、新词语词典而展开，因此适合作关联表来处理。

2. 数据之间有详略、主次关系，且略或次的一方又有诸多信息需要展示

ncyk 中的 zongku，收集了新词语的词目、释义、词典名称、在词典中的页码等基本信息，但词典还有另外的信息要反映，如作者、出版社、出版时间、版次、页数等，如都放在 zongku，会使同属一部词典的词条都带上完全相同的信息，这将使 zongku 变得非常冗肿，藏有大量冗余信息。这是建数据库很忌讳的事。分出 dictionary 表，一部词典只用一条记录来反映就行了。

又如 zongku 中有了词目，放在 ncimu，但由于有许多部新词语词典会同时收一条词，因此可将对每个词语的结构、词长、来源、

重收次数等的统计，放在独立出来的词种库 cizhong 来反映，从而避免将这些重复信息都放在 zongku 中。

处理好信息之间的主次关系，就好比榕树的大树干与分枝的关系。主干与依气根而生的枝干相通，枝独立于干，自成体系。理清了信息之间的主次关系并分库而治，这样才能真正发挥数据库“多表”之间的关联作用。

3. 多表之间有形成数据之间的“一对多”关系

除了上面两点，从技术上看几个表之间相连接的字段内容还要有包含关系。即“一”必须要来源于“多”，可多于“多”，而不能少于“多”；“多”必须从属于“一”，可少于“一”，但不能多于“一”。这里的“多”与“少”指的是品种，在词语库指的是词种。作为“多”的表词条数可能比较多，但词种数一定要一样或少于“一”方；作为“一”的表词种数一定是与“多”方的词种数一样多或比对方多。由此可见在“一对多”中，“一”指的是字段里无重复的词语，“多”指的是字段里有重复的词语；“一”更重要，起支配作用，“多”的作用其次，处于被支配的地位。

拿 ncyk 来说，cizhong 表是从 zongku 中来的。cizhong 有词条 41921 条，都是不重复的词；zongku 有词条 73785 条，里面有重复的词 31864 条，经过查重发现有重复的词条是 16108 条。这时有一条新词语“火星文”要增加到库里，怎样加才能成功呢？要先在 cizhong 添加，当然这时是在 cizhong 出现了一条无关联的孤条。假如要先在 zongku 库增加则会被拒绝，系统会给出一条提示语：“由于数据库‘cizhong’需要一条相关记录，不能添加或修改记录。”

# 思考与练习：

1. 建一个班组同学姓名库 xingmingku，包括以下 9 个字段。

| 字段内容 | 姓名 | 性别 | 出生年月 | 籍贯 | 学号 | 身份证号 | 爱好 | 手机 | 录入时间 |
|---|---|---|---|---|---|---|---|---|---|
| 数据类型 | 文本(10) | 文本(1) | 日期/时间 | 文本(100) | 数字(长整型) | 文本(18) | 备注 | 文本(11) | 日期/时间 |

要求：(1)“姓名”是必填字段，设索引，有重复记录。

(2)“性别”是必填字段。

(3)“出生年月”字段的“有效性规则”栏设定时间限填“1985.1.1—1990.12.31”之间。

(4)“身份证号”采用“输入掩码”。

(5)“录入时间”字段的“默认值”栏设定自动显示添加记录的时间。

2. 常用的“保护性设置”有哪些？请尝试进行设置，并对比设置前后的效果。

3. 比较设立一个字段为主键与两个字段为主键的功能与联表作用的差异。

4. 以练习库 ncyk 为模板，分别建 zongku、cizhong、dictionary 三个表，并录入 100 个新词语，并在相关字段填入有关信息。

5. 设计“课程”、“教师”、“教室”三个表，之间要建立起“一对多”的关系。“课程”表包括字段：课程名、学分、课程性质（专业必修/专业选修/通识课）、课程编号；“教师”表包括字段：姓名、性别、职称、学位、系所、专业、职工编号；“教室”表包括的字段有：教学楼编号、座位数、设备。可根据需要适当增加字段的设置。

# 第六章　如何整理词语库

数据库设计好了，库内的东西也有了，但可能还需要对库内资料进行整理，消除错漏、讹误，使之规范化。特别是对人工录入、规模较大，或是由大容量的 Word 或文本文件转换、导入而来的语料，整理更显必要。

## 一、数据类型的调整

数据类型本来是在建库时就已经确定了的，但在数据库视图里直接录入或是从其他的非 Access 文件转换资料，数据库是采用默认方式来给每个字段赋予数据类型的。因各种原因常常会发生数据类型与内容不合的情况，这就需要进行一些必要的调整。数据类型的调整是一件很需要耐心的工作，其中有许多讲究，一不留意字段所有的内容都会被删除。为保险起见，在数据类型调整前都应备份一份。经常备份数据库是一个很好的习惯。

修改数据类型时需要注意的地方：

1. “文本类型”由“小”改“大”可以，反之不行

“文本类型”最小可以是 1，最大是 255。可以由小改到大，但不能由大改到小。只要做了由大到小的改动，哪怕是由“10”改到“9”，系统都会提示“有些数据可能已丢失”。如果实际内容有 10 个字，那么第 10 个字就会被自动删掉。因此练习库把 scimu 的长度设定为 20。设宽松一点就是为了防止以后出现由长改短时的

危险。遇有危险时宁愿不改,或可用"LEN"函数来作一个检测,查出字段内容最长者再来定取舍。

2. "数字类型"由低精度的改高精度的可以,反之不行

数字类型中有多种。"整型"最长的数字是5位,"长整型"最长的是10位,"单精度型""双精度型"如到12位则会用科学计数法来显示。"整型"与"长整型"也不能记小数。一般说来由前到后依次表现为精度的加强。由后者改为前者也有可能会遇到危险。如"长整型"的6位数字,改成"整型",所有的数字都会被删除。

3. 不同类型之间一般不允许互改

如"日期/时间"与"数字","数字"与"文本","备注"与"数字",一般都是不允许改的。

4. 某些情况可作跨类修改

"数字"与"货币"之间可以互换,差异只是表示为货币符号的出现与丢失。

如果字段内都是纯数字,且长度在特定数字类型允许范围内的,可以由"文本"改为"数字"。由"数字"改为"文本"则要危险得多,经常会出错,甚至是全部内容删除。

由"文本"改为"备注"可以,由"备注"改为"文本"超出255长度的会被删除。

由"自动编号"改为"数字"可以,由"数字"改为"自动编号"不行。

5. 解除关系后才能修改数据类型

如果在表与表之间建立了关系,就不会被允许修改数据类型。如果强行修改,系统会给出提示:"不能更改这个字段的数据类型或字段大小;它是一个或多个关系的一部分。如要更改这个字段

的数据类型,请先在‘关系’窗口删除它的所有关系。”删除关系后才能继续对数据类型进行修改。

## 二、删除空格

在往数据库录入资料时,可能会在内容的前面留有空格,这就需要把空格删除。这不仅是为了整齐、规范,而是只有这样才能准确地统计字段内容的长度。在 Access 中直接输入语料时,语料的最后面不会留下空格,所以要删除的一般都是前面的空格。如“百川归海”,前面有了空格则为“ 百川归海”。这就需要删除前面的空格。

1. 选择查询视图下的操作方法:

| | |
|---|---|
| **字段** | scimuB:LTRIM([scimu]) |
| **表** | xhk |

操作都在“字段”栏中进行。“scimuB”是新的字段名。“LTRIM”是删除最左边空格的命令。“scimu”是施行删除空格的字段名。执行后出现结果为“百川归海”。

有时也会出现需要删除右空格的情况。虽然在 Access 直接录入时不会出现右空格,但在导入语料时,原有语料如有右空格的会保留下来,出现“百川归海 ”的状况。这时就需要用删右空格的命令“RTRIM”来删除了。操作方法为:

| | |
|---|---|
| **字段** | scimuB:RTRIM([scimu]) |
| **表** | xhk |

2. SQL 视图下的操作方法：

```
SELECT LTRIM([scimu])AS scimuB
FROM xhk
```

执行后显示为"百川归海"。

"AS"后的"scimuB"是新字段名。"LTRIM"与"RTRIM"的删除不会改变原表的状态。如果要将删除了前后空格的内容变为正表，可用 INTO 命令把它生成新表 xhk2。写成：

```
SELECT LTRIM([scimu])AS scimuB INTO xhk2
FROM xhk
```

可删除旧表，把"xhk2"改回"xhk"。但删除旧表时要特别留意，因为如果在原表上作了设定的话，它们不会被查询继承下来。

## 三、删除词条

如果 xhk 里有些词条录重了，或在导入时出现了一些乱码行，则需要使用删除的命令。如果"张强"与"陈秋云"两位录入员所录内容重复的话，他们的姓名都在"luruzhe(录入者)"字段存有的话，就可删去其中一位。下面是假定要删除"陈秋云"录入的条目。

1. 选择查询视图下的操作方法：

| 字段 | scimu | sshiyi | luruzhe |
|---|---|---|---|
| 表 | xhk | xhk | xhk |
| 删除 | Where | Where | Where |
| 条件 | | | 陈秋云 |

执行后，陈秋云所录入的所有行记录都将被删除。

2. SQL 视图下的操作方法：

```
DELETE *
FROM xhk
WHERE ([luruzhe]) LIKE "陈秋云"
```

删除行时，会把这一行的所有字段删除，所以在 DELETE 后面的字段名没必要全部显示，只用"*"代表就可以了。

WHERE 子句后面是设定条件，表示操作对象限定在所设定的条件范围之内。如要删除某些行如 1 至 100 页的所有行，可写成：

```
DELETE *
FROM xhk
WHERE ([syema]) BETWEEN 1 AND 100
```

如果限定条件的字段是文本类型或备注类型，则要通过 LIKE 来设定条件。例如要删除所有的"中"字词，则要写成：

```
DELETE *
FROM xhk
WHERE ([scimu]) LIKE "*中*"
```

## 四、修改词条内容

### （一）修改词条的部分内容

当需要对字段中的部分内容修改时，可用"替换"功能来实现。例如在建 xhk 时，原词典的义项标号用的是圆形黑底白字数字符。这个符号在 Access 中没有，输入时不同的人用上了其他不同的符号，如用"①"、"(1)"、"(一)"、"1."、"（1）"、"（一）"、"1．"的都有。这时就需要用统一的符号来代替。后三个符号是不合适的，它们使用的都不止一个字符，如"(1)"有三个字符"("、"1"、")"。

“①”和“(一)”也不适合,因它们的序列最多只到10。最后使用的符号是“(1)”。在统一符号时用的方法是:

在数据库视图,点击“sshiyi”,然后在“菜单”→“编辑”→“替换”窗口。或直接用“Ctrl+H”调出“替换”窗口:

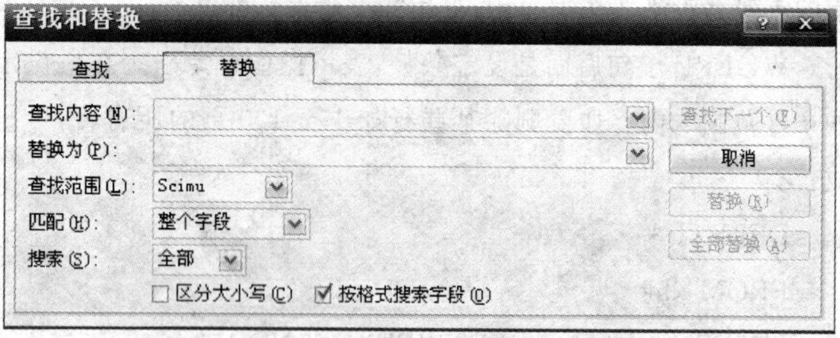


在“查找内容”栏输入“①”,在“替换为”栏输入“(1)”,在“匹配”栏选择“字段任何部分”,按“全部替换”键,即可将字段内所有的“①”自动更新为“(1)”。

再依次把“②”“③”及“(一)”、“1.”系列符号进行替换。

实际情况比这个要复杂。因为在释义中其他地方可能还会用到数字序号。这都需要细心地加以甄别。

如果是要对“(1)”“(二)”“1.”进行替换,则要将三个符号一起录入。

在上面的操作中,容易使人困惑的是“匹配”栏,里面有三个选项:“字段任何部分”、“整个字段”、“字段开头”。要进行局部内容的替换一定要选“字段任何部分”才行。

(二)整体替换原词条内容或增加新值

要对整个字段的内容进行更换,或增加新值时,可使用“UPDATE”命令。如要在六万多条记录的“cidian”字段内统一加上

“xhk”的字样，可使用以下方法。

1. 选择查询视图下的操作方法：

| | |
|---|---|
| **字段** | [cidian] |
| **表** | xhk |
| **更新到** | “xhk” |

执行后字段“cidian”六万多行内会自动添加上 xhk 字样。

2. SQL 视图下的操作方法：

UPDATE xhk SET xhk.[cidian] = “xhk”

请注意上面无论是选择查询界面下的“更新到”栏，还是在SQL 视图下的 UPDATE 语句，要增加的内容“xhk”都要用引号括起来。

这是一个很有用的功能。如需要对某个字段进行填加内容，如词性标注、校对者名称、日期、说明等，不管原表有多少行，都可以一次性地加上。

如果要将一个字段的所有内容都复制到新字段时，当行数不多时可直接用复制的方法。当该字段有几万行时，用复制粘贴的方法就不行了，往往会被系统拒绝。系统会给出一条提示语：“文件共享锁定数溢出”，这时或是停止，或是只更新几千条就中断了。当表内有几十万条，甚至几百万条行记录时，根本复制不了，系统会提示“您复制了太多的记录，不能一次复制到剪贴板”。而用UPDATE 命令则可以很轻松完成。如果要把 sshiyi 字段的六万多条记录都复制到 sshiyiB 字段，操作方法如下：

UPDATE xhk SET Sshiyi = [sshiyiB]

执行后 sshiyi 字段的所有内容都被复制到 sshiyiB 了。

这里有一个细节须注意,就是往字段中添加某个特定的内容,如字符串或数字等,“=”号后面的新值是用“”括起来,而如果要将一个字段的内容复制,那么“=”号后出现的应是字段名,外面再用“[ ]”括起来。

有时在多表关联,想将一个表的字段复制到另一个字段,用一般的复制命令也执行不了。这时也需要使用“UPDATE”命令。

## 五、在字段原值前后增加或减少内容

要在原内容的前或后增加内容,操作起来需要更细心些。如要在“Sshiyi”原有的释义内容前面统一增加“释义:”,方法如下:

1. 选择查询视图下的操作方法:

| | |
|---|---|
| 字段 | sshiyi |
| 表 | xhk |
| 更新到 | “释义:” + [sshiyi] |

执行后 xhk 内六万多条词语的释义前就统一添加上了“释义:”三个字符。例如,“白字”的“写错或读错的字;别字:写～|念～。”,就成了“释义:写错或读错的字;别字:写～|念～。”

2. SQL 视图下的操作方法:

UPDATE xhk SET xhk.[sshiyi] = “释义:” +[sshiyi]

以上是更新的基本格式,是在“文本”数据类型上的操作。如果是“数字”类型,则还有不同的变化格式。如“Syema”是数字类型,“+”前面出现的就不允许是字符,只能是数字。执行后的结果也不是增加一个数位,如“100”变为“1001”,而是增加一个数值,如“100”变为“101”。

对数据类型的字段来说,“+”是一个可变项。可使用“-”(减),是减少一个数值,如要把“100”变为“99”,可写成:

UPDATE xhk SET syema = [syema] -“1”

执行后表内的数值就成了“99”。

加号“+”,可换成减号“-”,也可换成乘号“*”、除号“/”等。执行后都就会对 xhyema 里的数值进行计算。对“文本”类型不能使用运算符号。

前面曾介绍到在 Excel 中可以使用“REPLACE”命令对某一单元格的内容进行定距的字符内容的更新。REPLACE 在 Access 没被定义,不能被使用。

## 六、把不同字段的词语、注音、释义合并到一个字段

在 xhk 中,scimu、szhuyin、sshiyi 三个字段分别含有“词目”、“注音”、“释义”的内容。有时会需要把它们合并起来,如在 Word 行文时要引用到词条,就需要把这三个字段的内容合并起来。可用以下方法。

1. 选择查询视图下的操作方法:

| 字段 | citiao:[scimu] + [szhuyin] + [sshiyi] |
|---|---|
| 表 | Xhk |

“citiao”是查询后新字段的名称,要写在各字段的前面,中间用“:”相接。执行后,原来的格式:

| scimu | szhuyin | sshiyi |
|---|---|---|
| 百川归海 | bǎi chuān guī hǎi | 条条江河流入大海。比喻大势所趋或众望所归。也比喻许多分散的事物汇集到一个地方。 |

就会变成：

| citiao |
|---|
| 百川归海 bǎi chuān guī hǎi 条条江河流入大海。比喻大势所趋或众望所归。也比喻许多分散的事物汇集到一个地方。 |

这样的格式显然不合乎 Word 行文的要求。为了醒目和规范，还需要给词目增加特定的符号，如实心鱼尾号，要在释义前提加冒号以作提示。这就需要把两种符号增加进去。可写成：

| | |
|---|---|
| 字段 | "【"+[scimu]+"】"+[szhuyin]+"："+[sshiyi] |
| 表 | Xhk |

执行后显示为：

| scitiao |
|---|
| 【百川归海】bǎi chuān guī hǎi：条条江河流入大海。比喻大势所趋或众望所归。也比喻许多分散的事物汇集到一个地方。 |

用"hbk"(合并库)命名后保存。

2. SQL 视图下的操作方法：

```
SELECT "【"+[scimu]+"】"+[szhuyin]+"："+[sshiyi]
AS citiao
FROM xhk;
```

SELECT 语句后依次列出三个字段，中间用"＋"相连。在"词目"前分别加上实心鱼尾号前半边和后半边。另在"szhuyin"和"sshiyi"之间加上"："。新字段名跟在 AS 后，这里的命名方式与选择查询下的命名方式不同。

若在注音与释义之间不用"："隔开，而是想空一格，那就在引号之间空一格，如“ ”。

这个功能很有用，因为资料在数据库中的存储都是以表格方式存在的。当资料导出到其他应用软件时，经常需要用更接近文本的方式表示，这时就可以在数据库中先作这样的处理，再作复制。再如对文献的描述，“书名”、“作者”、“出版社”、“出版时间”、“版次”等；如个人信息的描述，“姓名”、“性别”、“民族”、“职称”、“学位”等；词语属性的描述，“词性”、“结构”、“色彩”、“功能”等，都可能会合并到一起。

有一点需要提醒，如果相加的三个字段中有一个字段为空的话，那么另两个字段的内容则不会相加。这样就需要消除空行，消除的方法有多种，如可在字段内填上“0”。用 UPDATE 命令可以很轻松地做到。

## 七、把一个字段的词目、注音、释义分拆成几个字段

多个字段的内容可以合并为一个字段，当然也就有了把一个字段的内容拆成不同字段的可能。后者比前者稍复杂些，就是在要拆开的地方要有明确、统一的标记。

例如要把下面这个词条拆开：

| scitiao |
| --- |
| 【百川归海】bǎi chuān guī hǎi：条条江河流入大海。比喻大势所趋或众望所归。也比喻许多分散的事物汇集到一个地方。 |

确定拆开的地方在“】”的后面。把保存了的合并结果库“hbk”（合并库）调出来：

1. 选择查询视图下的操作方法：

| 字段 | A：MID(hbk.[scitiao],1,INSTR(hbk.[scitiao],"】")-1) | B：MID(hbk.[scitiao],INSTR(hbk.[scitiao],"】")) |
|---|---|---|

"A"是第一字段的命名,"B"是第二字段的命名。执行后结果如下:

| A | B |
|---|---|
| 【百川归海 | 】bǎi chuān guī hǎi:条条江河流入大海。比喻大势所趋或众望所归。也比喻许多分散的事物汇集到一个地方。 |

执行后就可以得到上面的结果。这时再用数据表视图替换的方法,可分别把"【"、"】"替换掉。

2. SQL视图下的操作方法:

SELECT MID (hbk.[scitiao],1,INSTR(hbk.[scitiao],"】")-1) AS A,

MID (hbk.[scitiao],INSTR(hbk.[scitiao],"】")) AS B

FROM hbk;

把一个字段的内容拆开成不同字段的功能虽然用的时候不多,但颇为实用。像下面的词表里有数万条词语,也经过了分词标注的初步处理:

| xuhao | word | number |
|---|---|---|
| 1 | 的/u | 185929 |
| 2 | 了/u | 42520 |
| 3 | 在/p | 37223 |
| 4 | 和/c | 33815 |
| 5 | 是/vl | 29426 |

| xuhao | word | number |
|---|---|---|
| 6 | 一/m | 22079 |
| 7 | 这/r | 14980 |
| 8 | 有/v | 14183 |
| 9 | 年/nt | 12779 |
| 10 | 他/r | 12500 |

表中有带词性的频次统计，但不同词性的词语频次有多少，词语种数多少，词的长度是多少等，这些在现有的表都无法进行统计。因此，将字段“word”中词与词性标注分开，就成为必须要做的事了。在 SQL 的界面下操作方法如下：

SELECT [toall]. [xuhao], MID([toall]. [word], 1, INSTR([toall]. [word], “/”)-1) as wordA,

MID([toall]. [word], INSTR([toall]. [word], “/”)) AS wordB, [toall]. [number]

FROM toall;

执行后得到的结果如下：

| xuhao | wordA | wordB | number |
|---|---|---|---|
| 1 | 的 | /u | 185929 |
| 2 | 了 | /u | 42520 |
| 3 | 在 | /p | 37223 |
| 4 | 和 | /c | 33815 |
| 5 | 是 | /vl | 29426 |
| 6 | 一 | /m | 22079 |
| 7 | 这 | /r | 14980 |
| 8 | 有 | /v | 14183 |
| 9 | 年 | /nt | 12779 |
| 10 | 他 | /r | 12500 |

## 八、在多行相同字段内容中删去首行以外的重复者

下面的表是从 12 套对外汉语教材词语“义项频率表”(ypb)摘录出来的，反映了“一”的义项分布情况。

| zid | word_id | word | zongyiping | yixianghao | cixing | yipin |
|---|---|---|---|---|---|---|
| 5 | 5 | 一 | 6186 | 1 | m | 5385 |
| 6 | 5 | 一 | 6186 | 2 | m | 450 |
| 7 | 5 | 一 | 6186 | 3 | d | 263 |
| 8 | 5 | 一 | 6186 | 4 | a | 51 |
| 9 | 5 | 一 | 6186 | 5 | d | 25 |
| 10 | 5 | 一 | 6186 | 6 | d | 8 |

第一个字段“zid”是 ypb 表的 id 号。

第二个字段“word_id”是在 ypb 表中按词来计算的序号数。“一”在 ypb 中按义项由高到低排在第 5 位。

第三个字段“word”是词语，这里摘录的是“一”。

第四个字段“zongyipin”是“一”在语料中的总义项频率数。

第五个字段“yixianghao”是义项的序号，“一”在这里共有 6 个义项。

第六个字段“cixing”是义项的词性。

第七个字段“yipin”是该义项的频次。

表内的数据显示“一”在 ypb 表中按义项数由高到低排列处于第 5 位；共出现了 6186 次，有 6 个义项；第 1、2 个义项是数词，第 3、5、6 个义项是副词，第 4 个义项是形容词；最后一个字段显示的是每个义项的频次数；

这个表内容翔实，统计细致、准确，有点遗憾的是“word_id”、“word”与“zongyipin”三个字段的内容重复出现。它们是“一”的总信息，出现一次就可以了。如果只有这几行用手工调整也很方便，但全表有 6 千多条词、1 万多个义项，人工处理起来很费时，还难保不出差错。可用下面的方法来删除。

1. 选择查询视图下的操作方法：

| 字段 | [word_id] | [word] | [zongyinpin] |
|---|---|---|---|
| 表 | ypb | ypb | Ypb |
| 更新到 | NULL | NULL | NULL |
| 条件 | | (SELECT [word] FROM ypb AS p WHERE p.[zid] = [ypb.zid] -1) | |

这里使用了更新命令，目的是将“word_id”、“word”、“zyp”三个字段为空。在指定限制条件的 WHERE 子句中使用了嵌套查询，嵌套着一个选择查询，选择的删除范围是比“zid”小一的范围。这样就保留了第一行的数字，而把后面五个重复的数字都删除了。“p”是出现在过程中的一个虚拟表。执行后得到了下表的结果，一目了然。

| zid | word_id | word | zongyiping | yixianghao | cixing | yiping |
|---|---|---|---|---|---|---|
| 5 | 5 | 一 | 6186 | 1 | m | 5385 |
| 6 | | | | 2 | m | 450 |
| 7 | | | | 3 | d | 263 |
| 8 | | | | 4 | a | 51 |
| 9 | | | | 5 | d | 25 |
| 10 | | | | 6 | d | 8 |

2. SQL 视图下的操作方法：

UPDATE ypb SET [word_id] = NULL, [word] = NULL, [zongyinpin] = NULL

WHERE [word] = (SELECT[ word] FROM ypb AS p WHERE p.[zid] = ypb.[zid] -1);

下面再看一个例子。从国家语委“通用语料库”中统计出的带词性的词语有 24 万多条，表名为“tyylk”(通用语料库)。下面两个表是从中摘取的“阿”、“比如”、“比如说”三个词的情况，带有词性标注与频次。左表是词内按词性排序，右表是词内按频次排序。

| id | word | xing | pinci |
|---|---|---|---|
| 1 | 阿 | e | 1 |
| 2 | 阿 | h | 510 |
| 3 | 阿 | j | 115 |
| 4 | 阿 | n | 2 |
| 5 | 阿 | nh | 6 |
| 6 | 阿 | nhf | 4 |
| 7 | 阿 | nhs | 13 |
| 8 | 阿 | o | 1 |
| 9 | 阿 | v | 9 |
| 10 | 阿 | x | 2 |
| 11 | 比如 | c | 2092 |
| 12 | 比如 | p | 71 |
| 13 | 比如 | v | 75 |
| 14 | 比如说 | c | 219 |
| 15 | 比如说 | i | 1 |
| 16 | 比如说 | v | 22 |

| id | word | xing | pinci |
|---|---|---|---|
| 1 | 阿 | h | 510 |
| 2 | 阿 | j | 115 |
| 3 | 阿 | nhs | 13 |
| 4 | 阿 | v | 9 |
| 5 | 阿 | nh | 6 |
| 6 | 阿 | nhf | 4 |
| 7 | 阿 | n | 2 |
| 8 | 阿 | x | 2 |
| 9 | 阿 | e | 1 |
| 10 | 阿 | o | 1 |
| 11 | 比如 | c | 2092 |
| 12 | 比如 | v | 75 |
| 13 | 比如 | p | 71 |
| 14 | 比如说 | c | 219 |
| 15 | 比如说 | v | 22 |
| 16 | 比如说 | i | 1 |

最终想以频次排序的形式显示，相同词目的只保留首词，后面相同者删除。

1. 选择查询视图下的操作方法：

| | |
|---|---|
| 字段 | [word] |
| 表 | tyylk |
| 更新到 | NULL |
| 条件 | (SELECT [word] FROM tyylk AS p WHERE p.[id]= tyylk.[id]-1) |

执行后得到了下表：

| id | word | xing | pinci |
|---|---|---|---|
| 1 | 阿 | h | 510 |
| 2 | | j | 115 |
| 3 | | nhs | 13 |
| 4 | | v | 9 |
| 5 | | nh | 6 |
| 6 | | nhf | 4 |
| 7 | | n | 2 |
| 8 | | x | 2 |
| 9 | | e | 1 |
| 10 | | o | 1 |
| 11 | 比如 | c | 2092 |
| 12 | | v | 75 |
| 13 | | p | 71 |
| 14 | 比如说 | c | 219 |
| 15 | | v | 22 |
| 16 | | i | 1 |

2. SQL 视图下的操作方法：

```
UPDATE tyylk SET [word] = NULL
WHERE [word] = (SELECT [word] FROM tyylk AS p
WHERE p.[id] = tyylk.[id]-1)
```

这里用了更新命令，使“word”字段为空。在指定限制条件的 WHERE 子句中使用了嵌套查询，嵌套着 SELCET 语句，选择的删除范围是比“id”小一的范围。“p”是出现在过程中的一个虚拟表。

## 九、给词语表新增排序号

在数据表中表示排序的字段，一般是用“自动编号”的字段，它会在新字段自动编号。但有的时候需要用其他方法。例如在导入的库中，增加“自动编号”，有时前后行记录会发生错排。又如有的已经有了“自动编号”，但还需要另有一个排序字段，而一个表不允许有两个自动编号字段。有时字段之间的关系比较复杂，排序后不能复原，这都需要增加一个排序列来加以固定。例如下面是“四级类义类表”，共有2069行：①

| 一级类 | 一级名 | 二级类 | 二级名 | 三级类 | 三级名 | 四级类 | 四级名 |
| --- | --- | --- | --- | --- | --- | --- | --- |
| 壹 | 生物 | 一 | 人 | A | 泛称 | a | 人 |
| 壹 | 生物 | 一 | 人 | A | 泛称 | b | 我 |
| 壹 | 生物 | 一 | 人 | A | 泛称 | c | 你 |
| 壹 | 生物 | 一 | 人 | A | 泛称 | d | 他 |
| 壹 | 生物 | 一 | 人 | A | 泛称 | e | 前人 |
| 壹 | 生物 | 一 | 人 | A | 泛称 | f | 今人 |
| 壹 | 生物 | 一 | 人 | A | 泛称 | g | 后人 |
| 壹 | 生物 | 一 | 人 | B | 性别 | a | 男人 |
| 壹 | 生物 | 一 | 人 | B | 性别 | b | 女人 |
| 壹 | 生物 | 一 | 人 | C | 年龄 | a | 老少 |
| 壹 | 生物 | 一 | 人 | C | 年龄 | b | 儿童 |
| 壹 | 生物 | 一 | 人 | C | 年龄 | c | 青少年 |
| 壹 | 生物 | 一 | 人 | C | 年龄 | d | 成年人 |

① 苏新春，《现代汉语分类词典》，即将由外语教学与研究出版社出版。

（续表）

| 一级类 | 一级名 | 二级类 | 二级名 | 三级类 | 三级名 | 四级类 | 四级名 |
|---|---|---|---|---|---|---|---|
| 壹 | 生物 | 一 | 人 | C | 年龄 | e | 老人 |
| 壹 | 生物 | 一 | 人 | D | 亲属 | a | 亲人 |
| 壹 | 生物 | 一 | 人 | D | 亲属 | b | 父母 |
| 壹 | 生物 | 一 | 人 | D | 亲属 | c | 夫妻 |
| 壹 | 生物 | 一 | 人 | D | 亲属 | d | 子女 |
| 壹 | 生物 | 一 | 人 | D | 亲属 | e | 祖辈 |
| 壹 | 生物 | 一 | 人 | D | 亲属 | f | 父辈 |
| 壹 | 生物 | 一 | 人 | D | 亲属 | g | 同辈 |
| 壹 | 生物 | 一 | 人 | D | 亲属 | h | 晚辈 |
| 壹 | 生物 | 一 | 人 | D | 亲属 | i | 姻亲 |

表中有8个字段，分别表示“一”至“四”级类的分类号与分类名。表中主要字段是“四级类名”，体现了“人”之下的三级类“泛称”、“性别”、“亲属”所管辖的四级类情况。这个表是从词语总表中生成出来的，为了让该表的内容固定下来，就需要增加一个排序号，否则前7个字段一经排序就不能复原，第8个字段又不能排序，否则就把分属“泛称”、“性别”、“年龄”、“亲属”的四个“a”排到一起去了。

增设排序号的方法如下：

1）在“壹”字段前增加一个字段，命名为“id”，数据类型选择为“数字”→“长整型”。

2）打开Excel表，点击“菜单”→“数据分析”→“随机数发生器”→在“变量个数”设“1”→在“分布”选“模式”→在“‘从’、‘到’、‘间隔’”分别设“1”、“2069”、“1”→在“重复每一数字”设“1”→在“重复序列”设“1”→“新工作表组”。设置完毕，按“确定”，即可得到“1”至“2069”的一组不间断序数。

3）把“1—2069”的一组序数复制到新字段“id”。

4）打开设计视图，把“id”字段设立主键。

至此就完成了排序字段的增设任务。

## 十、把一行记录中的并列同义词变成“一对多”的同义词组

一行记录中的并列同义词如下表，表名为“tycz”：

| id | tyc1 | tyc2 | tyc3 | tyc4 |
|---|---|---|---|---|
| 1 | 爱好 | 喜好 | 中意 | 心仪 |
| 2 | 顽强 | 坚强 | 坚固 | 牢固 |
| 3 | 忧伤 | 忧愁 | 哀伤 | |

“tycz”表显示了同义词“组”的关系。一行就是一组同义词，好处是能显示同义相聚，一目了然。但要对“词”进行分析就难以进行了。比如要对每个词来作属性分析，或者想了解一个多义词是否有因义项不同而列入不同同义词组的情况，这些统计和筛选在“tycz”表中都无法进行。能不能把这个“同义词组表”改造成方便进行分析的“同义词表”呢？答案是肯定的。基本思路就是先拆后并。操作方法如下：

1. 设计查询视图下的操作方法

1）生成第一个查询，调入“id”“tyc1”两个字段，保存后命名为“tyc”。

| 字段 | [id] | [tyc1] |
|---|---|---|
| 表 | tycz | tycz |

执行后显示如下：

| id | tyc1 |
| --- | --- |
| 1 | 爱好 |

2）生成第二个查询，包括下面两个字段，追加到“tyc”表。

| 字段 | [id] | [tyc1] |
| --- | --- | --- |
| 表 | tycz | tycz |

3）生成第三个查询，包括下面两个字段，追加到“tyc”表。

| 字段 | [id] | [tyc1] |
| --- | --- | --- |
| 表 | tycz | tycz |

4）生成第四个查询，包括下面两个字段，追加到“tyc”表。

| 字段 | [id] | [tyc1] |
| --- | --- | --- |
| 表 | tycz | tycz |

这样就得到了一个同义词表，一个同义词为一行，里面有两个字段，一个“word”字段，收的是“词”；一个是该词在“tycz”表中的 id 号。行数则为原表行数的 4 倍。

5）对“tyc”表的“id”字段进行分组查询，同时对“id”字段作计数统计，新字段命名为“n”。这样就得到以“id”为不重复数的“同义词序号”新表，命名为 tycxuhao。

| 字段 | [id] | n:[id] |
| --- | --- | --- |
| 表 | tyc | tyc |
| 总计 | 分组 | 计数 |

6）将“tyc”表的“word”字段作分组查询，可得到同义词重复数，生成新表，命名为 tycczhong。

| 字段 | [word] | n:[word] |
|---|---|---|
| 表 | tyc | tyc |
| 总计 | 分组 | 计数 |

这样就得到了"tyc"、"tycxuhao"、"tyccizhong"三个表,互相之间能发生"一对多"的关联。

2. SQL 视图下的操作方法

把以上的操作方法用 SQL 来显示,如下:

1) SELECT [id],[tyc1] INTO tyc

FROM tycz

2) SELECT [id],[tyc2] INTO tyc

FROM tycz

3) SELECT [id],[tyc3] INTO tyc

FROM tycz

4) SELECT [id],[tyc4] INTO tyc

FROM tycz

5) SELECT [id],COUNT [id] AS n INTO tycxuhao

FROM tyc

GROUP BY [id]

HAVING COUNT([id])>0

6) SELECT [word], COUNT [word] AS n INTO tyc-cizhong

FROM tyc

GROUP BY [word]

HAVING COUNT([word])>0

# 思考与练习：

1. 在不同的数据类型之间进行更换试验，以观察可被允许的程度，及数据库内容是否发生了变化，发生了怎样的变化。

2. 下表摘自《现代汉语词典》。试进行下列操作：

(1) 删除表中空格。

(2) 将"shiyi"字段拆分成"shiyiB"与"liju"两个字段。

(3) 将 cixingB 与 cixingA 不一致的内容更新到 cixingA。

(4) 合并字段"shiyiB"与"liju"。

| cimu | cixingA | cixingB | shiyi |
|---|---|---|---|
| 轮回 | v | | 　　循环：四季～ |
| 罗锅 | a | n | 指驼背的人：这人是个～儿。也叫罗锅子。 |
| 门道 | n | | 门路①：农业增产的～很多\|外行看热闹，内行看～。 |
| 门房 | n | | 看门的人。 |
| 门下 | n | | 指可以传授知识或技艺的人的跟前：我想投在您老的～。 |
| 闷气 | a | n | 郁结在心里没有发泄的怨恨或愤怒：有意见就提，别生～！ |
| 萌发 | v | | 比喻事物发生：～一种强烈的求知欲望。 |
| 盟友 | n | | 　　结成同盟的朋友。 |
| 蒙蒙 | a | | 雨点很细小：～细雨。也作濛濛。 |
| 蒙蒙 | a | n | 模糊不清的样子：云雾～。 |
| 迷茫 | v | a | 广阔而看不清的样子：大雪铺天盖地，原野一片～。 |
| 迷雾 | n | | 浓厚的雾：在～中看不清航道。 |
| 关门 | a | | 指最后的：～之作\|～弟子。 |
| 密封 | a | v | 严密封闭：用白蜡～瓶口，以防药物受潮或挥发。 |
| 绵软 | a | | 　　形容身体无力：他觉得浑身～，脑袋昏沉沉的。 |
| 棉絮 | n | | 棉花的纤维：这种棉花的～长。 |

（续表）

| cimu | cixingA | cixingB | shiyi |
|---|---|---|---|
| 面具 | n | | 戴在面部起遮挡保护作用的东西：防毒～。 |
| 面皮 | n | | 脸皮。 |
| 苗子 | v | n | 苗头。 |
| 苗子 | n | | 比喻继承某种事业的年轻人：他是个好～，有培养前途。 |
| 渺茫 | a | | 因遥远而模糊不清：音信～。 |
| 名士 | n | | 旧时指以诗文等著称的人。 |
| 社会关系 | n | | 人们在共同活动的过程中彼此间结成的关系。一切社会关系中最主要的是生产关系，即经济关系，其他政治、法律等关系的性质都决定于生产关系。 |

3. 下表摘自《现代汉语分类词典》。请将记录按一级类“壹—贰—叁—肆—……—捌”进行排序。要求增加排序用的字段，数据类型设为“数字”。

| 现代汉语分类词典 | | | | | | | | | | |
|---|---|---|---|---|---|---|---|---|---|---|
| 词语 | 一级类 | 一级名 | 二级类 | 二级名 | 三级类 | 三级名 | 四级类 | 四级名 | 五级类 | 五级名 |
| 细长 | 捌 | 性质与状态 | 一 | 形貌 | A | 长短 | a | 长 | 01 | 细长 |
| 广阔 | 捌 | 性质与状态 | 一 | 形貌 | C | 宽窄 | a | 广阔 | 01 | 广阔 |
| 万物 | 贰 | 具体物 | 一 | 概称 | A | 物体 | a | 物什 | 03 | 万物 |
| 用品 | 贰 | 具体物 | 一 | 概称 | C | 用品 | a | 日用品 | 02 | 用品 |
| 清障 | 陆 | 社会活动 | 一 | 管理 | B | 治理 | c | 处理 | 02 | 清理 |
| 销毁 | 陆 | 社会活动 | 一 | 管理 | B | 治理 | c | 处理 | 03 | 销毁 |
| 龟缩 | 柒 | 运动与变化 | 二 | 方位改变 | C | 伸缩 | b | 缩 | 02 | 蜷缩 |
| 张合 | 柒 | 运动与变化 | 二 | 方位改变 | C | 伸缩 | c | 张合 | 01 | 张合 |

（续表）

| 现代汉语分类词典 | | | | | | | | | | |
|---|---|---|---|---|---|---|---|---|---|---|
| 词语 | 一级类 | 一级名 | 二级类 | 二级名 | 三级类 | 三级名 | 四级类 | 四级名 | 五级类 | 五级名 |
| 事体 | 叁 | 抽象物 | 一 | 事情 | A | 事情 | a | 事情 | 01 | 事情 |
| 实事 | 叁 | 抽象物 | 一 | 事情 | A | 事情 | a | 事情 | 02 | 实事 |
| 历年 | 肆 | 时空 | 一 | 时间 | D | 时候 | c | 过去 | 10 | 近来 |
| 现在 | 肆 | 时空 | 一 | 时间 | D | 时候 | d | 现在 | 01 | 现在 |
| 叩门 | 伍 | 生物活动 | 一 | 肢体动作 | A | 触动 | b | 打 | 07 | 敲门 |
| 鸣金 | 伍 | 生物活动 | 一 | 肢体动作 | A | 触动 | b | 打 | 08 | 鸣金 |
| 朋友 | 壹 | 生物 | 一 | 人 | K | 社交 | a | 朋友 | 01 | 好友 |
| 师父 | 壹 | 生物 | 一 | 人 | K | 社交 | c | 师生 | 02 | 师傅 |

4.把下面这个同义词组的表改造成“一对多”的同义词关联表。

| ID | A | B | C | D |
|---|---|---|---|---|
| 1 | 爱护 | 维护 | 保护 | 防护 |
| 2 | 办法 | 方法 | 方式 | 做法 |
| 3 | 烦恼 | 懊恼 | 苦恼 | |
| 4 | 鼓动 | 鼓励 | 鼓舞 | 怂恿 |
| 5 | 精美 | 精彩 | 精良 | 精致 |

# 第七章 如何描写词语状况

数据库整理好了,里面装好了我们需要的各种语料,这只是“万里长征”的第一步,只是体现了数据库的储存功能。储存的最终目的是为了便于我们认识语料、利用语料。因此准确、快捷地了解语料面貌,掌握所储存词语的各种状况,也就成为数据库学习与运用中的首要目标了。

## 一、查词的数量

打开数据表时,左下方会显示一共有多少行的数字。一条词语占一行,行数就是词语数。但在 xhk 中,有 szimu 字与 scimu 字段,字目与词目是分开存放的,szimu 有内容时 scimu 为空,反之 scimu 有内容时 szimu 为空,这样行数并不能完全代表词语数。而且,即使是在 szimu 字段,有时因为误操作也会发生词语丢失的情况,这都需要用其他方法来保证查到准确的词语数。可用以下方法:

(一) 设计查询界面下的操作方法:

(1) 基本式

| | |
|---|---|
| **字段** | [szimu] |
| **表** | xhk |
| **条件** | * |

“条件”栏的“*”是数据库里的通配符,表示“任何内容”。与“LIKE‘*’”基本等值的还有下面的命令:“IS NOT NULL”。意

思是“非空”。执行后就会显示在“szimu”字段里的所有内容。

(2) 变式 1:如果要同时显示其他字段,在“字段”栏输入字段名即可。如要增加“sshiyi”字段:

| 字段 | [szimu] | [sshiyi] |
|---|---|---|
| 表 | xhk | |
| 条件 | * | |

(3) 变式 2:有时我们不需要有具体内容的行记录,只要有计算词语的数字就可以了,可用以下方法:

| 字段 | N:COUNT([szimu]) |
|---|---|
| 表 | xhk |

执行后显示的只是数字,在“szimu”字段有字目 10776 个。

(二) SQL 视图下的操作方法:

(1) 基本式:显示 szimu 字段有内容的行数。

```
SELECT xhk. [szimu]
FROM xhk
```

为了确保所获得的是有内容的行数,可使用“ * ”,或“IS NOT NULL”:

```
SELECT xhk. [szimu]
FROM xhk
WHERE ([szimu]) like " * "
```

WHERE 子句还可写成:WHERE([szimu]) IS NOT NULL

(2) 变式 1:要同时调出其他字段如 sshiyi,可同时列出字段名:

```
SELECT xhk. [szimu],[sshiyi]
FROM xhk
WHERE ([szimu]) like " * "
```

（3）变式 2：只获得有字目内容的行记录数，可用以下命令：

SELECT COUNT([Szimu]) AS n

FROM xhk

使用计算函数时，如 COUNT、SUM、AVG 等，都只会出现一行显示数字，这时不能在 SELECT 语句后带有其他字段。其他字段可以在 WHERE 子句中出现以作条件设定，但作了条件设定的字段仍不能在 SELECT 语句后出现。

## 二、查词语的长度

“查词语数”调查的是行记录的总数量，下面谈的“查词语的长度”要了解的是“一行”的情况。例如 scimu 中词语的长度是多少，sshiyi 使用了多少个释义字符，则要用到下面的方法。

（一）设计视图下的操作方法

（1）基本式：了解 Scimu 中每个词语的长度。

| | |
|---|---|
| 字段 | cimucd：LEN([scimu]) |
| 表 | xhk |
| 条件 | * |

“cimucd”（词目长度）是给新字段起的名。“LEN”是计算字符串长度的命令，后面跟统计对象的字段名。为了确保是对scimu 字段所有内容的统计，还可在“条件”栏加上“ * ”。

（2）变式 1：人们往往在要知道词语长度的同时还要知道是哪些词语，可同时把 scimu 字段显示：

| | | |
|---|---|---|
| 字段 | [scimu] | cimucd：LEN([scimu]) |
| 表 | xhk | xhk |
| 条件 | * | |

执行后显示结果如下：

| Scimu | Cimucd |
|---|---|
| 阿鼻地狱 | 4 |
| 阿昌族 | 3 |
| 阿斗 | 2 |
| 阿尔法粒子 | 5 |
| 阿尔法射线 | 5 |
| 阿飞 | 2 |
| 阿公 | 2 |

（3）变式 2：如果只要显示某些特定词语长度的词语，则可使用 WHERE 子句来作条件设定。如下面的设定显示的只是 4 个字符以上长度的词语：

| 字段 | [scimu] | Cimucd：LEN([scimu]) |
|---|---|---|
| 表 | xhk | xhk |
| 条件 | * | >4 |

执行后显示的结果是这样：

| scimu | cimucd |
|---|---|
| 阿尔法粒子 | 5 |
| 阿尔法射线 | 5 |
| 阿拉伯数字 | 5 |
| 哀的美敦书 | 5 |
| 爱克斯射线 | 5 |
| 爱斯基摩人 | 5 |
| 安全理事会 | 5 |
| 按下葫芦浮起瓢 | 7 |
| 只许州官放火，不许百姓点灯 | 13 |

（二）SQL 视图下的操作方法

（1）基本式：只显示词语的长度：

```
SELECT LEN([scimu])
FROM xhk
WHERE ([scimu]) like "*"
```

（2）变式 1：同时显示词语和词语的长度：

```
SELECT [scimu],LEN[scimu] AS cimucd
FROM xhk
WHERE ([scimu]) like "*"
```

（3）变式 2：要显示长度是大于 4 的词条：

```
SELECT [scimu],LEN[scimu] AS cimucd
FROM xhk
WHERE LEN([scimu])>4
```

## 三、查释义的用字情况

查词语长度这个基本方法可以用于许多方面，也可以演变出许多其他用法，可以对词语的各种使用情况进行细致调查。sshiyi 的容量比 scimu 要大得多，差异也大得多，下面就以 sshiyi 为例来说明释义用字的情况，分别查询"总字数"、"最小数"、"最大数"、"平均数"。

（一）设计查询界面下的操作方法

（1）查"总字数"

| | |
|---|---|
| **字段** | SUM(IEN([sshiyi])) |
| **表** | xhk |

查"总字数"指的是所有行记录的用字。这里使用了套嵌查询,里面的"LEN([字段名])"是上面"二"所谈到的内容,这里再加上"SUM"命令,意思是"统计字符个数的总和"。执行后显示的数字是"1716695",这就是 xhk 表中 sshiyi 字段内释义用字总数。

使用计算命令时"字段"栏不能同时出现其他的字段名,即不能在显示计算结果的同时又显示其他字段。

(2) 查"最小数"

| 字段 | MIN(LEN([sshiyi])) |
|---|---|
| 表 | xhk |

这里变换了一个函数,用的是"MIN",其他的保持不变。执行后显示的数字是 2,说明释义使用字数最少的只有 2 个字。如对"司寇"的解释是"姓。"。

(3) 查"最大数"

| 字段 | MAX(LEN([sshiyi])) |
|---|---|
| 表 | xhk |

查最大数的函数是"MAX"。执行后显示数字 652。是"的"字的释义。下面是"的"和复音词"关于"的释义情况。

| szimu | scimu | sshiyi | n |
|---|---|---|---|
| 的[1] | | (1) 助词(②-⑤同),用在定语的后面。A)定语的中心词之间是一般的关系:铁～纪律\|幸福～生活。B)定语和中心词之间是领属关系:我～母亲\|无产阶级～党。C)定语是人名或人称代词,中心词是表示职务或身份的名词,意思是这个人担任这个职务或取得这个身份:今天开会是你～主席\|谁～介绍人? D)定语是指人的名 | 652 |

（续表）

| szimu | scimu | sshiyi | n |
|---|---|---|---|
| | | 词或人称代词，中心词和前边的动词合起来表示一种动作，意思是这个人是所说的动作的受事：开他～玩笑｜找我～麻烦。(2) 用来构成没有中心词的'的'字结构。A)代替上文所说的人或物：这是我～，那才是你～｜菊花开了，有红～，有黄～。B)指某一种人或物：男～｜送报～｜我爱吃辣～。C)表示某种情况：大星期天～，你怎么不出去玩玩？｜无缘无故～，你着什么急？D)用跟主语相同的人称代词加'的'字做宾语，表示别的事跟这个人无关或这事跟别人无关：这里用不着你，你只管睡你～去。E)'的'字前后用相同的动词、形容词等，连用这样的结构，表示有这样的，有那样的：推～推，拉～拉｜说～说，笑～笑｜大～大，小～小。(3) 用在谓语动词后面，强调这动作的施事者或时间、地点、方式等：谁买～书？｜他是昨天进～城｜我是在车站打～票。【注意】这个用法限于过去的事情。(4) 用在陈述句的末尾，表示肯定的语气：这件事儿我知道～。(5) 用在两个同类的词或词组之后，表示'等等、之类'的意思：破铜烂铁～，他捡来一大筐｜老乡们沏茶倒水～，待我们很亲热。(6) 用在两个数量词中间。A)表示相乘：这间屋子是五米～三米，合十五平方米。B)〈方〉表示相加：两个～三个，一共五个。 | |
| | 关于 | (1) 介词，引进某种行为的关系者，组成介词结构做状语：～兴修水利，上级已经做了指示。(2) 介词，引进某种事物的关系者，组成介词结构做定语（后面要加'的'），或在'是…的'式中做谓语：他读了几本～政治经济学的书｜今天在厂里开了一个会，是～爱国卫生运动的。‖【注意】A)表示关涉，用'关于'不用'对于'，如：～织女星，民间有个美丽的传说。指出对象，用'对于'不用'关于'，如：对于文化遗产，我们必须进行研究分析。 | 336 |

（续表）

| szimu | scimu | sshiyi | n |
|---|---|---|---|
| | | 兼有两种情况的可以用‘关于’，也可以用‘对于’，如：～(对于)订立公约，大家都很赞成。B)‘关于’有提示性质，用‘关于’组成的介词结构，可以单独作文章的题目，如：～人生观\|～杂文。用‘对于’组成的介词结构，只有跟名词组成偏正词组，才能作题目，如：对于百花齐放政策的认识。 | |

(4) 查“平均数”

| | |
|---|---|
| 字段 | n:AVG(IEN([sshiyi])) |
| 表 | xhk |

求平均数的函数是“AVG”，执行后显示数字 28.02，反映了每个词目的平均释义长度。值得注意的是，AVG 是 AVERAGE 的缩写。在 Access 中只能用 AVG，而在 Excel 中只能用 AVERAGE 而不能用 AVG。

(二) SQL 界面下的操作方法

(1) 查“总字数”

```
SELECT SUM(LEN([sshiyi]))
FROM xhk
```

(2) 查“最小数”

```
SELECT MIN(LEN([sshiyi]))
FROM xhk
```

(3) 查“最大数”

```
SELECT MAX(LEN([sshiyi]))
FROM xhk
```

(4) 查“平均数”

```
SELECT AVG(LEN([sshiyi]))
FROM xhk
```

## 四、查词的义项数

在义项库中多义词的不同义项是分开来处理的,一个义项位于一行。但 xhk 仍是词语库,分行是以“词”为单位,一个词的所有释义都位于一个字段之中,这给义项处理、标注带来一定的困难。但要知道义项数多少,了解多义词的分布状态,还是可以做到的,可以通过对各个词的义项调查来实现。每个义项前有专门的义项标号,这给义项统计带来了方便。查询方法是先查最上一级的义项标号来得到拥有该义项数的词语,然后再查次多义项的符号,从所得数字中减去最多义项数,即为次多义项的词语数。其他可类推而下。xhk 的义项标号是(1)序列。下面以查“(20)”为例。

(一) 查询界面下的操作方法

(1) 基本式:查义项标号

首先要查找义项号。在选择查询界面下作如下设定:

| 字段 | [szimu] | [scimu] | [sshiyi] |
|---|---|---|---|
| 表 | xhk | xhk | xhk |
| 条件 | | | Like“ * (20) * ” |

调入 szimu、scimu、sshiyi 三个字段,在 sshiyi 字段的“条件”栏输入“(20)”,并在前后皆加上“ * ”号,意思是凡是 sshiyi 字段中有“(20)”符号的均要显示。显示结果为“打”、“点”、“开”3 个字,

然后查“(19)”,显示的是4个字,多了“花”字。再查“(18)”显示6个字,多了“正”、“套”两字。由此可以统计出19个义项有1个,为“花”字;18个义项的有2个,为“正”、“套”2字。

(2) 变式:如果要将多少个义项数保存在数据库中,操作如下。

1) 在xhk表中增加一个字段,字段命名为“syxs”(义项数)

2) 在“sshiyi”查询“(20)”,执行后会显示“打”、“点”、“开”3个字,然后手动在“syxs”字段分别给“打”填上25,给“点”填上“20”,给“开”填上20。这里第一步填上最高的义项数,可人工填入。这样在“syxs”字段只有这3个最高义项数是填入了数字的,其他的皆为空。

3) 在“菜单”→“查询”→“更新查询”,选择“更新查询”后作如下设定:

| 字段 | [sshiyi] | [syxs] |
|---|---|---|
| 表 | xhk | xhk |
| 更新到 | | 19 |
| 条件 | LIKE“*(19)*” | NOT LIKE“*” |

这样设定的含义是:在“sshiyi”字段查找“(19)”,同时要“syxs”字段为空,在同时具备这两个条件的情况下在“syxs”添加“(19)”。如果只有前一个条件,查找结果是有4个字;把第二个条件加上,即排除了已经填有“25”“20”“20”的三行,实际上只有一条,这就是需要添加上“(19)”的行数。

4) 在后面的查询中,依次在“sshiyi”字段的“条件”栏填上(18)、(17)……,一直到(2),并依次在“syxs”字段的“更新到”栏填上 18、17……，一直到 2，就完成了对义项数的自动输入。最后的(1)可以不用查，它与(2)的数字是一样多。因为如果只是单义词，根据词典的惯例是不标义项号的。

在上面的第三步操作是假设 syxs 字段中高义项数的都已经填入了，故使用了“NOT LIKE‘*’”的命令。还可以使用这样一个方法，即排除高一位数的义项数。如要在“syxs”中自动添加 12，那么在“sshiyi”字段中排除“(13)”即可。因为排除了“(13)”，比这个数高的数也就都排除了。

这样在“syxs”字段就保存了每个多义词的义项号。有了这一组数字就可以清楚地分析出 xhk 多义词分布状况了。

(二) SQL 界面下的操作方法

(1) 基本式

SELECT [sshiyi],[scimu],[sshiyi]

FROM xhk

WHERE ([sshiyi]) LIKE “*(20)*”

(2) 变式

1) 在 xhk 增加一个新的字段，命名为“Syxs”，字段内容为空。

2) 输入如下 SELET 语句

SELECT [szimu],[scimu],[sshiyi],[syxs]

FROM xhk

WHERE ([sshiyi]) LIKE “*(20)*”

3) 输入如下 UPDATE 语句

UPDATE xhk SET xhk.[syxs]=“19”

WHERE (((xhk.[sshiyi]) LIKE “*(19)*”) AND (xhk.[syxs]) NOT LIKE “*”)))

4）在接下来的操作中，依次在 UPDATE 子句"＝"填上 18、17……，一直到 2，在 WHERE 子句的"sshiyi"字段的 LIKE 后填上(18)、(17)……，一直到(2)，就完成了对义项数的自动输入。

通过以上的查询，我们就可以得到 6 万多个词语的义项分布情况了。这个数据对了解多义词的面貌很有参考价值，里面提供了许多有用的信息。

| 义项数 | 词语数 |
|---|---|
| 25 | 1 |
| 20 | 2 |
| 19 | 1 |
| 18 | 2 |
| 17 | 1 |
| 16 | 1 |
| 15 | 4 |
| 14 | 7 |
| 13 | 8 |
| 12 | 10 |

| 义项数 | 词语数 |
|---|---|
| 11 | 13 |
| 10 | 30 |
| 9 | 49 |
| 8 | 78 |
| 7 | 93 |
| 6 | 147 |
| 5 | 317 |
| 4 | 640 |
| 3 | 1887 |
| 2 | 9210 |

根据义项标号来统计义项数，实际上就是根据释义中特定符号来进行特定项统计的方法。《现汉》对"书语词"、"方言词"、"口语词"，分别使用了"[书]"、"[方]"、"[口]"的符号。对出现于例句中的比喻义用了"◇"号等。都可以用查找特殊标记符号的方法来对这些特殊类别的词语作统计。有时有的标记在数据库中不具备唯一性，则可以用具有唯一识别作用的符号来代替。如用"【""】"来代替"[""]"。

## 五、合计词的频次

我们有时会需要将一个词语不同词性下的使用次数合并起来统计。例如下面是在《中国语言生活状况报告》(2005)下编词语统计的"zcb"(总词表)中按"词性"统计的频次：

| word | cixing | pinci |
|---|---|---|
| 感动 | v | 13672 |
| 感动 | a | 2044 |
| 感动 | vn | 1709 |
| 感动 | an | 233 |
| 孤立 | a | 1572 |
| 孤立 | v | 686 |
| 孤立 | vn | 66 |
| 孤立 | an | 17 |
| 配套 | vn | 15437 |
| 配套 | a | 7657 |
| 配套 | v | 1102 |
| 配套 | ad | 502 |
| 配套 | vd | 14 |
| 配套 | an | 12 |
| 配套 | n | 1 |

在公布时只要反映"词"的频次就行了，这就需要对各种不同词性的频次进行归并统计，可作如下操作。

（一）选择查询界面下的操作方法

| 字段 | [word] | [pinci] |
|---|---|---|
| 表 | Zcb | Zcb |
| 总计 | 分组 | 总计 |
| 排序 | 升序 | 降序 |

执行后，得到的结果如下表：

| word | pinci |
|---|---|
| 感动 | 17658 |
| 孤立 | 2341 |
| 配套 | 24725 |

（二）SQL 界面下的操作方法

```
SELECT [word], SUM([pinci]) AS zongpinci
FROM zcb
GROUP BY [word]
ORDER BY [pinci] DESC
```

“合计”命令经常会用到，例如要将不同义项出现的次数归并为词义总的使用次数；要将词在不同文本下出现的次数归并为总的使用次数，用的都是这种方法。

## 六、查同素词

同素词指用相同词素构成的词。要了解复合词的词素构词情况，如词素字在词首、词中还是词尾，可用以下的方法。以“中”字词为例：

（一）选择查询界面下的操作方法：

（1）查“中”字位于词首的词

| | |
|---|---|
| **字段** | [scimu] |
| **表** | xhk |
| **条件** | LIKE“中＊” |

执行后显示出“中”字位于词首的词有 141 条，如“中伏”、“中耕”、“中古”。

(2) 查“中”字位于词尾的词

| 字段 | [scimu] |
|---|---|
| 表 | xhk |
| 条件 | LIKE“＊中” |

执行后显示出“中”字位于词尾的词有 43 条，如“暗中”、“百发百中”、“便中”。

(3) 查“中”字位于中间的词

还可以查“中”字位于中间位置的构词情况。由于词的长度不同，为保证把处在每个位置上的“中”字词都准确地查找出来，可用以下的方法。

1) 查位于第二个字的位置且后面没有其他字的“中”字词

| 字段 | [scimu] |
|---|---|
| 表 | xhk |
| 条件 | LIKE“？中” |

“？”代表一个字符。执行后显示“中”字位于第 2 个字且是最后一个字的有 35 条，如“暗中”、“便中”、“不中”。

2) 查位于第二个字的位置而不管后面还有没有别的字，可在“中”字后面加一个星号“＊”。如下面：

| 字段 | [scimu] |
|---|---|
| 表 | xhk |
| 条件 | LIKE“？中＊” |

执行后显示有 67 条，如“暗中”、“半中腰”、“便中”、“风中之烛”。

3）如果只是查“中”字位于中间的三字词，可在“中”字后面加一个问号“?”。如下面：

| 字段 | [scimu] |
|---|---|
| 表 | xhk |
| 条件 | LIKE“? 中?” |

执行后显示有12条，如“半中腰”、“怀中物”、“鼻中隔”、“集中营”、“笼中鸟”。

以上各种用法实际上是显示了“?”和“*”的不同功能。

（二）SQL 界面下的操作方法

(1) 查“中”字位于词首的词

```
SELECT [scimu]
FROM xhk
WHERE(xhk.[scimu]) LIKE “中 * ”
```

(2) 查“中”字位于词尾的词

```
SELECT [scimu]
FROM xhk
WHERE(xhk.[scimu]) LIKE “ * 中”
```

(3) 查“中”字位于中间的词

1）

```
SELECT [scimu]
FROM xhk
WHERE(xhk.[scimu] )LIKE “? 中”
```

2）

```
SELECT [scimu]
```

FROM xhk

WHERE(xhk.[scimu]) LIKE"? 中 * "

3)

SELECT [scimu]

FROM xhk

WHERE (xhk.[scimu]) LIKE"? 中?"

如果要同时查询几个字的构词情况,可以在 WHERE 子句中同时设定几个条件。如要查含有"中"或含有"高"的词,可写成:

SELECT [scimu]

FROM xhk

WHERE (xhk.[scimu]) LIKE" * 中 * " OR (xhk.[scimu]) LIKE" * 高 * "

这里设定了两个条件,且是或的关系,即查"中"字词或"高"字词,结果显示一共有 411 条。语句中的 OR 表示或然关系。

如果要查既同时含有"中"和"高"的词,在两个条件中间则要使用 AND,AND 表示"和"的关系。查询结果只有两条词语,是"高中"和"高级中学"。

## 七、查反序词

所谓反序词就是指一个复合词所包含的词素是一样的,但前后顺序不同。如:

"爱抚:疼爱抚慰:～的眼神|母亲～地为女儿梳理头发。"

"抚爱:照料、爱护:～儿女。"

"加倍:(1) 增加跟原有数量相等的数量:产量～|～偿还。(2) 指程度比原来深得多:～努力|～的同情。"

“倍加：指程度比原来深得多：～爱惜|雨后的空气～清新。”

“爱抚”与“抚爱”，“加倍”与“倍加”就是反序词。反序词在构词法演变，在构词方法与词语表意内涵的关系上，都很有研究价值。下面是查反序词的方法。

查反序词要经过这样几个步骤：下面以双音词为例。先查双音词的第一个词素，存为一个查询如“A”，再查第二个词素，存为另一个查询如“B”。接着“B”“A”相加，形成“BA”结构，这就得到了所有词语的反序词。再把反序词与原词目进行联表查询，如果能关联的就是原词语库的反序词。

xhk 中共有双音词 38319 条，查反序词的方法如下：

（一）选择查询界面下的操作方法：

(1) 查所有二字词的左边第一个字，将查询结果命名为 z1

| 字段 | [scimu] | zuo1：LEFT([scimu],1) | zid：[Sid] | cc：LEN([scimu]) |
|---|---|---|---|---|
| 表 | xhk | xhk | xhk | xhk |
| 条件 | | | | 2 |

第二个字段是词语；第三个字段是二字词的左边第一字，命名为“zuo1”；第三个字段是用于后面的联表，命名为“zid”；第四个字段所查询的是二字词。执行后显示有 38319 行，如下表：

| scimu | zuo1 | zid | cc |
|---|---|---|---|
| 阿斗 | 阿 | 5 | 2 |
| 阿飞 | 阿 | 8 | 2 |
| 阿公 | 阿 | 9 | 2 |
| 阿訇 | 阿 | 11 | 2 |
| 阿门 | 阿 | 20 | 2 |
| 阿片 | 阿 | 25 | 2 |
| 阿婆 | 阿 | 26 | 2 |

（2）查所有二字词的右边第二个字，将查询结果命名为 y1

| 字段 | [scimu] | you1：RIGHT([scimu]，1) | yid：[Sid] | cc：LEN([scimu]) |
|---|---|---|---|---|
| 表 | xhk | xhk | xhk | xhk |
| 条件 | | | | 2 |

字段命名基本同前表，只是第三个字段的“字段”栏函数换成“RIGHT”，表示查询的是二字词的右边第一字，命名为 you1；sid 改为 yid。执行后显示有 38319 行，如下表：

| scimu | you1 | yid | cc |
|---|---|---|---|
| 阿斗 | 斗 | 5 | 2 |
| 阿飞 | 飞 | 8 | 2 |
| 阿公 | 公 | 9 | 2 |
| 阿訇 | 訇 | 11 | 2 |
| 阿门 | 门 | 20 | 2 |
| 阿片 | 片 | 25 | 2 |
| 阿婆 | 婆 | 26 | 2 |

（3）将 y1 的“you1”与 z1 的“zuo1”合并，命名为“fxzh(反序组合)”。将查询结果保存为 fxb(反序表)

| 字段 | fxzh：[y1].[you1] +[z1].[zuo1] | fid：[yid] |
|---|---|---|
| 表 | | y1 |

将“z1. you1”与“z1. zuo1”两个字段相加，“you1”位于前面，“zuo1”位于后面，形成了双音词前后两字颠倒后的组合。把“yid”调入是为了后面联表时用，更名为“fid”。执行后显示有 38319 行，如下表：

| fxzh | yid |
|---|---|
| 斗阿 | 5 |
| 飞阿 | 8 |
| 公阿 | 9 |
| 訇阿 | 11 |
| 门阿 | 20 |
| 片阿 | 25 |
| 婆阿 | 26 |

(4) 将 fxb 与 xhk 进行关联查询，两边共有的即为反序词，将查询结果命名为 fxc(反序词)

点击选择查询，把 fxb 与 xhk 调入查询区域，并调入 fxb 的 fxzh、fid 两个字段，及 xhk 的 scimu、sid、sshiyi 三个字段，将 fxb. fxzh 与 xhk. scimu 联结，显示的就是两表中“相等的行”。

| 字段 | [fxzh] | [fid] | [scimu] | [sid] | [sshiyi] |
|---|---|---|---|---|---|
| 表 | fxb | fxb | xhk | xhk | xhk |
| 条件 | | | | | |

执行后得到 2035 行，如下表：

| fxzh | fid | scimu | sshiyi | sid |
|---|---|---|---|---|
| 皑皑 | 101 | 皑皑 | 形容霜、雪洁白：白雪～。 | 101 |
| 蔼蔼 | 108 | 蔼蔼 | 〈书〉(1) 形容树木茂盛。(2) 形容昏暗。 | 108 |
| 抚爱 | 153 | 抚爱 | 照料、爱护：～儿女。 | 15110 |
| 怜爱 | 161 | 怜爱 | 疼爱：这孩子胖胖的、大眼睛，真叫人～。 | 30374 |
| 恋爱 | 162 | 恋爱 | (1) 男女互相爱慕：自由～。(2) 男女互相爱慕的行动表现：谈～。 | 30540 |

（续表）

| fxzh | fid | scimu | sshiyi | sid |
|---|---|---|---|---|
| 情爱 | 167 | 情爱 | 爱情;泛指人与人互相爱护的感情:～甚笃。 | 39967 |
| 心爱 | 175 | 心爱 | 衷心喜爱:～的人\|～的礼物。 | 54149 |
| 马鞍 | 274 | 马鞍 | 马鞍子,也用来形容或比喻两头高起中间低落的事物。 | 32605 |

这里有两点要特别注意,一是原词是叠音词如"皑皑"、"蔼蔼",前后组合后与原词仍是一样,上表中它们的 fid 与 sid 都是一样。这样的词应排除在反序词之外。相对应的正序词是:

| scimu | sshiyi | sid |
|---|---|---|
| 爱抚 | 疼爱抚慰:～的眼神\|母亲～地为女儿梳理头发。 | 153 |
| 爱怜 | 怜爱:母亲～地抚摩着女儿的脸。 | 161 |
| 爱恋 | 热爱而难以分离(多指男女之间):信中流露出～之情。 | 162 |
| 爱情 | 男女相爱的感情。 | 167 |
| 爱心 | 指关怀、爱护人的思想感情:老妈妈对儿童充满～。 | 175 |
| 鞍马 | (1) 体操器械的一种,形状略像马,背部有两个半圆环,是木马的一种。(2) 男子竞技体操项目之一,运动员在鞍马上,手握半圆环或撑着马背做各种动作。(3) 鞍子和马,借指骑马或战斗的生活:～劳顿\|～生活。 | 274 |

二是 fxc 中的 fid,表示的是调换前"正序词"的 id 号,sid 表示的反而是"反序词"了。如 fid 的 153 表示的是"爱抚",sid 的 15110 表示的是"抚爱";fid 的 161 表示的是"爱怜",sid 的 30374 表示的是"怜爱"。

(二) SQL 界面下的操作方法

把上面完成反序词查询的四个步骤下面用 SQL 再演示一遍。

为了节省篇幅，查询结果就不再出现了。

（1）查所有二字词的左边第一个字，将查询结果命名为 z1

SELECT [scimu], LEFT([scimu],1) AS zuo1, LEN([scimu]) AS cc, xhk.[sid] AS zid

FROM xhk

WHERE ((LEN([scimu]))=2)

ORDER BY xhk.[sid]

SELECT 语句后面带了四个字段，第一个是显示双音词，第二个显示双音词的左边第一字，第三个是显示词长，第四个引出 id 号，并改名为 zid。

WHERE 子句是限定查询的范围是双字词。

ORDER BY 子句是排序设定。

（2）查所有二字词的右边第二个字，将查询结果命名为 y1

SELECT [scimu], RIGHT ([scimu], 1) AS you1, LEN ([scimu]) AS cc, xhk.[sid] AS yid

FROM xhk

WHERE ((LEN([scimu]))=2)

ORDER BY xhk.sid

SELECT 语句后面带了四个字段，第一个是显示双音词，第二个显示双音词的右边第一个字，第三个是显示词长，第四个是 id 号，并改名为 yid。

WHERE 子句是限定查询的范围是双字词。

ORDER BY 子句是排序设定。

（3）将 y1 的“you1”与 z1 的“zuo1”合并，合并结果命名为 fxb（反序表）

SELECT y1.[you1] + z1.[z1] AS fxzh, y1.[yid] AS fid

FROM y1 INNER JOIN z1 ON y1.[yid] = z1.[zid]

SELECT 语句后面带了两个字段,第一个是 yi. you1 与 zi. zuo1 相加的新字段,命名为 fxzh。第二个是 yid。

INNER JOIN 语句是将 y1.[yid]与 z1.[zid]关联在一起。

(4) 将 fxb 与 xhk 进行关联查询,两边共现的即为反序词,将查询结果命名为 fxc(反序词)

SELECT fxb.[fxzh], fxb.[fid], xhk.[scimu], xhk.[sshiyi], [xhk.sid]

FROM fxb INNER JOIN xhk ON fxb.[fxzh] = xhk.[scimu];

SELECT 语句后面带了五个字段,前两个是 fxb 的 fxzh 和 fid,后三个是 xhk 的 scimu、sshiyi、sid。

INNER JOIN 语句是将 fxb. fxzh 与 xhk. scimu 关联在一起。

(三) 查三字以上词的中间部分

上面分析的是双音词,如果是 3 个及 3 个以上词素的词语要取得中间的字怎么办? 仍用 LEFT 与 RIGHT 就有不方便的地方。例如"按下葫芦浮起瓢"这条词,查左起 2 字显示的是"按下"。查左起 3 字显示的是"按下葫",这就达不到分解到中间每个字的目的了。这时就要用到另一个命令 MID。如要查左边第 2 个起的 1 个字,就要用下面的方法:

在选择查询界面操作方法如下:

| 字段 | [scimu] | z2:MID([scimu],2,1) |
|---|---|---|
| 表 | xhk | xhk |
| 条件 | | |

执行后显示如下：

| scimu | z2 |
|---|---|
| 按下葫芦浮起瓢 | 下 |
| 白云苍狗 | 云 |
| 白昼 | 昼 |

SQL 界面操作方法如下：

```
SELECT [scimu],MID([scimu],2,1) AS z2
FROM xhk
```

## 八、查同形词

这里讲的同形词是指字形完全相同，不管音与义是否相同的词，实际上是同形条目。xhk 对同形条目的分立有不少是意义联系较明显，但读音或用法上稍有差别的就分开了。因此同形条目之间的音义关系就很值得研究。其中有的是完全同音，如“大号：(1) 尊称他人的名字。(2)（～儿）较大的型号：～皮鞋。”与“大号：铜管乐器，装有四个或五个活塞。吹奏时声音低沉雄浑。”；有的是有轻重音差别，一般是轻音在后，如“霸道 bàdào”在前，“霸道 bà・dao”在后；有的是音素不同，按字母排列有的会隔得比较远，如“薄田 báotián”在 43 页，“薄田 bótián”在 98 页；“便宜 biànyí”在 80 页，“便宜 pián・yi”在 970 页。

查找同形词人工统计起来会相当困难。用下列方式可以很方便地求得：

（一）在选择查询界面下的操作方法

(1) 基本式：调入分组命令，查询以组的形式出现的词目

| 字段 | [scimu] |
|---|---|
| 表 | xhk |
| 总计 | 分组 |

调入 scimu 字段，点击菜单上的“∑”，查询设置区就会出现“总计”行，选择“分组”，执行后显示的就是“一组”词目。如果只有一个词目，那么一个词目就为一组，如果有几个词目，那么它们也为一组，只出现一条。执行后显示结果是 50330，即不重复的词目有 50330 条。

（2）变式 1：查询成组的词目，同时显示各组的个数

| 字段 | [scimu] | n：[scimu] |
|---|---|---|
| 表 | xhk | xhk |
| 总计 | 分组 | 计数 |

执行后显示如下表：

| scimu | n |
|---|---|
| 阿鼻地狱 | 1 |
| 阿飞 | 1 |
| 阿谀 | 1 |
| 爱好 | 2 |
| 包伙 | 2 |
| 霸道 | 2 |

（3）变式 2：查询一组词目，同时显示重复数在 1 以上的个数

| 字段 | [scimu] | N：[scimu] | [scimu] |
|---|---|---|---|
| 表 | xhk | xhk | |
| 总计 | 分组 | 计数 | 计数 |
| 显示 | √ | √ | |
| 条件 | | | >1 |

比变式1多选了一个字段，这个字段的作用是设置查询条件，“条件”栏设定的是“>1”，在“显示”栏选择“不显示”。执行后显示的是出现2次及2次以上的词语及其出现次数，如下表：

| scimu | n |
|---|---|
| 爱好 | 2 |
| 包伙 | 2 |
| 霸道 | 2 |
| 帮工 | 2 |
| 帮手 | 2 |
| 包伙 | 2 |

（二）在SQL界面下的操作方法

（1）基本式：调入分组命令，查询成组的词目

```
SELECT [scimu]
FROM xhk
GROUP BY ([scimu])
HAVING (COUNT([scimu])>0)
```

这里使用了GROUP BY和HAVING两个关键字，GROUP BY的功能是“分组”，后面是跟将计算成组的字段名；HAVING的功能是引出设定的条件，COUNT是计数命令。“>1”表示每组大于1的数，即重复数。执行后显示的是50330条词语。

在SQL界面下，要查询以组的形式出现，或称之为“唯一项”，还可以使用DISTINCT，如下：

```
SELECT DISTINCT ([scimu])
FROM xhk
```

DISTINCT 的使用效果与 GROUP BY ([scimu]) HAVING (COUNT([scimu])＞0)等值。不过后者在"＞"后有许多的变化,而前者只能查找"唯一项"。DISTINCT 在选择查询界面不能进行设置。

(2) 变式 1:查询成组的词目,同时显示各组的个数

```
SELECT [scimu],COUNT([scimu]) AS n
FROM xhk
GROUP BY ([scimu])
HAVING (COUNT([scimu])＞0)
```

与基本式相比,变式 1 只是在 SELECT 语句后多了显示个数的字段。

(3) 变式 2:查询成组的词目,同时显示重复数在 1 以上的个数

```
SELECT [scimu],COUNT([scimu]) AS n
FROM xhk
GROUP BY ([scimu])
HAVING (COUNT([scimu])＞1)
```

与变式 1 相比,变式 2 只是将最后一行的"＞0"改成了"＞1"。

分组命令是数据库中的一个基本功能,在词汇计量工作中有着广泛的适用范围。随着条件的变化,随着使用对象的不同,也会演变出许多的变化。

分组命令的一个很重要的作用就是生成词种表。如下面是按"词"的使用来切分的原始语料库:

| citiao | cixing |
|---|---|
| 我 | r |
| 的 | u |
| 同胞 | n |
| 也 | d |
| 有 | v |
| 在 | p |
| 中国 | LOC |
| 举办 | v |
| 一 | NUM |
| 次 | q |
| 出色 | a |
| 奥运会 | n |
| 的 | u |
| 强烈 | a |
| 渴望 | v |
| ， | w |
| 并 | c |
| 将 | p |
| 其 | r |
| 看作 | v |
| 是 | v |
| 对 | p |
| 奥林匹克 | n |
| 及其 | c |
| 历史 | n |
| 的 | u |
| 一 | NUM |
| 个 | q |
| 重大 | a |
| 贡献 | n |
| ， | w |
| 因此 | c |
| 我 | r |
| 衷心 | a |
| 地 | u |
| 希望 | v |
| 尊敬 | v |
| 的 | u |
| 奥委会 | n |
| 委员 | n |
| 们 | k |
| ， | w |
| 能 | v |
| 帮助 | v |
| 他们 | r |
| 实现 | v |
| 这 | r |
| 一 | NUM |
| 长期 | d |
| 期待 | v |
| 的 | u |
| 愿望 | n |
| 。 | w |

上面表格有词和符号 53 个，按词种数来算则是 44 个，其中有“，”“。”两个是标点符号。出现次数最多的词是“的”5 次，“一”3 次，“我”2 次。从词性来统计，动词“v”最多，11 次；名词“n”其次，8 次。这些功能都能用“分组”命令轻易地实现。

词语有重复出现的词语表，或像上面真实语料的分词表，在数据库的关联中只能充当“多”方，要对词语进一步加工时就需要从中抽取出词种表，所有的词语属性分析可以在词种表中进行。词种表在数据库的关系联结中可以充当“一”方。掌握了分组命令，就可以轻松地通过“分组”命令获得词种数，生成新的词种表。

## 思考与练习：

1. 统计第六章练习 2 表中的词语数、词长为 2 的词语数、多义词数。

2. 统计第六章练习 2 表中的每个词条释义使用的字数、字种数。

3. 查询第六章练习 2 表中的含“门”的同素词，找出“门”位于词首、词中、词尾各个位置的词语数。

4. 根据下面这段已经分词标注的语料文本统计出词种数、每种词语的个数及不同词长的词语数量。

据说/v ,/w 我/r 那/r 盲/a 母亲/n 当初/TIM 是/v 极/d 泼辣/a 的/u 。/w 在/p 我/r 被/p 捡/v 回/v 后/f ,/w 她/r 抱/v 着/u 我/r 处处/d 炫耀/v：“/w 我/r 丫头/n 多/d 可爱/a 呀/y,/w 多/d 漂亮/a,/w 肉滚滚/z 的/u,/w 嫩生生/z 的/u。”/w 有人/r 很/d 不/d 服气/v 地/u 反驳/v：“/w 我/r 说/v 大姨/n 呀/y,/w 你/r 捡/v 她/r 的/u 那天/r 我/r 就/d 想/v 说/v 了/y,/w 收养/v 姑娘/n 嘛/y, /w 也/d 该/v 挑/v 个/q 漂亮/a 点/NUM 的/u。/w 这/r 丫头/n,/w 黑不溜秋/z,/w 眉/n 不/d 是/v 眉/n,/w 眼/n 不/d 是/v 眼/n,/w 您/r 眼睛/n 看/v 不/d 见/v,/w 才/d 吃/v 了/u 这个/r 亏/v!”/w 我/r 母亲/n 听/v 着/u 便/d 翻/v 了/u 脸/n,/w 待/v 在/p 那/r 人/n 家/n,/w 足足/d 骂/v 了/u 半天/NUM 。/w 这些/r 都/d 是/v 别人/r 后来/TIM 对/p 我/r 说/v 的/u。/w 在/p 我/r 印象/n 中/f,/w 母亲/n 从未/d 这样/r 泼/a 过/u。/w 有人/r 说/v：“/w 为了/p 这个/r 丫头/n,/w 英姨/PER 改/v 好/a 了/y!”/w

# 第八章　如何计算表内数字性数据

第六、第七章介绍的主要是对字符性内容的统计与分析。本章介绍对字段内的数字内容进行运算。

这里使用的练习表是一份研究生入学考试名单,有各科考试成绩,还有专业的信息,是为了方便学习如何进行分类统计,设定条件的方法。须提醒的是进行数值运算的必须是数字类型。

| id | xingming | zhuanye | czhengzhi | cyingyu | czhuanye1 | czhuanye2 | fubishi | fukoushi | fuyingyu |
|---|---|---|---|---|---|---|---|---|---|
| 1 | 王小玲 | 汉语言文字学 | 62 | 69 | 94 | 116 | 48 | 78 | 80 |
| 2 | 吴敏 | 汉语言文字学 | 69 | 50 | 106 | 126 | 77 | 70 | 80 |
| 3 | 夏少峰 | 汉语言文字学 | 68 | 63 | 93 | 116 | 80 | 75 | 88 |
| 4 | 陈鸿耀 | 文艺学 | 72 | 69 | 117 | 114 | 88 | 80 | 82 |
| 5 | 冯卫峰 | 文艺学 | 68 | 50 | 104 | 113 | 78 | 65 | 74 |
| 6 | 高庆涛 | 文艺学 | 55 | 48 | 98 | 129 | 65 | 74 | 72 |
| 7 | 王宏 | 文艺学 | 68 | 55 | 116 | 140 | 82 | 73 | 68 |
| 8 | 钮洁飞 | 艺术学 | 74 | 53 | 105 | 116 | 73 | 84 | 83 |
| 9 | 周银娜 | 艺术学 | 73 | 79 | 94 | 93 | 74 | 89 | 84 |
| 10 | 高盈飞 | 语言学及应用语言学 | 73 | 80 | 111 | 121 | 66 | 88 | 90 |
| 11 | 何智 | 语言学及应用语言学 | 73 | 69 | 99 | 131 | 90 | 81 | 75 |
| 12 | 刘晓丹 | 语言学及应用语言学 | 49 | 65 | 116 | 115 | 70 | 76 | 70 |

（续表）

| id | xingming | zhuanye | czhengzhi | cyingyu | czhuanye1 | czhuanye2 | fubishi | fukoushi | fuyingyu |
|---|---|---|---|---|---|---|---|---|---|
| 13 | 邱瑛瑛 | 语言学及应用语言学 | 57 | 68 | 88 | 131 | 72 | 84 | 88 |
| 14 | 张少芳 | 语言学及应用语言学 | 65 | 73 | 94 | 118 | 65 | 78 | 74 |
| 15 | 谢欣 | 中国古代文学 | 68 | 71 | 131 | 135 | 77 | 62 | 80 |
| 16 | 徐新功 | 中国古代文学 | 71 | 64 | 97 | 117 | 83 | 80 | 84 |
| 17 | 张少英 | 中国古代文学 | 67 | 64 | 123 | 88 | 65 | 68 | 71 |
| 18 | 钟少英 | 中国古代文学 | 45 | 65 | 104 | 95 | 78 | 82 | 72 |
| 19 | 陈晓翠 | 中国现当代文学 | 53 | 73 | 96 | 112 | 77 | 65 | 73 |
| 20 | 钟少兰 | 中国现当代文学 | 67 | 68 | 109 | 118 | 62 | 78 | 76 |
| 21 | 祝莉莉 | 中国现当代文学 | 70 | 66 | 99 | 118 | 79 | 68 | 73 |

表内有9个字段，分别是考生姓名、报考专业以及初试政治、初试英语、初试专业1、初试专业2、复试笔试、复试口试、复试英语的成绩。

初试四科分别是100、100、150、150，满分是500分。复试满分是300分，各科分别是100、100、100。现要求将初试成绩与复试成绩折算成满分为100分的成绩，并由高到低排列。初试成绩占总成绩的50%，复试成绩占总成绩的50%。复试三科fubishi（复试笔试）、fukoushi（复试口试）、fuyingyu（复试英语）分别占复试成绩的50%、30%、20%。共录取8名，为6个专业的第一名，另外两名为两个专业中分数最高的第二名。

## 一、同一字段内的数字运算

同一字段的运算在上表指的是对一门考试科目中所有考生成

绩的计算。下面以 czhengzhi(初试政治)为例。

(一) 函数的运用

1. 选择查询界面下的操作方法:

(1) 求和:21 位考生的总分数

| | |
|---|---|
| 字段 | zongfen:[czhengzhi] |
| 表 | chengji |
| 总计 | 总计 |

在"字段"栏的第二列调入 czhengzhi 字段,并命名为"zongfen";在"表"栏写入 chengji;在"总计"栏选择"总计"。执行后显示:

| zongfen |
|---|
| 1367 |

即 21 位考生在政治初试中共得 1367 分。

(2) 最大数:21 位考生的最高分数

| | |
|---|---|
| 字段 | zuigaofen:[czhenghi] |
| 表 | chengji |
| 总计 | 最大值 |

在"字段"栏的第二列调入 czhengzhi 字段,并命名为"zuigaofen";在"总计"栏选择"最大值"。执行后显示:

| zuigaofen |
|---|
| 74 |

即 21 位考生在政治科的最高分是 74 分。

(3) 最小数:21 位考生的最低分数

| | |
|---|---|
| 字段 | zuidifen:[czhengzhi] |
| 表 | chengji |
| 总计 | 最小值 |

在“字段”栏的第二列调入 czhengzhi 字段，并命名为“zuidifen”；在“总计”栏选择“最小值”。执行后显示：

| zuidifen |
|---|
| 45 |

即 21 位考生在政治科的最低分是 45 分。

（4）个数：有多少位考生有考试成绩

| | |
|---|---|
| 字段 | youxiaofen:[zhengzhi] |
| 表 | chengji |
| 总计 | 计数 |

在“字段”栏的第二列调入 czhengzhi 字段，并命名为“youxiaofen”；在“总计”栏选择“计数”。执行后显示：

| youxiaofen |
|---|
| 21 |

即有 21 位考生有考试成绩。

（5）众数：相同分数有多少

| | | |
|---|---|---|
| 字段 | [czhengzhi] | n:[czhengzhi] |
| 表 | chengji | chengji |
| 总计 | 分组 | 计数 |
| 排序 | | 降序 |

在“字段”栏的第二列调入 czhengzhi 字段，在“总计”栏选择“分组”；在第三列再调入 czhengzhi 字段，并命名为“n”；在“总计”栏选择“计数”。执行后显示如下：

| zongfen | n |
|---|---|
| 68 | 4 |
| 73 | 3 |
| 67 | 2 |
| 74 | 1 |
| 72 | 1 |
| 71 | 1 |
| 70 | 1 |
| 69 | 1 |
| 65 | 1 |
| 62 | 1 |
| 57 | 1 |
| 55 | 1 |
| 53 | 1 |
| 49 | 1 |
| 45 | 1 |

即 68 分的 4 人，73 分的 3 人，67 分的 2 人，其他分数各 1 人。

(6) 平均数：所有考生的平均分

| 字段 | pingjunfen：[czhengzhi] |
|---|---|
| 表 | chengji |
| 总计 | 平均值 |

在“字段”栏的第二列调入 czhengzhi 字段，并命名为“pingjunfen”，在“总计”栏选择“平均值”。执行后显示如下：

| pingjunfen |
| --- |
| 65.095 |

把上面6项的统计结果分别录在下面的表中，即：

| 政治课 | 总分 | 最高分 | 最低分 | 有效分 | 相同分最高数 | 平均分 |
| --- | --- | --- | --- | --- | --- | --- |
| | 1367 | 74 | 45 | 21 | 4 | 65 |

如果把各分功课都作如此统计，对比之后就可从整体上对每位考生的得分率、排名分布作出准确的分析。

2. SQL界面下的操作方法：

(1) 求和：21位考生的总分数

```
SELECT SUM([czhengzhi]) AS zongfen
FROM chengji
```

执行后显示总分为1367。

(2) 最大数：21位考生的最高分数

```
SELECT MAX([czhengzhi]) AS zuigaofen
FROM chengji
```

执行后显示最高分为74。

(3) 最小数：21位考生的最低分数

```
SELECT MIN([czhengzhi]) AS zuidifen
FROM chengji
```

执行后显示高低分为45。

(4) 个数：多少位考生有成绩

```
SELECT COUNT([czhengzhi]) AS youxiaofen
FROM chengji
```

执行后显示有效分为21。

(5) 众数:相同分数有多少

```
SELECT [czhengzhi],COUNT([czhengzhi]) AS n
FROM chengji
GROUP BY([czhengzhi])
HAVING COUNT([czhengzhi])>0
```

执行后显示相同分最多的是 68 分,有 4 人。

(6) 平均数:21 位考生的平均分

```
SELECT AVG([czhengzhi]) AS pingjunfen
FROM chengji
```

执行后显示平均分为 65 分。

(二) 限定范围的运算

上面是对整个字段即政治一门课中所有考生得分情况的计算。还可以对一定范围内的得分情况来进行计算。对范围限定可以是对其他字段的条件设定,如对某一专业考生的选择,或是对其他课程某些分数段范围的选择,也可以是对本字段的设定,如某些分数段范围内的计算。下面以对专业选择与政治课内分数段的选择为例,具体如下:

1. 选择查询界面下的操作方法

(1) 对专业范围的选择

求"语言学及应用语言学"专业考生的平均分。

| 字段 | pingjunfen:[czhengzhi] | zhuanye |
|---|---|---|
| 表 | chengji | chengji |
| 总计 | 平均值 | 条件 |
| 显示 | √ | |
| 条件 | | 语言学及应用语言学 |

需要注意的是，设定条件的字段在“显示”栏要取消。执行后显示如下：

| pingjunfen |
|---|
| 63.4 |

（2）对数字范围的选择

选择政治科范围内60分以上考生的平均分。

| 字段 | pingjunfen:[czhengzhi] | czhengzhi |
|---|---|---|
| 表 | chengji | chengji |
| 总计 | 平均值 | 表达式 |
| 显示 | √ | |
| 条件 | | >60 |

在上面的选择中，值得注意的是第3列调入的czhengzhi字段，这是作条件设定用的。在它下面有三个设定：一是“总计”栏选择“表达式”，二是“显示”栏选择不显示，三是“条件”栏设定“>60”。执行后显示如下：

| pingjunfen |
|---|
| 69.25 |

2. SQL界面下的操作方法

（1）对专业范围的选择

求“语言学及应用语言学”专业考生的平均分。

```
SELECT AVG([czhengzhi]) AS pingjunfen
FROM chengji
WHERE ([zhuanye]) LIKE “语言学及应用语言学”
```

执行后显示分数为63.4。

(2) 对数字范围的选择

选择政治课60分以上考生的平均分。

```
SELECT AVG([czhengzhi]) AS pingjunfen
FROM chengji
WHERE (czhengzhi)>60
```

执行后显示分数为69.25。

## 二、同一记录内的数字运算

同一记录的运算在上述练习表是指对一位考生各门考试科目成绩的计算。下面来统计每位考生的考试成绩。计分方法见本章开头。

(一) 函数的运用

1. 选择查询界面下的操作方法

(1) 初试成绩的计算

初试科目有四门,总分为500分。

| 字段 | id | xingming | chushifen:(([czhengzhi]+[cyingyu]+[czhuanye1]+[czhuanye2])) |
|---|---|---|---|
| 表 | chengji | chengji | chengji |
| 排序 | | | 降序 |

在"字段"栏先调入id和xingming两个字段。在第三列将初试四个科目的成绩相加,满分为500分。保存后命名为cscj(初试成绩)。执行后显示如下:

| id | xingming | chushifen |
|---|---|---|
| 15 | 谢欣 | 405 |
| 10 | 高盈飞 | 385 |
| 7 | 王宏 | 379 |
| 4 | 陈鸿耀 | 372 |
| 11 | 何智 | 372 |
| 20 | 钟少兰 | 362 |
| 21 | 祝莉莉 | 353 |
| 2 | 吴敏 | 351 |
| 14 | 张少芳 | 350 |
| 16 | 徐新功 | 349 |
| 8 | 钮洁飞 | 348 |
| 12 | 刘晓丹 | 345 |
| 13 | 邱瑛瑛 | 344 |
| 17 | 张少英 | 342 |
| 1 | 王小玲 | 341 |
| 3 | 夏少峰 | 340 |
| 9 | 周银娜 | 339 |
| 5 | 冯卫峰 | 335 |
| 19 | 陈晓翠 | 334 |
| 6 | 高庆涛 | 330 |
| 18 | 钟少英 | 309 |

(2) 复试成绩的计算

复试科目有三门，满分为 100 分，复试各科在复试成绩中占的比重不一样。笔试占 50%，口试占 30%，英语占 20%。

| 字段 | id | xingming | fushifen:([fubishi] * 0.5 +[fukoushi] * 0.3 + [fuyingyu] * 0.2) |
|---|---|---|---|
| 表 | Chengji | Chengji | Chengji |
| | | | 降序 |

在“字段”栏先调入 id 和 xingming 两个字段。在第三列将三个复试科目的 fubishi、fukoushi、fuyingyu 分别乘以权重再相加，得到的是简化后的一门课成绩。字段命名为 fushifen，分数按降序排列。保存后命名为 fscj(复试成绩)。执行后显示如下：

| id | xingming | fushifen |
|---|---|---|
| 4 | 陈鸿耀 | 84.4 |
| 11 | 何智 | 84.3 |
| 16 | 徐新功 | 82.3 |
| 9 | 周银娜 | 80.5 |
| 3 | 夏少峰 | 80.1 |
| 13 | 邱瑛瑛 | 78.8 |
| 8 | 钮洁飞 | 78.3 |
| 18 | 钟少英 | 78 |
| 10 | 高盈飞 | 77.4 |
| 7 | 王宏 | 76.5 |
| 2 | 吴敏 | 75.5 |
| 21 | 祝莉莉 | 74.5 |
| 5 | 冯卫峰 | 73.3 |
| 15 | 谢欣 | 73.1 |
| 19 | 陈晓翠 | 72.6 |
| 12 | 刘晓丹 | 71.8 |
| 14 | 张少芳 | 70.7 |
| 20 | 钟少兰 | 69.6 |
| 6 | 高庆涛 | 69.1 |
| 17 | 张少英 | 67.1 |
| 1 | 王小玲 | 63.4 |

（3）总成绩的计算

总成绩满分是100分，初试成绩与复试分数在总成绩中各占50%。点击选择查询后，在查询区域调入“初试成绩”与“复试成绩”，将两表的id字段关联，设定如下：

| 字段 | id | xingming | zongfen：((cscj.[chushifen]/5)＊0.5)＋(fscj.[fushifen] ＊ 0.5) | chushifen | fushifen |
|---|---|---|---|---|---|
| 表 | cscj | cscj | cscj | cscj | cscj |
| 排序 | | | 降序 | | |

将初试成绩除以5，是为了将初试成绩作为一门成绩来计算，再乘以0.5，是计算其在总成绩中的比重。复试成绩乘以0.5，是计算其在总成绩中的比重。二者相加，即为该考生的总成绩。按总分降序排列。保存后命名为zcj。按执行后显示如下：

| id | xingming | zongfen | chushifen | fushifen |
|---|---|---|---|---|
| 4 | 陈鸿耀 | 79.4 | 372 | 84.4 |
| 11 | 何智 | 79.35 | 372 | 84.3 |
| 16 | 徐新功 | 76.05 | 349 | 82.3 |
| 9 | 周银娜 | 74.15 | 339 | 80.5 |
| 3 | 夏少峰 | 74.05 | 340 | 80.1 |
| 13 | 邱瑛瑛 | 73.8 | 344 | 78.8 |
| 8 | 钮洁飞 | 73.95 | 348 | 78.3 |
| 18 | 钟少英 | 69.9 | 309 | 78 |
| 10 | 高盈飞 | 77.2 | 385 | 77.4 |
| 7 | 王宏 | 76.15 | 379 | 76.5 |
| 2 | 吴敏 | 72.85 | 351 | 75.5 |

（续表）

| id | xingming | zongfen | chushifen | fushifen |
|---|---|---|---|---|
| 21 | 祝莉莉 | 72.55 | 353 | 74.5 |
| 5 | 冯卫峰 | 70.15 | 335 | 73.3 |
| 15 | 谢欣 | 77.05 | 405 | 73.1 |
| 19 | 陈晓翠 | 69.7 | 334 | 72.6 |
| 12 | 刘晓丹 | 70.4 | 345 | 71.8 |
| 14 | 张少芳 | 70.35 | 350 | 70.7 |
| 20 | 钟少兰 | 71 | 362 | 69.6 |
| 6 | 高庆涛 | 67.55 | 330 | 69.1 |
| 17 | 张少英 | 67.75 | 342 | 67.1 |
| 1 | 王小玲 | 65.8 | 341 | 63.4 |

2. SQL 界面下的操作方法

(1) 初试成绩的计算

SELECT [id], [xingming], ([czhengzhi]+[cyingyu]+[czhuanye1]+[czhuanye2]) AS chushifen INTO cscj

FROM chengji;

ORDER BY ([czhengzhi]+[cyingyu]+[czhuanye1]+[czhuanye2]) DESC

在 SELECT 语句后将四门初试科目的成绩相加，命名为 chushifen。

(2) 复试成绩的计算

SELECT id, xingming, ([fubishi]*0.5+[fukoushi]*0.3+[fuyingyu]*0.2) AS fushifen INTO fscj

FROM chengji;

ORDER BY

([chengji].[fubishi] * 0.5+[chengji].[fukoushi] * 0.3+[chengji].[fuyingyu] * 0.2) DESC

在 SELECT 语句将后三门复试科目分别乘以权重,将结果相加,命名为 fushifen。

(3) 总成绩的计算

SELECT ((cscj.[id], cscj.[xingming], cscj.[chushifen]/5) * 0.5) + fscj.[fushifen] * 0.5) AS zongfen, cscj.[chushifen], fscj.[fushifen]

FROM cscj INNER JOIN fscj ON cscj.[id] = fscj.[id]

ORDER BY ((cscj.[chushifen]/5) * 0.5)+((fscj.[fushifen] * 0.5)) DESC;

在 SELECT 语句将初试成绩除以 5,是为了简化为一门课的成绩,再乘以 0.5,以求得其在总成绩中的比重。复试成绩乘以 0.5 以求得其在总成绩中的比重。相加即为总成绩。在 FROM 后运用了 INNOR JOIN……ON……命令,是将初试成绩与复试成绩关联。结果命名为 zcj 后保存。

(二) 限定范围的运算

由于 zcj 中没有考生的专业信息,这就需要将 zcj 与 chengji 关联。

1. 选择查询界面下的操作方法

(1) 录取方法规定本次共录取 8 名考生,共有 6 个专业,录取每个专业的第一名,另分专业录取分数最高的前两名:

在选择查询点击新建,调入 zcj 与 chengji,通过两表的 id 字段发生关联。作如下设定:

| 字段 | id | xingming | zhuanye | zongfen |
|---|---|---|---|---|
| 表 | chengji | chengji | chengji | zcj |
| 排序 | | | 降序 | 降序 |

执行后显示如下：

| id | xingming | zhuanye | zongfen |
|---|---|---|---|
| 21 | 祝莉莉 | 中国现当代文学 | 72.55 |
| 20 | 钟少兰 | 中国现当代文学 | 71 |
| 19 | 陈晓翠 | 中国现当代文学 | 69.7 |
| 15 | 谢欣 | 中国古代文学 | 77.05 |
| 16 | 徐新功 | 中国古代文学 | 76.05 |
| 18 | 钟少英 | 中国古代文学 | 69.9 |
| 17 | 张少英 | 中国古代文学 | 67.75 |
| 11 | 何智 | 语言学及应用语言学 | 79.35 |
| 10 | 高盈飞 | 语言学及应用语言学 | 77.2 |
| 13 | 邱瑛瑛 | 语言学及应用语言学 | 73.8 |
| 12 | 刘晓丹 | 语言学及应用语言学 | 70.4 |
| 14 | 张少芳 | 语言学及应用语言学 | 70.35 |
| 9 | 周银娜 | 艺术学 | 74.15 |
| 8 | 钮洁飞 | 艺术学 | 73.95 |
| 4 | 陈鸿耀 | 文艺学 | 79.4 |
| 7 | 王宏 | 文艺学 | 76.15 |
| 5 | 冯卫峰 | 文艺学 | 70.15 |
| 6 | 高庆涛 | 文艺学 | 67.55 |
| 3 | 夏少峰 | 汉语言文字学 | 74.05 |
| 2 | 吴敏 | 汉语言文字学 | 72.85 |
| 1 | 王小玲 | 汉语言文字学 | 65.8 |

根据上表可以确定录取名单为6个专业的第一名：祝莉莉、谢欣、何智、周银娜、陈鸿耀、夏少峰，另录取两个专业分数最高的第二名为：高盈飞、徐新功。

（2）按总分由高到低录取前8名：假如完全是按总成绩由高到低录取前8名，其操作方法如下。在选择查询界面的菜单"上限值"中输入8：

| 字段 | id | xingming | zhuanye | zongfen |
|---|---|---|---|---|
| 表 | chengji | chengji | chengji | zcj |
| 排序 | | | | 降序 |

执行后显示如下：

| id | xingming | zhuanye | zongfen |
|---|---|---|---|
| 4 | 陈鸿耀 | 文艺学 | 79.4 |
| 11 | 何智 | 语言学及应用语言学 | 79.35 |
| 10 | 高盈飞 | 语言学及应用语言学 | 77.2 |
| 15 | 谢欣 | 中国古代文学 | 77.05 |
| 7 | 王宏 | 文艺学 | 76.15 |
| 16 | 徐新功 | 中国古代文学 | 76.05 |
| 9 | 周银娜 | 艺术学 | 74.15 |
| 3 | 夏少峰 | 汉语言文字学 | 74.05 |

这种方法与前一种方法录取的结果有7人相同，只有一名有出入。

2. SQL界面下的操作方法

（1）分专业录取6个专业的第一名，另分专业录取分数最高的前两名。

SELECT zcj.[id], zcj.[xingming], chengji.[zhuanye],

zcj.[zongfen]

FROM zcj INNER JOIN chengji ON zcj.[id] = chengji.[id]

ORDER BY chengji.zhuanye，zcj.zongfen DESC；

在 ORDER BY 后面的排序字段，要先排 zhuanye，再排 zongfen。

(2) 按总分由高到低录取前 8 名

SELECT TOP 8 zcj.[id]，zcj.[xingming]，chengji.[zhuanye]，zcj.[zongfen]

FROM zcj INNER JOIN chengji ON zcj.[id] = chengji.[id]

ORDER BY zcj.zongfen DESC；

在 ORDER BY 后面的排序字段是 zongfen。

## 思考与练习：

1. 建立一个班的成绩表，包括姓名、性别、课程名称、该课分数。统计它的最高分、最低分、平均分、相同分数、百分数排位数。

2. 分别统计男生与女生的平均分。

3. 统计各专业的平均分、最高分、最低分，并按平均分降序排列。

# 第九章　词语库内容的导入与导出

为了充分发挥数据库的作用，经常需要把其他格式的文件导入到数据库里，也经常需要把表里的东西导出到其他格式的文件处理。本章介绍在词语库导入与导出中的操作需要注意的地方。

## 一、导入到词语库

从其他文件导入内容是数据库建库与补充资料的一种重要途径。最方便导入的是数据库文件如.mdb文件、.dBASE文件，或是电子表格文件，如.xls文件。也可以是达到行与列要求的其他文件，如.txt文件。Word文件则需要经过一定的处理，转换成.txt文件或.xls文件才能被Access所接受。

（一）如何从表格文件中导入语料

表格式文件是最方便于导入到Access文件的。

1. 从Access文件中导入

操作方法如下：

1）进入“表”的窗口，点击鼠标右键，按“导入”；

2）在“文件类型”栏选择拟导入文件的类型，默认是Microsoft Office Access；

3）选择要导入的对象，可在“表”、“查询”、“窗体”、“报表”等栏目中选择，一般是“表”导入为表，“窗体”导入为窗体；

4）导入“查询”时，既可以选择导入为查询，也可以选择导入为表，这样可以很方便地把在其他表中已经完成了的特定查询通过导入的方式来形成新表；

5）导入表时，可在“选项”框“定义与数据”与“只导入定义”中进行选择。前者是将整个对象原样导入，后者是只导入表的结构而没有内容。

2. 从 Excel 文件中导入

1）点击鼠标右键，按“导入”；

2）在“文件类型”下选择 Microsoft Excel；

3）在“显示工作表”栏选择拟导入的表名；

4）提示要不要选“第一行包含标题”；

5）选择是保存在“新表”，还是“现有的表中”，一般选择前者；

6）显示拟导入表的字段，可选择“有重复索引”和“无重复索引”，也可对字段名进行修改；

7）会出现三个选项：“让 Access 添加主键”、“我自己选择主键”、“不要主键”，默认是第一项；

8）给表起名。默认是“sheet1”。

从 Excel 导入文件时要看原文件是否完全按“行”“列”排列。按“行”“列”排列的才能保证导入的语料符合数据库要求。Excel 主要是用来计算的，数据区域与计算区域可以同处一张表，可以对表中任何一个矩形区域进行计算。因此，不是将任何工作表中的任何内容都原样导入就行的，必须加以改造使之形成行记录与字段信息的“行”“列”关系才能使导入到数据库的内容是有效的。

（二）如何把文本文件的语料导入形成行与列的关系

文本文件是存放字符最自由的格式，文字符号一般都是随文书写，以句、段、篇的形式存在。要让这样的文本内容转换成数据库格式,达到入“行”入“列”的要求,就需要进行一定的整理。数据库提供了许多方便于分“行”、分“列”的操作。简单地说数据库的一“行”相当于文本文件的一“段”,后面有“回车”的段;数据库的一“列”,相当于文本文件的一个“片段”,把片段隔开的可以是制表符、空格,或“、”“,”“;”,甚至还可以是其他的符号,如“/”等。之所以系统安排这么多可选项,就是为了方便把文本改造成符合数据库要求的“行”与“列”。可以说,选什么符号不是最重要,最重要的是要选用“统一”的符号,否则文本导入到数据库中,“行”“列”的排列就不整齐,给后期的整理带来很大的麻烦,有时甚至会失去数据库的作用。

1. 导入已有分词标注的文本文件

下面有一个文本文件,文件名为 xiangjian1. txt,里面的内容已经过分词标注,如下文:

相见/v ,/w 仅仅/d 四/m 次/q …/w …/w “/w 一见钟情/i”/w 给/p 我/r 留下/v 了/u 难以启齿/i 的/u 经历/n ,/w 我/r 的/u 血肉之躯/i 已/d 被/p 冷冷/a 的/u 记忆/n 包围/v ,/w 我/r 的/u 心灵/n 留下/v 了/u 一/m 个/q 连/v 一/m 个/q 的/u 自责/v 。/w 我/r 一千/m 遍/q 地/u 自问/v :/w 到/v 哪里/r 寻觅/v 从前/n 的/u 我/r ? /w 那是/v 去年/nt 初冬/nt 时节/n ,/w 我/r 从/p 外省/n 回到/v 了/u 故乡/n ,/w 探望/v 重病/n 的/u 父亲/n 。/w 回家/v 的/u 第二/m 天/n ,/w 我/r 外出/v 替/v 父亲/n 办/v 一/m 件/q 公事/n 。/w 傍晚/nt 时分/nt ,/w 发现/v 回家/v 的/u 公共汽车/n 停/v 开/v 了/u 。/w 我/r 拦截/v 了/u 一/m 辆/q 货车/n ,/w 但/c 司机/n 说/v 他/r 是/vl 当地人/n ,/w 今晚/nt 不再/d 往/p 外/nd 出/v 车/n 。/w 没办法/v ,/w 我/r 只好/d

再/d 站在/v 路旁/nl ,/w 等/v 其他/r 的/u 过路/v 车/n 。

现要将它导入数据库中。可以在现有的文件中实施最基本的整理工作。原文在分词单位之间都有一个空格,可以利用这个空格把所有的分词单位切换成“行”,以便把一个“词”导入一“行”。操作步骤如下:

1）用 Word 文件方式打开(这是为了使用它带有的一些特殊功能);

2）进入菜单→编辑→替换,或 Ctrl＋H,进入替换界面;

3）替换界面的“查找内容”框输入空格,在“替换为”框输入“^p”,按“确定”.“^p”是“回车”命令,可以实现分段的目的;

文本呈现按词分行的分布:

相见/v

,/w

仅仅/d

四/m

次/q

…/w

…/w

“/w

一见钟情/i

”/w

4）另存为.txt 文件,命名为 xiangjian2.txt;

5）打开 Access 文件“表”的界面,点击鼠标右键,选择“导入”;

6）在“文件类型”中选择“文本文件”,点击拟导入的文件 xiangjian2.txt;

7）选择“带分隔符”；

8）在“请选择字段分隔符”下的“其他”栏键入“/”；

9）选保存于“新表”；

10）把字段 1 命名为“ci”，字段 2 命名为“cixing”；

11）选择“让 Access 添加主键”；

12）把新表命名为“xiangjian2”。

把“xiangjian2”表打开，显示如下：

**xiangjian2**

| id | ci | cixing |
|---|---|---|
| 1 | 相见 | v |
| 2 | ， | w |
| 3 | 仅仅 | d |
| 4 | 四 | m |
| 5 | 次 | q |
| 6 | … | w |
| 7 | … | w |
| 8 | | |
| 9 | “ | w |
| 10 | 一见钟情 | i |
| 11 | ” | w |

在数据库中每一个词，每一个标点，每一个空格都是独占一行。这时可略作整理，标点符号可加以保留，使词语之间保留较好的可读性；空行可以删除。删除功能须在进入“查询”后实行。删除空行的命令表达式为：

```
DELETE *
FROM xiangjian2
WHERE([ci])NOT LIKE " * "
```

DELETE 语句后使用了星号“ * ”,表示所有的行。这里没有列出字段名,因为对删除来说字段名列出来是无意义的,删除是以“行”为对象,一旦删除了行,属于该行的所有字段都会被删除。

FROM 语句后是删除对象。

WHERE 语句设定了删除条件。这里的设定意思为:没有任何内容的空行。如果写成:LIKE “ * ”,那删除的是所有行。如果没有 WHERE 子句,不加任何设定,删除的是整个表。删除整个表的表达式是这样:

DELETE

FROM <表名>

使用 DELETE 关键字时要十分小心,它的操作是不可逆的。一旦操作失误,所有的内容将不复存在。

2. 导入按句分行的文本文件

如果 xiangjian 小说没有经过分词标注,原文为以下格式:

相见,仅仅四次……

“一见钟情”给我留下了难以启齿的经历,我的血肉之躯已被冷冷的记忆包围,我的心灵留下了一个连一个的自责。我一千遍地自问:到哪里寻觅从前的我?

那是去年初冬时节,我从外省回到了故乡,探望重病的父亲。回家的第二天,我外出替父亲办一件公事。傍晚时分,发现回家的公共汽车停开了。我拦截了一辆货车,但司机说他是当地人,今晚不再往外出车。没办法,我只好再站在路旁,等其他的过路车。

当希望以一句为一行的形式导入数据库时,在没有专门切分软件或编程来处理的情况下,也可通过 Word 自带的一些功能键来完成对“句”的划分:

1）用 Word 格式找开 xiangjian. txt，或把它复制到 Word 文件；

2）进入菜单→编辑→替换，或 Ctrl＋H，进入替换界面；

3）替换界面的“查找内容”框依次输入句末符号，句末符号有“。”“？”“！”等，再依次在“替换为”框输入“。^p”“？^p”“！^p”。这样就能在每一个句末符号后将句子分成“段”；

4）另存为 juzi. txt；

5）在 Access 文件“表”的界面，点击鼠标右键，选择“导入”；

6）在“文件类型”中选择“文本文件”，点击拟导入的文件 juzi. txt；

7）选择“固定宽度”；

8）在“带箭头的线表示字段的分隔处”不作选择；

9）选保存于“新表”；

10）把字段 1 命名为“juzi”；

11）选“让 Access 添加主键”；

12）把新表命名为“juzi2”。

把“juzi2”表打开，显示如下：

| id | juzi |
|---|---|
| 1 | 相见，仅仅四次…… |
| 2 | “一见钟情”给我留下了难以启齿的经历，我的血肉之躯已被冷冷的记忆包围，我的心灵留下了一个连一个的自责。 |
| 3 | 我一千遍地自问：到哪里寻觅从前的我？ |
| 4 | 那是去年初冬时节，我从外省回到了故乡，探望重病的父亲。 |
| 5 | 回家的第二天，我外出替父亲办一件公事。 |
| 6 | 傍晚时分，发现回家的公共汽车停开了。 |
| 7 | 我拦截了一辆货车，但司机说他是当地人，今晚不再往外出车。 |
| 8 | 没办法，我只好再站在路旁，等其他的过路车。 |

第2、4个句子前面有空格，可在选择查询界面用"LTRIM"删去左边空格，使所有的句子左对齐。

如果想把一个个分句放在不同的字段里，中间则要增加统一划分句内成分的步骤，操作方法如下：

1）用Word格式找开xiangjian.txt；

2）进入菜单→编辑→替换，或Ctrl＋H，进入替换界面；

3）在替换界面的"查找内容"框依次输入句中符号，句中符号有"，""；"等，再依次在"替换为"框输入"，/""、/""；/"。目的是在现有的句子符号之后增加一个统一的识别符号。"/"是可选项，只要是符合数据库划分字段要求的符号就可以；

4）在替换界面的"查找内容"框依次输入句末符号，句末符号有"。"、"？"、"！"等，再依次在"替换为"框输入"。^p"、"？^p"、"！^p"。这样就能在每一个句末符号后将句子分成"段"；

5）另存为juzi.txt；

6）在Access文件"表"的界面，点击鼠标右键，选择"导入"；

7）在"文件类型"中选择"文本文件"，点击拟导入的文件juzi.txt；

8）选择"带分隔符"；

9）在"请选择字段分隔符"下选择"其他"，键入"/"；

10）选保存于"新表"；

11）把字段1命名为"fenju1"，把字段2命名为"fenju2"，把字段3命名为"fenju3"；

12）选"让Access添加主键"；

13）把新表命名为"juzi3"。

把"juzi3"表打开，显示如下：

| id | fenju1 | fenju2 | fenju3 |
|---|---|---|---|
| 1 | 相见 | 仅仅四次…… | |
| 2 | 　“一见钟情”给我留下了难以启齿的经历， | 我的血肉之躯已被冷冷的记忆包围， | 我的心灵留下了一个连一个的自责。 |
| 3 | 我一千遍地自问：到哪里寻觅从前的我？ | | |
| 4 | 　那是去年初冬时节， | 我从外省回到了故乡， | 探望重病的父亲。 |
| 5 | 回家的第二天， | 我外出替父亲办一件公事。 | |
| 6 | 傍晚时分， | 发现回家的公共汽车停开了。 | |
| 7 | 我拦截了一辆货车， | 但司机说他是当地人， | 今晚不再往外出车。 |
| 8 | 没办法， | 我只好再站在路旁， | 等其他的过路车。 |

第2、4个句子的第一个分句前面有空格，可在选择查询界面用“LTRIM”命令删去左边空格，使所有的句子左对齐。

3. 导入词语频率表

如果有专门的统计软件，可以直接从已经经过分词标注了的文本文件提取词表，并统计其频率与累加频率等信息。生成的文件一般都是文本文件，直接导入就成了词语表或词语频率表。下面是导入词语频率表的过程。这个过程与前面两个过程一样，只是在选择字段分隔符时选择的是“固定长度”项。

下表是对1995年全年“人民日报”分词标注后的词频统计表cipinbiao：

啊/e　　63　　0.001%

啊/y　　415　　0.007%

| | | |
|---|---|---|
| 啊呀/e | 1 | 0.000% |
| 阿/h | 34 | 0.001% |
| 阿/j | 129 | 0.002% |
| 阿·格姆伯斯/nr | 1 | 0.000% |
| 阿·拉赫曼诺夫/nr | 1 | 0.000% |

共有四栏,分别是“词”、“词性”、“词频”、“频率”。它已经是分行排列,只是每个字段的宽度不一,但有一个特点,字段与字段之间都有可整齐画线的地方。在第二至第三个字段中间有足够的空间,第三个字段结尾处整齐,因此可采用“固定宽度”的分隔字段方法。至于“词”与“词性”之间的分隔,因为之间有“/”也容易分开,这可放在第二步来做。这点在第六章第七部分已经作了介绍。

原 cipinbiao 表是按音序排列,所以“啊”排在最前面。导入数据库后按词的频次由高到低排列,显示如下表:

| id | ciyu | cipin | pinlv |
|---|---|---|---|
| 15040 | 的/u | 352664 | 5.973% |
| 45423 | 了/u | 65652 | 1.112% |
| 90418 | 在/p | 62675 | 1.062% |
| 65551 | 是/v | 58604 | 0.993% |
| 28589 | 和/c | 52938 | 0.897% |
| 84050 | 一/m | 49944 | 0.846% |
| 94227 | 中国/ns | 29669 | 0.503% |
| 24102 | 个/q | 28535 | 0.483% |
| 6171 | 不/d | 27976 | 0.474% |
| 92012 | 这/r | 22081 | 0.374% |
| 94117 | 中/f | 21708 | 0.368% |
| 69388 | 他/r | 21632 | 0.366% |
| 19415 | 发展/v | 19550 | 0.331% |

（三）如何从 Word 文件中导入语料

Word 文件与 Access 不兼容，不能直接被导入数据库。因此 Word 文件的内容要拷到文本文件才行。这样文本文件实际上就成了 Word 进入 Access 的重要平台。不仅文本文件对 Word 重要，反过来，Word 格式对文本文件也很重要，因为它带有很多特殊的功能，有助于整理语料格式，以达到方便被导入数据库的目的。像前文说到的将"相见/v ，/w 仅仅/d 四/m 次/q"分成一个词一行，就是在 Word 中完成的。而这项功能在文本文件中实现不了，因"^p"在文本文件中是这两个符号本身，没有被定义为回车分段的功能，替换功能执行后空格处都变成了"^""p"两个符号。因此，在语料量不是特别大时都可以通过 Word 来作简单处理，如定距切分、句末切分、句中切分等。如上文所作的按句分段即是。

如果 Word 中有表格的话，按下面的方法处理也很方便。就是将表格单独拷到文本文件，所有的格式都消除掉了。把 cipinbiao 粘贴在文本文件就成了下面的样子：

| id | ciyu | cipin | pinlv |
|---|---|---|---|
| 15040 | 的/u | 352664 | 5.973% |
| 45423 | 了/u | 65652 | 1.112% |
| 90418 | 在/p | 62675 | 1.062% |
| 65551 | 是/v | 58604 | 0.993% |
| 28589 | 和/c | 52938 | 0.897% |
| 84050 | 一/m | 49944 | 0.846% |
| 94227 | 中国/ns | 29669 | 0.503% |
| 24102 | 个/q | 28535 | 0.483% |
| 6171 | 不/d | 27976 | 0.474% |

| | | | |
|---|---|---|---|
| 92012 | 这/r | 22081 | 0.374% |
| 94117 | 中/f | 21708 | 0.368% |
| 69388 | 他/r | 21632 | 0.366% |
| 19415 | 发展/v | 19550 | 0.331% |

看上去这里的表格没有了，但在导入到 Access 时，只要选用“带分隔符”→“制表符”，仍会自动转为行、列格式，恢复原表格模样。

要注意的是，把 Word 的表格通过文本文件转入数据库时，应将表格单独粘贴，不要与文字叙述语言混在一起，否则 Access 是辨认不出表格格式的。

（四）如何为语料选择合适的字段格式

从文本格式导入语料时，还有一项工作值得重视，即为字段选择合适的格式。当进入“带分隔符”与“固定宽度”选项的界面，左下方有一个“高级”选项栏，点击后会出现下图：

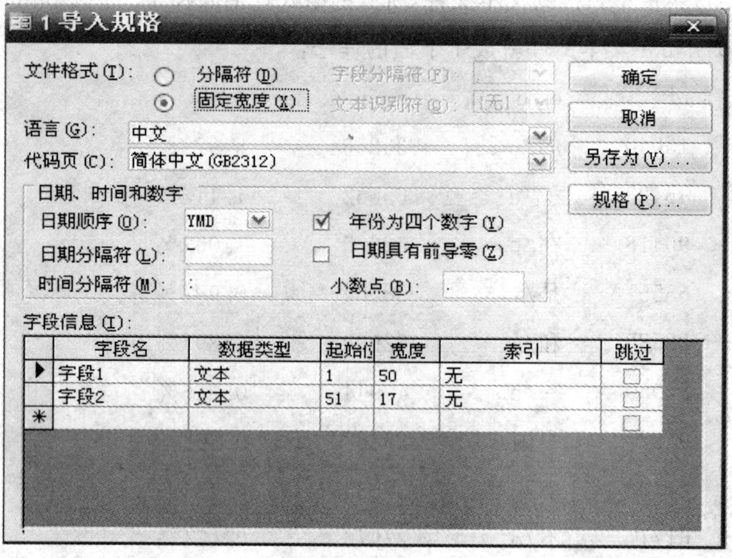

这个界面由上到下为“语言”、“代码页”、“日期、时间和数字”、“字段信息”、“字段名”、“数据类型”、“起始位置”、“宽度”、“索引”、“跳过”等选项。这些选项各有各的作用，一般情况下可以不作选择，系统会采取默认值。但有时也有发生误差而导致语料丢失，其中最值得重视的就是“数据类型”。如果一个字段中既有数字又有字符，就应该选“文本”，因为“文本”兼容数字，不会导致数字被删。如果选择了“数字”，字符则会全部被自动删除。

还有一个就是“起始位置”。这里讨论的是字段容纳内容的长度。像上图，字段 1 是 1—50 个字节，字段 2 就是 51 起再算 17 个字节。如果有字段 3，有 20 个字节，那么它的宽度就是 68 至 88。当一个字段内的字符长短不一，或是大部分是短的，个别是长的，为了不致长的字符被截短，应该将字段长度设置长一点。文本类型最长是 255 个字符。

若从 Excel 导入语料时，则没有这项选择，它一般是按原表前面若干行的内容来默认。当一个字段内有不同类型的信息时，位于后面的异类型者很可能会丢失。例如要把下面的 Excel 表导入数据库：

| id | ciyu | cipin | pinlv |
|---|---|---|---|
| 15040 | 的/u | 352664 | 5.973% |
| 45423 | 了/u | 65652 | 1.112% |
| 90418 | 在/p | 62675 | 1.062% |

系统会根据字段内容自动给“id”字段选择数字类型，给“ciyu”选择文本内容，给“cipin”选择数字类型。如果在第 100 行处的“cipin”字段内出现了文字符号，由于字段的数据类型是数字，里面的文字符号会被自动删除。对这种删除系统会作提示，删除信息会保留

在另一个表中。

## 二、从词语库导出

(一) 导出的渠道和手段

要把词语库内的语料导出,可选择的方式有"备份数据库"、"导出"、"粘贴"三种。

1. 备份数据库

备份数据库就是复制一份和原库一模一样的库。这种复制会在生成新库时自动在文件名后增添上当天日期。备份数据库是对原库的原样复制,如库内有多少个表,多少个查询,都会保持不变。这种做法方便于保存,特别是出于安全考虑,以防止数据被删除损坏。保存时只能作为 Access 文件保存。

2. 导出

通常说的导出是只导出所需要的特定内容。导出的目的是为了方便数据的引用、加工、处理,这样就会面临许多不同的选择。如导出什么样的内容;导出的是表还是查询;导出格式如何,是为了在叙述文字中使用,还是为了进入新的表格;导出到什么样的文件类型,简单说是表格类文件还是文字处理类文件;是导出到新文件还是现有文件中,这些都是需要考虑的。下面仍以上表为例:

| | | | |
|---|---|---|---|
| 15040 | 的/u | 352664 | 5.973% |

1) 在"表"窗口右击鼠标,弹出"导出"按键;或打开 cipinbiao,在"菜单"→"文件"→"导出";

2) 在"保存类型"如选择 Excel,默认原文件名后,直接点击确定,即保存成功。Access 与 Excel 之间有着良好的互通性,它们之间的转换非常方便，没有更多的选择项要填。但 cipinbiao 有 100848 行，导出到 Excel 后，只有 65000 行。这是因为 Excel 的最多行数只有 65000 行，超出部分都被自动删除了。此时 Access 文件会出现一个输出错误提示表。

3）在"保存类型"如选择文本文件，默认项是"不带格式保存"。如选择"带格式保存"，会有多种选择："Windows"、"MS-DOS"、"Unicode"、"Unicode(UTF-8)"。它们保存的格式如下：

| id | ciyu | cipin | pinlv |
|---|---|---|---|
| 15040 | 的/u | 352664 | 5.973% |
| 45423 | 了/u | 65652 | 1.112% |
| 90418 | 在/p | 62675 | 1.062% |

4）在选择"文本文件"后，一般都是采用默认项"不带格式保存"。点击"全部导出"；

5）此时会出现两个选项，"带分隔符"和"固定宽度"。下面是选"带分隔符"后的操作。在"选分隔符"中任选一符号，如"逗号"，命名保存。默认是取原文件名。打开 cipinbiao. txt 后显示如下：

15040，"的/u"，352664，"5.973%"

45423，"了/u"，65652，"1.112%"

90418，"在/p"，62675，"1.062%"

上面有两处值得注意，一是每个字段内容都用引号引起来了，二是字段与字段之间用逗号隔开。带分隔符的最大好处是能被 Access 文件轻松地再导入并保持原样不变。如果是将文本文件中的 15040，"的/u"，352664，" 5.973%"拷到 Word，所有的引号和分隔符都会被保留，如拷到 Excel 文件，则会被放在一个单元格，而不是按原来的列放入不同的单元格。

6）如果是选“固定宽度”，则会自动出现一定的空隔，而字段与字段内容之间没有任何符号。保存后显示如下：

| | | | |
|---|---|---|---|
| 15040 | 的/u | 352664 | 5.973% |
| 45423 | 了/u | 65652 | 1.112% |
| 90418 | 在/p | 62675 | 1.062% |

3. 粘贴

上面的“导出”方法特点是“全部导出”，特别适合于大容量、巨量行数的词语库。而“粘贴”方式的导出则要灵活得多，可以在打开的表中选择任意字段，也可以选择任意行。如果要选全部，则点击上边框与左边框相交处。用“粘贴”方式选的最多行数是 65000 行。

（二）如何消除数据库格式

用“粘贴”的方式导出在 Excel 中有很好的兼容性，粘贴后保存了原表中同样的行与列。数据表中的字段名会在 Excel 中自动占据最上一行，并用灰色字体背景显示。

如果是粘贴在 Word 中，则表现为以下格式：

| cipinbiao | | | |
|---|---|---|---|
| **id** | **ciyu** | **cipin** | **pinlv** |
| 15040 | 的/u | 352664 | 5.973% |
| 45423 | 了/u | 65652 | 1.112% |
| 90418 | 在/p | 62675 | 1.062% |

这样的粘贴快捷自如，但不够美观。一是表名栏与字段名栏都呈现灰色，与原文不协调，二是如果行数比较长要跨页的话，每

页首行都会出现表名栏与字段名栏。为了消除表的格式，可采用以下方法：

1）把有关内容粘贴在文本文件中。这是利用文本文件无格式的特点，把所有的格式都自动消除；

2）在文本文件中“全选”所有内容；

3）粘贴到 Word 文件；

4）全选 Word 中的所有内容；

5）在“菜单”→“表格”→“转换”→“文本转换成表格”；

6）点击后会自动根据内容显示转换的列数，点击后即显示如下：

| id | ciyu | cipin | pinlv |
|---|---|---|---|
| 15040 | 的/u | 352664 | 5.973% |
| 45423 | 了/u | 65652 | 1.112% |
| 90418 | 在/p | 62675 | 1.062% |

这样就既消除了数据表的特殊格式，又保持了表格整齐划一的形式。

## 思考与练习：

1. 创建 Access 表，将第七章练习 4 的查询结果导入到该表中。

2. 将第七章练习 4 的文本以一句为一行，一个分句为一个字段的格式导入数据库。要求：按句长进行排序，添加排序号。

3. 将第八章练习 1 的成绩表分别导出到 Excel、Word。要求：消除数据库格式，换成表格格式。

# 第十章　如何分词与抽词

对词语进行统计有两个对象来源，一是现成的词，像词典、词表等，二是从真实文本语料调查而来的词。前者经过人们反复斟酌打磨过，词的稳定性、典型性、通用性都很好，识别起来没什么问题，后者是从真实文本语言材料中提取而成的，这需要先把词一个个切分开来，那么如何切分词语，词与词之间的准确界限在哪里，这是一件颇让人头痛的事。而且，从真实文本语料切分而得的词与词典的词有何不同？这里又需要区分言语词与语言词。如何切分，如何甄别，也就成为对真实文本语料的词汇进行研究的两个大问题。

## 一、切分词语对词语统计的影响

对真实文本语料的分词与标注是中文信息处理界在前一个时期着力完成的一件大事，其对现代通用书面语文本的处理已达到一个相当高的水平，出现了不少优秀的自动分词标注软件，如北京大学俞士汶、北京语言大学宋柔、山西大学刘开瑛、厦门大学史晓东、中国社科院赵军、台湾“中研院”郑锦全等都研制有比较成功的分词软件。但也碰到一些瓶颈，有的堪称老大难问题。由于汉语词汇结构有其特殊性，许多处于词与非词的边缘状态的词难以做出统一处理。因此对误切，对切还是不切，分还是合之间的两可处理，都得有个清晰的认识，各种软件在处理这些问题时有的做得好些，有的稍差些；有的在这方面做得好些，有的在那方面做得好些，但总体上看要彻底解决好这些问题并不太容易。而分词的好坏，会直接影响到统计结果。

（一）词语切分的讨论

词语切分中拿捏不准，模棱两可的地方很多，下面略举几例：

1. 词与语的分合

- 一会儿/NUM **神气/a 十足**/z 地/u 站/v 在/p 书架/n 上/f。/w
- 这/ 一/ 门/**行为/ 科学**
- 已/ 不是/ 专注/ 于/**劲歌/ 劲/ 曲**

“神气十足”“行为科学”该分该合都有可依之据，而“劲歌”存，“劲曲”废，似乎有可讨论之处。

2. 词与词素的分合

- 一/NUM 只/q 身材/n 特别/d 高大/a 、/w 毛色/n 深/a 棕/c **油光/z 水/n 滑/a** 的/u 公/b 斑羚/n
- 不能/v 把/p 死/v 了/u 的/u 吹/v **活/v 转/v** 来/f

“油光水滑”、“活转”切分后，词都变成词素了。

3. 动补、动宾的区分

- 一些/硫酸/**溅到/ 了/ 腿上**
- 数/n 不/d 清/a 的/u 雨点儿/n ，/w 从/p 云彩/n 里/f **飘/v 落/v** 下来/v。/w
- 青蛙/n 笑/v 了/y ，/w 说/v ：“/w 朋友/n ，/w 我/r 天天/q 坐/v 在/p 井/n 里/f ，/w 一/d **抬头/v** 就/d 看见/v 天/n。”/w
- 我/r 仿佛/d 听见/v 鸟儿/n 的/u 欢唱/v ，/w **抬起/v 头/n** 来/f ，/w 把/p 目光/n 投向/v 高远/a 的/u 蓝天/n 。/w

"溅到"、"腿上"合，显示切分时把握"合"的尺度较松；"飘/落"分，显示可切分时把握"合"的尺度特严。"抬头"是一个词，而它的离合形式"抬起头"则在切分中不复存在了。

4. 词的词汇形式与语法形式

如此/r 层/q **层/q** 剥皮/v 林农/n 难得/a 实惠/a

他/r 一/NUM 蹲下/v ，/w 小/a 猫/n 就/d **扑扑/o** 地/u 一个个/NUM 跳/v 出来/v。

"层层"是"层"的语法变式，通过叠用表示了特有的语法意义。像这类还有许多，如"看"与"看看"，听与"听听"，都属此类。

当然还有切错了的情况，这点放到下面再来论述。

（二）切分结果对词语统计的影响

词语的不同切分会直接影响到词语统计，如词种的有无，词频的高低，都与之有直接关系。

1. 已有的变没了

- 在/p 最后/n 的/u 焦/a 平面/n 上/nd 获得/v 消除/v 大气/n **湍/v 动/v** 和/c 光学/n **像/n 差/a** 影响/v 的/u 天体/n 像/n 。
- 日本/ 的/ **剧/ 画/**就是/ 我国/ 的/ 连环画

"湍动"、"像差"、"剧画"都是已经有的词，切分后都变没了。

2. 原来没有的变有了

- 用/v 压/v 电/n 材料/n **做小**/v 平面/n 镜/n 阵/n 来/vd 代替/v 一块/d 反射镜/n
- 过去/nt 几/m 年中/nt 两/m **国人**/n 民间/n 频繁/a 的/u 交往/v。/w
- 黄/老/曾/到/戏园子/**来看**/戏/

“做小”、“国人”、“来看”都是文本中不存在的词，因错切而出现了。

3. 词的典型态保存了，非典型态、过渡态的词语则消失了

在“词”的确定中，还有许多相关的问题值得讨论。如词与相邻的成分中，还存在着一大块边缘地带，是词还是词素，是词还是短语；又如词的典型状态与非典型状态；又如词的基本形与变形，在自动分词中都会变得复杂起来。

- 千万/ 不要/ 认为/ 我/ 这/ 县长/ 能/ **一/ 掌/ 遮/ 天**
- 先/ 定/ 一个/ 框框/ ，/ 拿/ 框子/ 去/ 套/ ，/ 接着/ 就是/ **抓/ 辫子/** ，/**挖/ 根子/** ，**戴帽子/** ，/ **打/ 棍子/**，/ 那/ 就/ 不好/ 了/ 嘛/ 。/ 一来/ 就是/ **五/ 子/ 登科/**
- 他们/r 将/p 读书人/n 划分/v 为/p **上上**/f、/w **上中**/PER、/w **上下**/f、/w **中上**/PER、/w **中/ALOC 中/ALOC** 、/w **中/ALOC 下**/f、/w **下/v 上/f** 、/w **下/v 中/f**、/w **下/f 下/f** 九/NUM 个/q 品级/n，/w 向上/v 推荐/v。/w

“一掌遮天”是“一手遮天”的变形用法，在上面的切分中，不认“一掌遮天”；认“戴帽子”词的地位，而把“抓辫子”、“挖根子”、“打棍子”、“五子登科”作为短语；在九个等级中，只认“上上”、“上中”、“上下”、“中上”，而不认“中中”、“中下”、“下上”、“下中”、“下下”。

4. 可分可合的两可划分

例如，“走路”是该作一个词，还是该作两个词，当然也会直接影响到词种与词频的数量了。

（三）词语性质对词语统计的影响

软件分词看重的是词在真实语料中的前后相衔位置与同现的较高频率。其结果自然也就很明显：只要是高频同现的，不管是词

还是词与词的组合(当然是比较短的,一般是2—4个字之间)都容易被当做一个词来看待。但是,典型度、稳定度不是很高的,或新出现,或频率低、偶尔使用的词又极容易被疏忽,被"消减"掉,使得大量的言语词、新词、领域词、异形词、变形词得不到完整的保留。

这两种情况都会对"词"的性质与认定产生不小的影响,都会对"词"是结构稳定性与概念完整性的统一体的认识产生严重干扰。

分开后不复存在的词语当然不存在厘定性质的问题了,在人工干预中对它们主要是进行如何恢复的工作。但对已切分出来的词语则需要进行"词语性质"的甄别工作。例如下面43条"走"字词是中小学语文教材经软件自动切分的结果:

走、走遍、走车、走出、走船、走错、走到、走道、走动、走法、走访、走过、走过场、走过来、走后门、走回、走火、走江湖、走街串巷、走近、走进、走开、走来、走来走去、走廊、走路、走马灯、走马观花、走去、走人、走入、走上、走神、走失、走兽、走私、走投无路、走完、走下、走向、走运、走着瞧、走走

其中不见于《现代汉语词典》的有:

走遍、走车、走出、走船、走错、走到、走法、走过、走过来、走回、走街串巷、走近、走进、走开、走来、走来走去、走去、走入、走上、走完、走下、走着瞧、走走

其中有的是当收未收的词汇词,如"走法"、"走街串巷"、"走来走去",但大部都是同位高频出现的"组合词"。对它们的甄别是很费心思的事情。

因此,对软件自动分词结果的词语性质认定就变成一个很重要的问题。如果照单全收,所得到的将是"彼"词表,而非"此"词表,是

计算机自动分词的词表，而不是与人们习惯认定相吻合的词表。

《中国语言生活状况报告》(2005)下编统计了当年主流媒体的词汇状况，[①]得到总词语165万条，所用分词软件由中国科学院自动化研究所赵军研制。单看词语总数，近乎天文数字，因为现代最大的汉语词典如中国大陆的《汉语大词典》、中国台湾的《中文大辞典》、日本的《大汉和词典》、韩国的《汉韩大词典》基本上都在40万条左右，且是古今皆收的词典。但经过词语性质的甄别，却可以发现这165万条词语中大部分是人名(61万)、地名(23万)、组织机构名(59万)、时间名(10万)，分别占到总数的37%、14%、35%、6%。所有其他类只有11万条，占总数的7%。

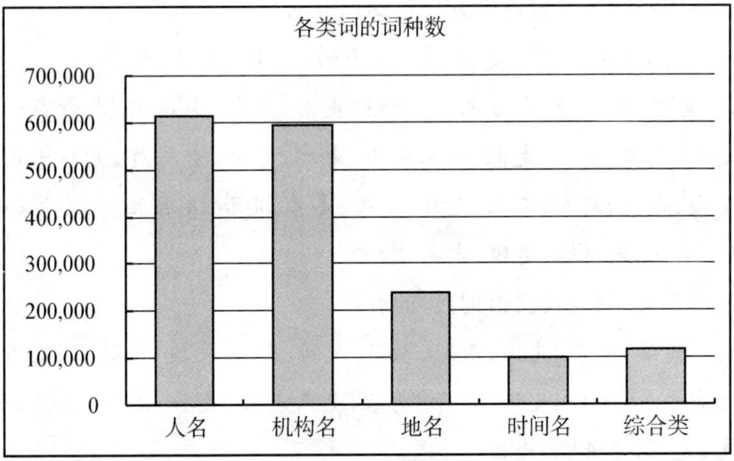


在词语性质的认定中，语言词与言语词，通名与专名，词汇词与语法词，典型词与变形词，基本词与组合词，都是其中的关键问题。

---

① 国家语言资源监测与研究中心编，《中国语言生活状况报告》(2005)下编，商务印书馆，2006年。

## 二、如何利用 Word 的自带功能来切分字与词

大规模的语料处理都要靠自动分词标注软件来进行，上面也介绍了不少优秀的分词标注软件，人们努力的目标是切分出尽量符合自然语言状态的“词”。然而当手头没有专门的分词软件而又需要进行语料切分时，就可以利用 Word 的替换功能，用它自带的一些特殊符号来实现语料切分的目的。如“?”表示任何一个符号，“&”表示任何一个字符；“#”表示任何一个数字。

（一）对文字的处理

1. 对单字的处理

下面以《亮剑》小说为例。《亮剑》的篇幅达到了 35 万字，现在要统计一共用了多少个汉字，多少个不同的汉字，每个汉字重复使用了多少次。这些工作可以不通过专门的分词软件而在 Word 文件和 Access 文件中完成。用 Word 打开《亮剑》，前两句是：

李家坡战斗开始之前，李云龙正在水腰子兵工厂和后勤部长张万和软磨硬泡。李云龙中等个子，长得很均匀，就是脑袋略显大了些，用他自己的话解释，是小时候练武，师傅老让他练头功练得狠了些，净拿脑袋往石碑上撞，一来二去就把脑袋撞大了。

操作步骤如下：

1）在 Word 文件中打开“替换功能”；

2）在“替换内容”栏输入“^?”。“^?”表示任意字符。

3）在“替换为”栏输入“^&^p”，“^&”表示要替换成的文字，“^p”表示分段，意为在每一个字符后面都要分行。经以上处理，语料变成每一个字为一行的状态：

李

家

坡

战

斗

开

始

之

前

，

4）把 Word 文本转存为文本格式。

5）导入到 Access 文件。之后的操作在前面已经有了介绍。采用成组命令就可得到字种数、重复数，进而可进行频率、累加覆盖率的调查。频率等的调查可看第十二章。

在 Word 中的处理实际上是把一个字变成一行。35 万字，至少是 35 万行，这会超出 Word 的容载能力，也对硬件提出很高的要求。但处理几万、十来万字的语料还是比较快捷的。

2. 对多字节的处理

有时要求切分出来的不是单个汉字，而是成串的字。它可能是词，也可能不是词，称之为字符串比较合适。这在词语过滤、词语重组时可能会用得上。它的操作与上面差不多，只是在替换符号上有差别，而且变化的样式比较多。下面以“哀兵必胜”为例讲解。

(1) 每两个汉字为一个字符串：

1）在“替换内容”栏输入“^? ^?”。“^?”表示任意字符，两个“^?”，表示选用两个字；

2）在“替换为”栏输入“^& ^p”。“^&”表示要替换成的文字，

“^p”表示分段，结果显示为：

哀兵

必胜

(2) 每两个汉字为一个字符串，中间用逗号隔开：

1) 在“替换内容”栏输入“^? ^?”；

2) 在“替换为”栏输入“^&,”。“^&”表示要替换成的文字，“,”表示在文字后面跟着的符号。结果显示为：

哀兵，必胜，

(3) 每两个汉字重复一次，中间用逗号隔开：

1) 在“替换内容”栏输入“^? ^?”；

2) 在“替换为”里写入“^& ^&,”。结果显示为：

哀兵哀兵，必胜必胜，

(二) 对数字的处理

1. 将数字替换为统一的符号

“#”在 Word 中是查找数字的通配符。如要把文中所有的数字都作专门的处理，可先把所有的数字统一更换为单一的符号。如“哀兵必胜 123”，可把 123 替换为一个符号，如 8。操作如下：

1) 在“替换内容”栏输入“^#”；

2) 在“替换为”栏输入“8”；

执行后显示为“哀兵必胜 888”

2. 在数字前后增加别的符号

如果要在 123 后面增加“!”，操作如下：

1) 在“替换内容”栏输入“^#”；

2) 在“替换为”栏输入“^&!”。“^&”表示要替换成的文字，“!”是在文字后跟着的符号。

执行后显示为“哀兵必胜 1！ 2！ 3！”

（三）对句子的处理

1. 一句分为一段

在第九章说到过从 Word 中导入语料时，如何导入以句子为一行，那里用到的就是把一句分成一行的方法。仍以上面《亮剑》为例，操作方法如下：

1）在“替换内容”栏输入“。”；

2）在“替换为”栏输入“。^p”。并依次把具有句子隔开功能的“！”、“？”都试一遍，以求把各种句子都彻底分开。执行后显示如下：

◇ 李家坡战斗开始之前，李云龙正在水腰子兵工厂和后勤部长张万和软磨硬泡。

◇ 李云龙中等个子，长得很均匀，就是脑袋略显大了些，用他自己的话解释，是小时候练武，师傅老让他练头功练得狠了些，净拿脑袋往石碑上撞，一来二去就把脑袋撞大了。

◇ 李云龙已和张部长纠缠了两个多小时了，不为别的，就是想多弄点边区造手榴弹。

◇ 这是八路军太行兵工厂的土产。

◇ 平心而论，李云龙一点儿也不认为这种土造手榴弹有什么好，比起日军的那种柠檬式手榴弹差得太远啦，边区造的铸铁弹体质量太差，爆炸后有时只炸成两半，弹片的杀伤效果极糟糕，这种玩艺儿在战斗中常耽误事。

◇ 可话又说回来了，就这种边区造也不可能敞开了供应部队，用李云龙的话说：能拔脓就是好膏药，有总比没有强。

一段话分成了 6 个句子。导入 Access 就进入了 6 行。

2. 把一个分句分成一个片段

当一个句子包括有多个分句，而我们正是要研究分句与分句之间关系时，就需要把一个分句导入一个字段，这就需在分句与分句之间导入一个统一的标志。如果分句之间只有一个标点符号，如“，”，这比较好办，在 Access 导入时在“带分隔符”时选择“，”就行了。但是当分句之间的标点符号不止一个时，这就需要用到下面的方法，先在 Word 中把“，”“：”“；”“——”先统一为一个符号，或在它们后面依次加上这个符号。这里采用后一种方法，在句内符号的后面统一加上制表符。上面 6 个句子的句内标点符号只有 2 个，绝大部分都是“，”号，另有一个是“：”号。操作方法如下：

1）在“替换内容”栏输入“，”；

2）在“替换为”栏输入“，^t”，“^t”表示制表符；

3）在“替换内容”栏输入“：”；

4）在“替换为”栏输入“：^t”；

执行后显示如下：

◇ 李家坡战斗开始之前，李云龙正在水腰子兵工厂和后勤部长张万和软磨硬泡。

◇ 李云龙中等个子，长得很均匀，就是脑袋略显大了些，用他自己的话解释，是小时候练武，师傅老让他练头功练得狠了些，净拿脑袋往石碑上撞，一来二去就把脑袋撞大了。

◇ 李云龙已和张部长纠缠了两个多小时了，不为别的，就是想多弄点边区造手榴弹。

◇ 这是八路军太行兵工厂的土产。

◇ 平心而论，李云龙一点儿也不认为这种土造手榴弹有什么好，比起日军的那种柠檬式手榴弹差得太远啦，边区造的铸铁弹体质量太差，爆炸后有时只炸成两半，弹片的杀伤效果极糟糕，这种玩艺儿在战斗中常耽误事。

◇ 可话又说回来了，就这种边区造也不可能敞开了供应部队，用李云龙的话说：能拔脓就是好膏药，有总比没有强。

导入 Access 后显示如下：

| id | 字段 1 | 字段 2 | 字段 3 | 字段 4 | 字段 5 | 字段 6 | 字段 7 | 字段 8 |
|---|---|---|---|---|---|---|---|---|
| 1 | 李家坡战斗开始之前， | 李云龙正在水腰子兵工厂和后勤部长张万和软磨硬泡。 | | | | | | |
| 2 | 李云龙中等个子， | 长得很均匀， | 就是脑袋略显大了些， | 用他自己的话解释， | 是小时候练武， | 师傅老让他练头功练得狠了些， | 净拿脑袋往石碑上撞， | 一来二去就把脑袋撞大了。 |
| 3 | 李云龙已和张部长纠缠了两个多小时了， | 不为别的， | 就是想多弄点边区造手榴弹。 | | | | | |
| 4 | 这是八路军太行兵工厂的土产。 | | | | | | | |
| 5 | 平心而论， | 李云龙一点儿也不认为这种土造手榴弹有什么好， | 比起日军的那种柠檬式手榴弹差得太远啦， | 边区造的铸铁弹体质量太差， | 爆炸后有时只炸成两半， | 弹片的杀伤效果极糟糕， | 这种玩艺儿在战斗中常耽误事。 | |
| 6 | 可话又说回来了， | 就这种边区造也不可能敞开了供应部队， | 用李云龙的话说： | 能拔脓就是好膏药， | 有总比没有强。 | | | |

分句最多的是第2个句子，内有8个自然分句。而从句子内部关系来看，里面有的是复句关系，有的是起修饰作用的插入成分。

（四）如何消除文本中的硬回车

有时获得的文本是带硬回车的。在网上下载语料时，或是从某些特定格式转换而来的语料中在折行处经常会带硬回车，这对导入数据库会产生影响。如：

庆祝人民日报创刊

正当国民党反动派调兵遣将行将揭开大规模屠杀人民的全面内战的时候，听到人民的报纸——你的创刊，

我们兴奋极了！你的诞生，以人民的喉舌的资格，喊出全边区人民的呼声，代表出全边区人民的意见，我们相

信你会有力的引导着三千万人民与国民党反动派进行胜利的斗争，亟早促成和平民主的实现。你们是新闻阵线

上的主将，我们希望在你的指导下，完成以上的任务共同奋斗。

这里的分行就是由于在自然折行处有了硬回车的缘故，结果所分出的行不仅不能显示“段”、“句”的功能，反而破坏了句子，甚至词语的完整性。这就需要把这些不需要的硬回车删除掉。操作方法如下：

1）在“替换内容”栏输入“^p”；

2）在“替换为”栏不输入任何符号；

执行后显示如下：

庆祝人民日报创刊　　正当国民党反动派调兵遣将行将揭开大规模屠杀人民的全面内战的时候，听到人民的报纸——你的创刊，我们兴奋极了！你的诞生，以人民的喉舌的资格，喊出全边区人民的呼声，代表出全边区人民的意见，我们相信你会有力的引导

着三千万人民与国民党反动派进行胜利的斗争,亟早促成和平民主的实现。你们是新闻阵线上的主将,我们希望在你的指导下,完成以上的任务共同奋斗。

到这一步就把不需要的而在原文中存在的硬回车都删除掉了。如果要将它们再按一句为一行的格式分段,就可以采用上面讲过的"一句分为一行"的方法来处理。

为了方便读者理解,下面把操作步骤写在下面,即分别在"。""!"的后面再分段:

3) 在"替换内容"栏输入"。";

4) 在"替换为"栏输入"。^p";

5) 在"替换内容"栏输入"!";

6) 在"替换为"栏输入"!^p";

由于标题"庆祝人民日报创刊"与正文之间还有空格,故还需要在空格处分段。

7) 在"替换内容"栏输入" ",把光标移入该栏,点击一下空隔键;

8) 在"替换为"栏输入"^p";

执行后显示如下:

庆祝人民日报创刊

正当国民党反动派调兵遣将行将揭开大规模屠杀人民的全面内战的时候,听到人民的报纸——你的创刊,我们兴奋极了!

你的诞生,以人民的喉舌的资格,喊出全边区人民的呼声,代表出全边区人民的意见,我们相信你会有力的引导着三千万人民与国民党反动派进行胜利的斗争,亟早促成和平民主的实现。

你们是新闻阵线上的主将,我们希望在你的指导下,完成以上的任务共同奋斗。

## 三、如何从大批量词语中抽取样词

用词语数据库可以很方便地存储、查询到数万、数十万、数百万行的词语，但当要添加属性、标注等精加工时，面对如此海量的词语则会感到量太大而有心无力。实际上对许多研究来说，也没必要对如此巨量的语料进行全面加工，只需要抽取部分的词例来分析就可以了。这在统计学上也是合理的。那么如何实现从巨量的词语中达到随机抽样的目的呢？

（一）随机抽样方法的选用

科学的抽样方法是随机抽样，随机抽样不是随意抽样。曾有过这样的事例，一位大学生替其他高校的同学完成一份社会调查，想了解他的同学们对某个社会事件的看法，问卷有50份。这位大学生的同班同学有100人，他拿着50份问卷早早来到教室，给先进教室的每人发一份。这样问卷是调查完了，也迅速快捷，然而事实上并没有达到这50份问卷调查的目的。因为这样问卷的结果并不能代表他所在学校全体同学的看法，只代表了他所在系科的某个专业某个年级，且是到教室较早的那部分同学的看法。这是随意调查，而不是随机调查。

那么什么是随机调查呢？

随机调查用的是随机抽样法，就是从整体中抽取部分成分作为分析样本，从样本的分析结果来推断总体相关内容的一种方法。随机抽样法最重要的特点是总体中的每个成员都有被抽到的同等机会，且被抽到的因素完全是偶然的，要排除抽样时人为的主观随意性。如此看来，上面那个事例中发放调查问卷的方法显然是不科学的，除了他所在的系科与专业，其他系科与专业的同学都没有被抽到的机会，被抽到的50位同学也是因为调查者的某种特定选择因素而被选中。要从词语库中随机抽样，可与Excel结合起来使用，先在Excel完成随机数的获得，再将随机数导入Access与词语库关联。

下面介绍的获得随机数的方法是在Excel中完成。这是获取随机数最简便的方法，是单一层次的运用。从更专业的角度来说，计算机生成的是"伪随机数"而不是"真随机数"。"伪随机数"不是假随机数，而是指它的出现是有规律的，是可计算的。一般情况下简单的随机数获取方法足以应付词语分析之用了。

1. 随机数发生器的使用

在Excel中菜单→工具→数据分析→随机数发生器，确定后点击"分布"栏，里面有"正态"、"均匀"、"柏努利"、"二项式"、"泊松"、"模式"、"离散"七种类型可选。下面对"正态"、"均匀"、"模式"三种类型作简单介绍。

(1) 正态类型随机数的获得

要获得一组1000个呈正态分布的随机数。操作方法如下：

1)"分布"栏选"正态"；

2)"变量个数"栏填"1"；

3)"随机数个数"栏填"1000"；

4)"参数"栏下默认值是平均值"0"，标准偏差"1"，可取默认值；

5)"输出选项"栏，取默认值"新工作表组"。

执行后即会在A1至A1000出现1000个随机数。

在参数不变的情况下，还生成了一组10000个呈正态分布的随机数。规模愈大的数，其表现出来的正态分布图愈典型。下面是在 SPSS 中生成出来的这两组随机数的图形：

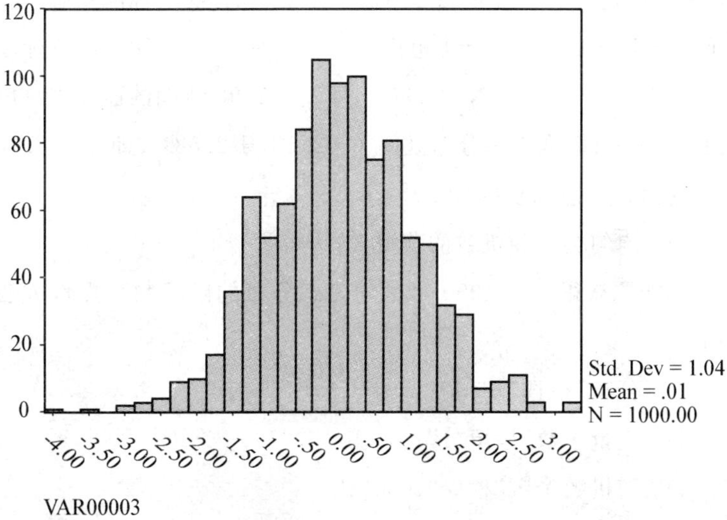


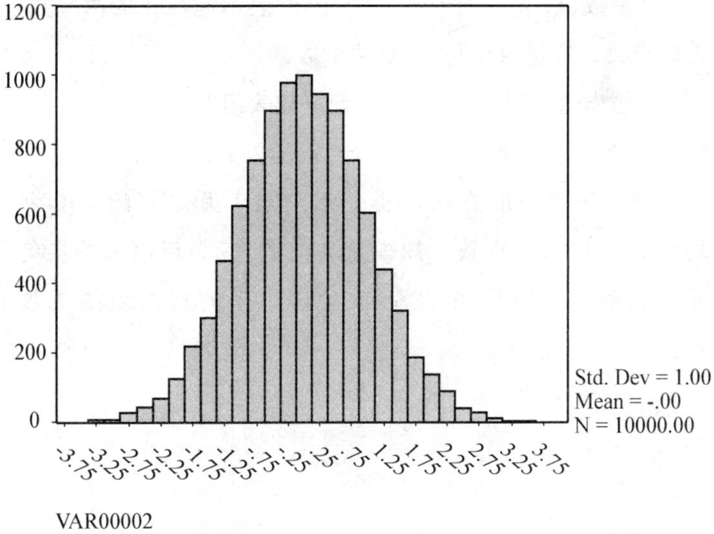

正态分布是自然界与社会界非常常见的一种随机数分布类型，典型的正态分布图犹如一个座钟。它有一个高峰、一条对称轴，一条渐近线。标准正态分布面积有明显的规律：标准正态分布区间（－1，＋1），即 0 ±1 范围的面积占总面积的 68.27％；标准正态分布区间（－1.96，＋1.96），即 0 ±1.96 范围的面积占总面积的 95.0％；标准正态分布区间（－2.58，＋2.58），即 0 ±2.58 范围的面积占总面积的 99.0％。

（2）均匀类型随机数的获得

比如要获得一组 1000 个呈均匀态分布的随机数。操作方法如下：

1）“分布”栏选“均匀”；

2）“变量个数”栏填“1”；

3）“随机数个数”栏填“1000”；

4）“参数”栏下“介于……”“与……”表示起与止的两端数，可填入任意数。这里取 1 与 1000 两个数；

5）“输出选项”栏，取默认值“新工作表组”。

执行后即会出现 1000 个呈均匀分布的随机数。

另外还用上面的方法求得一组 1 至 1 万之间的 10000 个呈均匀态分布的随机数。规模愈大的数，其表现出来的均匀分布图愈典型。下面是在 SPSS 中生成出来的这两组随机数的图形：

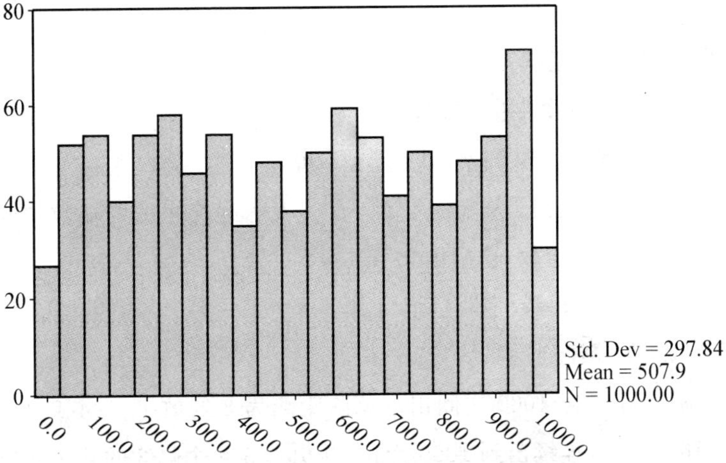


VAR00004

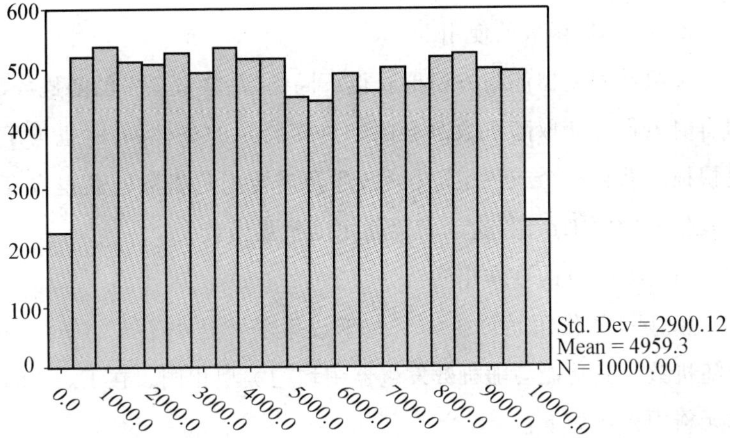


VAR00005

均匀分布又称规则分布，规模愈大其平均数愈接近中值。第1个图平均数是507.9，第2个图平均数是4959.3，后者更接近于中值。

(3) 模式类型随机数的获得

比如要获得一组1000个呈模式态分布的随机数。操作方法如下：

1）“分布”栏选“模式”；

2）“变量个数”栏填“1”；

3）“随机数个数”栏呈灰色，为不可选项；

4）“参数”栏下“从……”“到……”表示起与止的两端数，“间隔”后可填入拟定数，这里填“3”；

5）“重复每一数字”栏，填“1”；

6）“重复序列”栏，填“1”；

执行后会在1至1000之间出现相隔距离为3的数字：1、4、7、10、13、16、19、22，连续出到1000为止，共出现334个隔3的数字。模式态随机数获取的就是定距抽样的结果。

2. RAND函数的使用

随机数发生器能很方便地获得不同类型、数量众多的随机数，但有时人们在获取随机数时会附加许多特定的条件，有时也为了更快捷地获得一个或一组随机数，还会需要把随机数的获得嵌套在其他函数中来运用，这就需要使用随机数函数。

(1) RAND的基本用法

RAND的作用是产生一个大于或等于0且小于1的平均分布随机数。其功能与随机数发生器中均匀类型相同。在Excel的单元格中操作如下：

=RAND()

光标离开单元格后或在工作表中每操作一次都会运算一次，会获得一个新的有6位小数的随机数，如0.608059。

(2) 如何获得一个随机整数

RAND产生的是随机小数，如果要获得一个0—9的整数，操作如下：

=INT(RAND() * 10)

会获得 0—9 的整数，如 3 或 7。

如果想要获得的整数范围更大些，即乘以的倍数可以放大。如想从 0 至 99，操作如下：

=INT(RAND() * 100)

会获得 0—99 之间的整数，如 3 或 70。照此类推，要想获得什么区间的整数，就可在“RAND()”后乘上相应的倍数。

(3) 如何获得一个指定范围的随机整数

上面的方法其实也是指定了一个范围，但用下面的方法更为方便简洁，操作如下：

=RANDBETWEEN(1,22)

括号内填入两个参数，前面的是最低值，后面的是最高值，所获得的随机整数将会在这个范围内出现。

(4) 如何获得 0 或 1 的随机数

如果要获得一个或一组 0 或 1 的随机数，操作如下：

=IF(RAND()<0.5,0,1)

把这个公式在更多的单元格填充后，就会出现不是 0 就是 1 的一串随机数。

3. 抽样

抽样方法是在已经给出的一组数字范围内来随机选取部分数字。假如要对刚才那组从 1 至 1000 隔 3 出现的 334 个定距出现的随机数再用随机的方法抽出 20 个，操作如下：在 Excel 中选择菜单→工具→数据分析→抽样，确定后会出现一个设置界面：

1) “输入区域”栏：是将要调取随机数的对象数字的存放区域；

2）“标志”栏为任选项，这里不选；

3）“抽样方法”栏有两个选项，一是“周期”，二是“随机”。“周期”就是“模式法”、“定距法”，这里选“随机”；

4）“样本数”栏可填写想要的个数，这里选20；

5）“输出区域”栏可根据需要填写。

执行后出现了20个随机数：448、142、301、391、793、676、664、142、757、448、427、790、355、1000、586、202、874、490、775、628。

这20个随机数的平均数是544.45。而其总体334个数字的平均数是500.5，20个随机数的平均数接近总体平均数。

（二）针对词语库不同属性的随机抽取

掌握了随机数的获取方法，就可以根据随机数从大容量词语库来抽取部分词语进行精加工了。以xhk为例，库中反映词语不同信息的字段都可以成为随机抽取的对象。可以从两个角度入手，一是先生成随机数，再将随机数导入Access与xhk进行关联，以获得相关的行记录。二是将xhk的有关字段复制到Excel，再对它进行抽样，再将抽样数导入到Access与xhk进行关联。下面分别对xhk的几个字段进行练习。

1. 对id编号的随机抽样

xhk的sid共有61261条，现拟抽取其中的1000条词语，即要在1—61261之间中获取1000个随机数，再根据它来抽取相关id号的词语。操作方法如下：

1）在Excel点击菜单→工具→数据分析→随机数发生器；

2）进行如下设置：“变量个数”=1；“随机数个数”=1000；“分布”=均匀；“介于”=1，“与”=61261。执行后即获得1—61261之间的1000个随机数。再按右键在单元格属性消除小数点；

3）或用下面的方法，在单元格输入：=RANDBETWEEN(1,61261)，再将其复制到1000个单元格，即可获得1—61261之间的1000个随机数；

4）进入Access，把上面的1000个随机数导入，将它与xhk.sid相关联，即可获得相应id号的所有词语。

如果随机数有重复数，可用成组的方式加以去重。

2. 对页码数的随机抽样

xhk.syema共在页码1689页，拟用随机的方法抽取其中的100页，操作方法如下：

1）在Access中通过去重以获得syema的不重复页码数；

2）将不重复的页码数复制到Excel的A1—A1689；

3）点击菜单→工具→数据分析→抽样；

4）进行如下设置："输入区域"=A1:A1689；"抽样方法"=随机；"样本数"=100；输出区域=B1:B100。执行后即获得1—61261之间的100个随机数；

5）进入Access，把上面的100个随机数导入，将它与xhk.Syema相关联，即可获得相应页码号的所有词语。

由于Excel工作表的容量不能超6.5万条，因此如果要对超大量的词语库来进行随机抽取，都可用随机数生成的方法。先在Excel中生成随机数，再导入Access中进行关联。

## 思考与练习：

1. 分析下面两段语料，比较其分词与标注的不同特点。

◇ 稍/d 得/v 空闲/n ,/w 偶尔/d 徜徉/v 在/p 大街/n 之上/nd,/w 漫步/v 于/p 小巷/n 之间/nd ,/w 抑或/c 流连/v 于/p 繁华/a 的/u 闹市/n ,/w 穿行/v 于/p 酒楼/n 茶座/n 歌厅/n 舞池/n 之/u 列/n ,/w 常常/d 地/u ,/w 人们/n 会/vu 不约而同/i 地/u 被/p 某/r 位/q 穿着/n 、/w 外表/n 和/c 韵致/n 极佳/a 的/u 异性/n 吸住/v 目光/n ,/w 尤其/d 是/vl 男性/n 的/u 视线/n 更/d 易于/v 不自觉/a 地/u 被/p 豆蔻年华/i 的/u"/w 靓女/n "/w 吸住/v ;/w 大街/n 上/nd 亦/d 常有/v 行人/n 纷纷/d 侧目而视/i 某君/n 等等/u 诸般/n 行止/n ,/w 恐怕/d 之于/p"/w 时髦/a "/w 一/m 词/n 大/a 有/v 干系/n 。/w

◇ 用/v 压/v 电/n 材料/n 做小/v 平面/n 镜/n 阵/n 来/vd 代替/v 一块/d 反射镜/n ,/w 每/r 块/q 小/a 平面/n 镜/n 可以/vu 自动/a 调节/v ,/w 或者/c 把/p 主/n 镜/n 设计/v 得/u 可以/vu 快速/a 改变/v 其/r 局部/n 的/u 形状/n ,/w 以/p 在/p 最后/n 的/u 焦/a 平面/n 上/nd 获得/v 消除/v 大气/n 湍/v 动/v 和/c 光学/n 像/n 差/a 影响/v 的/u 天体/n 像/n 。/w

2. 找一篇短篇小说,用 Word 自带功能来切分字符,统计全文的字次数、字种数,并根据字频排序。

3. 找一篇短篇小说,用 Word 自带功能分词,统计全文的词语数、词种数,并根据词频排序。

4. 请用合适的方法从练习 3 的词中随机抽取 100 例进行分析。

5. 生成 1000 个随机数,试比较正态分布、均匀分布、模式分布的不同特点。

# 第十一章　如何在两个词语表之间建立关系与对比

第六至九章介绍的是对单表的操作，本章将介绍两表之间的操作。数据库的最大功能体现在关系库的建立上，它能将多个库关联在一起，从而最大限度地发挥数据库的作用。Access 就是流行面极广、方便快捷的桌面关系数据库的一种。本章介绍的内容一是如何建立两个起互补作用的关系表，二是如何对两个不同的词语库进行比较。

## 一、建立一对一、一对多的关系表

第四章第二部分谈到了“表的关联”基本操作，这里再根据词语分析实践中经常会遇到的两种情况来谈谈标注表与相关表的建立与使用。

### （一）起简化、拓展作用的标注表

上文引用到好几个词语表，如有 6 万多条词语的 xhk(《现代汉语词典库》)，有 7 万多条词语的“ncyk”(新词语库)，里面都是按一词一行排列。每条词后面都带了释义、注音、来源等信息。这样的好处就是能将所有的词语都汇集在一个表中，但 xhk 的 scimu 字段与 ncyk 的 ncimu 字段都有重复内容。如 scimu 中重复最多的是“忙活”和“过去”：

| sid | scimu | sshiyi | szhuyin | syema |
|---|---|---|---|---|
| 18761 | 过去 | 时间词，现在以前的时期（区别于‘现在、将来’）：～的工作只不过像万里长征走完了第一步。 | guò// · qù | 486 |
| 18762 | 过去 | (1)离开或经过说话人（或叙述的对象）所在地向另一个地点去：你在这里等着，我～看看丨门口刚～一辆汽车。(2) 婉辞，死亡（后面要加‘了’）：他祖父昨天夜里～了。 | // · guò<br>// · qù | 486 |
| 18763 | 过去 | (1)用在动词后，表示离开或经过自己所在的地方：我对准了球门一脚把球踢～ 丨 老乡又送～几床被子给战士们盖。(2)用在动词后，表示反面对着自己：我把信封翻～，细看邮戳上的日子。(3)用在动词后，表示失去原来的、正常的状态：病人晕～了。(4)用在动词后，表示通过：蒙混不～了。(5)用在形容词后，表示超过（多跟‘得’或‘不’连用）：鸡蛋还能硬得过石头去？丨 天气再热，也热不过乡亲们的心头去。 | guòqù | 486 |
| 33028 | 忙活 | （～儿）急着做活：这几天正～丨你忙什么活？ | máng//huó | 852 |
| 33029 | 忙活 | （～儿）需要赶快做的活：这是件～，要先做。 | mánghuó | 852 |
| 33030 | 忙活 | 忙碌：他们俩已经～了一早上了。 | máng · huo | 852 |

当需要对 scimu 中的词语作进一步分析时，如它的构词方法、构词素、词长、异形词等，这些对每个词条来说都是共同的信息，就不宜放在 xhk 进行了，否则会在不同行的相同词语中出现大量冗余的同一信息，对保持更新的同步性与运行的简洁性都会带来负面影响。

因此就需要从 scimu 里生成一个没有重复值的表，xhk 是一个“多”的表，那么从 xhk. scimu 中生成出的 cizhong. ccimu 就是一个“一”的表，它能对原表起到很好的提纯作用，并在此基础上进行拓展，将更多的详细且唯一信息都放在这个表中。下面是从 xhk. scimu 中生成 cizhong. ccimu 的方法。

1. 在设计查询界面下的操作方法

1）把 xhk 调入查询区域；

2）把 scimu 调入查询设置区域，并命名为 ccimu；

3）调入“分组”命令，显示如下：

| | |
|---|---|
| 字段 | ccimu:[scimu] |
| 表 | xhk |
| 总计 | 分组 |

4）如果想同时得到词语的重复词数，则增加一列，命名为 ccishu，显示如下：

| | | |
|---|---|---|
| 字段 | ccimu:[scimu] | ccishu:[scimu] |
| 表 | xhk | xhk |
| 总计 | 分组 | 计数 |

5）在“菜单”→“生成表查询”→在“表名称”中填入 cizhong，选择“当前数据库”。确定后即生成了一个新表，内有 ccimu 和 ccishu 两个字段。

6）打开 cizhong 表的设计视图，把 ccimu 设定为关键字。可根据需要添加字段，如增加 cgoucifa（构词法）、cgoucisu（构词素）、ccichang（词长）等。

7）把 cizhong 表与 xhk 表进行关联，形成了“一对多”的关联表。

下面是 cizhong 表与 xhk 表关联后呈现的“一对多”的情况：

cizong. ccimu 黑体字表示它是关键字字段，是“一”方；对应的 xhk. scimu，是“多”方。之间有一条黑线相连，靠 ccimu 端是短粗线，上面有“1”；靠 scimu 端的短粗线上面是“∞”。

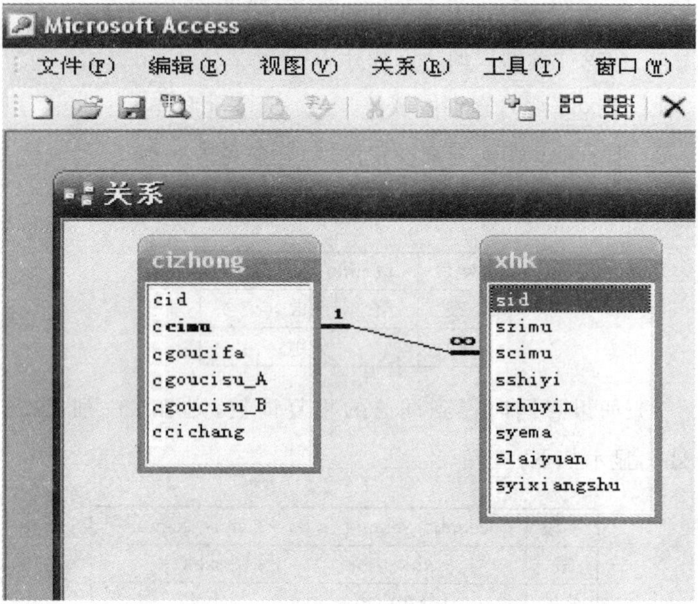


两表内部的词语关系如下，试以“忙活”为例：

xhk 表：

| sid | szimu | scimu | sshiyi | syema | syin | slaiyuan |
|---|---|---|---|---|---|---|
| 33028 | | 忙活 | (～儿)急着做活：这几天正～丨你忙什么活？ | 852 | máng//huó | |
| 33029 | | 忙活 | (～儿)需要赶快做的活：这是件～，要先做。 | 852 | mánghuó | |
| 33030 | | 忙活 | 忙碌：他们俩已经～了一早上了。 | 852 | máng·huo | |

cizhong 表：

| cid | ccimu | cgoucifa | cgoucisu_A | cgoucisu_B | ccizhang |
|---|---|---|---|---|---|
| 15001 | 忙活 | 动宾 | 忙 | 活 | 2 |

2. SQL 界面下的操作方法

下面来看看在 SQL 界面下如何从 xhk. scimu 中生成 cizhong 表，并两相关联的实现过程。

1）调入 scimu 字段，并统计其重复项：

SELECT [scimu] AS ccimu，COUNT [scimu] AS ccishu

FROM xhk

GROUP BY [scimu]

HAVING COUNT([scimu])>0；

2）生成 cizhong 表：

SELECT [scimu] AS ccimu，COUNT [scimu] AS ccishu INTO cizhong

FROM xhk

GROUP BY [scimu]

HAVING COUNT([scimu])>0；

3）打开 cizhong 表的设计视图，把 ccimu 设定为关键字。可根据需要添加字段，如增加 cgoucifa(构词法)、cgoucisu(构词素)、ccichang(词长)等。

4）把 cizhong 表与 xhk 表进行关联，形成了“一对多”的关联表，并显示 cizhong. ccimu 和 xhk. scimu 两个字段的相同词语：

SELECT cizhong. [ccimu]，xhk. [scimu]

FROM cizhong INNER JOIN xhk ON cizhong. [ccimu] =

xhk.[scimu];

（二）起串联相关主题表作用的关系库

上面介绍的是起简化、拓展作用的标注表，主要是对原表中有重复值的字段进行去重，以获得它的唯一值，从而达到对这个字段进行更详细的具体属性的标注。这里讲的则是在若干个不同主题但之间有密切关系的库之间建立起“一对多”或“多对一”的关系，以便把这几个主题联结在一起，形成内容更丰富、功能更强大、互有支撑作用的关系库。它们在数据库的结构上与上面讲的标注库原理是一样的，但因有更强大的功能，相互关系的建立也有更严格的要求，故这里单独列出进行介绍。

这里来看 nxcy（新词语库）的例子。它有三个表：zongku（总库）、cizongku（词种库）、dictionary（新词词典书目库）。zongku 与 cizhongku 之间是标注库的关系，但 dictionary 则有着自己的一组信息，如出版单位、出版时间、版次、作者、篇幅、印数等。假如还有关于作者的一个信息库 zuozhe，有着工作单位、职称、年龄、学术专长、学术成果、性别、地区等字段，形成了一个专门的信息组。zongku、dictionary、zuozhe 这三个主题独立性很强，各自有着一组较丰富的信息点，看上去似乎不太相关，但从中仍可寻找到能起到联结不同表的关键字段，让它充当在关联表中的“一”的功能。

例如在 zongku 中，有 zshuming 字段，在每一个词语后面都带有这个信息，显示该词是出自何部词典，这个信息是重复出现的；

在 dictionary 中有 dshuming 字段，在这里一部词典只出现一次，它没有必要重复出现，因为一部书出现一次，反映清楚有关它的出版单位、出版时间、作者也就可以了。因此，dshuming 就具有了充当“一”的条件，就可以凭借这个字段与 zshuming 相关联，从而把 zongku 与 dictionary 两个表关联起来。

但是书名是会重复的，例如《现代汉语新词词典》，就有由王均熙、董福光、钟嘉陵主编，齐鲁书社 1987 年出版的，也有由于根元主编，北京语言学院出版社 1994 年出版的。因此，为了真正做到一书一名，避免重名现象，还得对每一种图书进行编号。一种图书只有一个编号，一个编号只对应一种图书。这样这个编号才能真正在 dictionary 表与 zongku 之间起到关联作用。因此 dictionary 表中的编号也要同时出现在 zongku 之中。

同理，在 zuozhe 表中，除了 name（姓名）字段外，为了避免重名，也得对 name 字段进行编号。这就像是身份证或是单位里的工作证编号。如果一个人同时出版了几部著作，也可以通过 zuozhe 库中的人名编号，与 dictionary 表对应起来。

下面来看看三个库的内部字段构成：

A　zongku（总库）的字段构成：

| zid | zcimu | zzhuyin | zshiyi | zyema | zshuming | z_dsmbianhao |
|---|---|---|---|---|---|---|
| 37722 | 鞭打快牛 | biāndǎ kuàiniú | 喻指给能干的、干得好的人增加工作量，或给赢利企业增加经济负担。 | 37 | 现代汉语新词词典 | |

B　dictionary（新词语词典库）的字段构成：

| did | dshuming | dsmbianhao | dzuozhe | d_zzbianhao | dchubanshe | dshijian |
|---|---|---|---|---|---|---|
| 1 | 1991 汉语新词语 | B01 | 于根元 | 101 | 北京语言学院出版社 | 1992—10—1 |

C　zuozhe(作者库)的字段构成：

| zzid | zzname | zzzzbianhao | zzdanwei | zznianling | zzzhicheng | zzxingbie |
|---|---|---|---|---|---|---|
| 5 | 于根元 | 101 | 社科院语用所 | 55 | 教授 | 男 |

这三个表，在 dictionary 与 zongku 之间，dictionary 是"一"，zongku 是"多"，通过 dictionary. dsmbianhao 与 zongku. z_dsmbianhao 相关联。在 dictionary 与 zuozhe 之间，zuozhe 是"一"，dictionary 是"多"，通过 zuozhe. zzbianhao 与 dictionary. d_zzbianhao 相关联。

下面是这三表再加上 cizhong 表的关联情况：

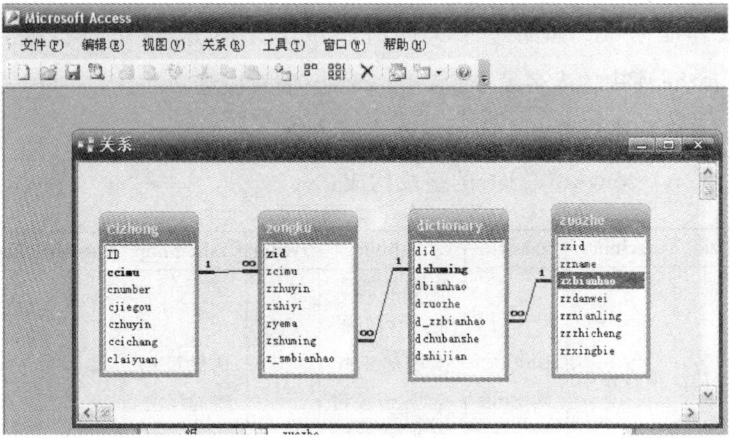


上面无论是起简化、拓展作用的标注表，还是起串联相关主题表的关系表，都是利用了数据库内部的"一对多"联表功能。它的最大好处是简化了表的内部结构，把一个很"宽"有很多字段的表细分为很"窄"的表，使一个表内部的重复冗余信息减到了最低限度，从而把主题关系密切的相关字段集中到一个表中。当然有时还有其他很多原因，如出于保密的需要，把那些不太想让别人看见的内容放到另一个需经专门授权才能阅读到的关联表中。

在建立起了“一对多”关系的多个表中，打开“一”表时在每一行的左边方框里会出现一个“＋”号，点击后就会显示出相关联的“多”表中的相关词语。这样可以带来不少方便。

## 二、比较两个词语表的异同

对不同的词语表进行比较在词汇计量研究中是经常要做的事。比如《现代汉语频率词典》的8548条常用词，与国家汉办的“对外汉语词汇大纲”的8822条词，这是两个很有影响的词表，它们的共用词有多少，不同的有多少，通过关联表都很容易就得到结果。又如在各专题研究中形成的词语表，要将它们与通用词表进行对比，或相互对比，也是经常要进行的工作。如“对外汉语词汇大纲”与对外汉语教材的对比研究①；如将《现代汉语频率词典》中的“常用词表”、“对外汉语词汇大纲”与基础教育语文教材词语的对比②；又如将《现代汉语常用词表》与其他各种词表的对比甄别③。下面就以《现代汉语频率词典》常用词表8548条（下面简称“常用词表cycb”）和“对外汉语词汇大纲”常用词8822条（下面简称“词汇大纲dgcb”）来做一例释。

---

① 苏新春，《〈对外汉语词汇大纲〉与两种教材词汇状况的对比研究》，载《语言文字应用》2006年第2期。

② 国家语言资源监测与研究中心编，《中国语言生活状况报告》（2007）下编，商务印书馆，2008年。

③ 现代汉语常用词表课题组，《现代汉语常用词表》，商务印书馆，2008年。

（一）先建词种表

在比较词语表时要先进行去重处理，将重复的词语去掉，只保留唯一值。“常用词表”与“词汇大纲”都有重复词语。如常用词表重复最多的有4次，包括“好”、“光”、“顶”、“当”、“对”、“行”6个词。词汇大纲重复最多的也是4次，有18个词：“连”、“多”、“本”、“下”、“对”、“场”、“方”、“得”、“来”、“光”、“过”、“别”、“行”、“要”、“当”、“着”、“顶”、“把”。这两个表的原貌都是“多”表。“多”与“多”的关联得到的是几何数，如两边都是4次的“顶”关联后得到的是16行的“顶”，关联后的内容不可更新。这种关联实际上是无效关联。因此对“多”表进行去重，以得到没有重复内容的词种表是一个必经程序。这一方法在上面已经讲过。

去重后cycb有不重复的词语8043，表命名为cycbcizhong（常用词表词种）。

| **cycbcizhong** |
| --- |
| **cycimu** |
| 阿 |
| 阿太 |
| 阿姨 |

dgcb有不重复的词语8605条，表命名为dgcbcizhong（大纲词表词种）。

| **dgcbcizhong** |
| --- |
| **dgcimu** |
| 阿 |
| 阿拉伯语 |
| 阿姨 |

下面就可以将 cycbcizhong. cycimu 与 dgcbcizhong. dgcimu 进行对比，以获得两表的共有词语及各自的独有词语了。

（二）用关联表的方式调取两表相同的词语

1. 设计查询界面下的操作方法：

把 cycbcizhong 与 dgcbcizhong 调到查询区域，在 cycimu 与 dgcimu 之间用连线联结。默认值是“只包含两个表中联接字段相等的行”。把这两个字段调入查询设置区域，显示如下：

| 字段 | [cycimu] | | | [dgcimu] | | |
|---|---|---|---|---|---|---|
| 表 | cycbcizhong | | | dgcbcizhong | | |
| 显示 | | √ | | | √ | |

执行后显示两表共有词语 6424 条。

2. SQL 界面下的操作方法：

SELECT cycbcizhong.[cycimu], dgcbcizhong.[dgcimu]

FROM cycbcizhong INNER JOIN dgcbcizhong ON cycbcizhong.[cycimu] = dgcbcizhong.[dgcimu];

（三）用关联表的方式调取甲表有乙表无的词语

现在要调取甲表有乙表无的词语。这里把 cycbcizhong 当做甲表，把 dgcbcizhong 当做乙表。

1. 设计查询界面下的操作方法：

把 cycbcizhong 与 dgcbcizhong 调到查询区域，在 cycimu 与 dgcimu 之间用连线联结。在连线上点击鼠标右键，点击“联结属性”，选择“2：包括 cycbcizhong 中所有记录和 dgcbcizhong 联接字段相等的那些记录”。把这两个字段调入查询设置区域，在 dgcizhong 字段下的“条件”栏输入“NOT LIKE *”。显示如下：

| 字段 | [cycimu] | | | [dgcimu] | | |
|---|---|---|---|---|---|---|
| 表 | cycbcizhong | | | dgcbcizhong | | |
| 显示 | | √ | | | √ | |
| 条件 | | | | NOT LIKE "*" | | |

执行后显示 cycbcizhong 有,dgcbcizhong 无的词语有 1619 条。

2. SQL 界面下的操作方法:

SELECT cycbcizhong.[cycimu], dgcbcizhong.[dgcimu]

FROM cycbcizhong LEFT JOIN dgcbcizhong ON cycbcizhong.[cycimu] = dgcbcizhong.[dgcimu]

WHERE (((dgcbcizhong.[dgcimu]) Not Like "*"));

（四）用关联表的方式调取甲表无乙表有的词语

现在想调取甲表无乙表有的词语。这里把 cycbcizhong 当做甲表,把 dgcbcizhong 当做乙表。

1. 设计查询界面下的操作方法:

把 cycbcizhong 与 dgcbcizhong 调到查询区域,在 cycimu 与 dgcimu 之间用连线联结。在连线上点击鼠标右键,点击"联结属性",选择"3:包括 dgcbcizong 中所有记录和 cycbcizhong 联接字段相等的那些记录"。把这两个字段调入查询设置区域,在 cycizhong 字段下的"条件"栏输入"NOT LIKE *"。显示如下:

| 字段 | [cycimu] | | | [dgcimu] | | |
|---|---|---|---|---|---|---|
| 表 | cycbcizhong | | | dgcbcizhong | | |
| 显示 | | √ | | | √ | |
| 条件 | NOT LIKE "*" | | | | | |

执行后显示 dgcbcizhong 有,cycbcizhong 无的词语有 2181 条。

2. SQL 界面下的操作方法:

SELECT cycbcizhong.[cycimu], dgcbcizhong.[dgcimu]

FROM cycbcizhong RIGHT JOIN dgcbcizhong ON cycbcizhong.[cycimu] = dgcbcizhong.[dgcimu]

WHERE (((cycbcizhong.[cycimu]) Not Like "*"));

对比两表的功能很有用，使用也很普遍，Access把这个功能集成为可视性操作，单独提取出来显示在查询的“新建”内，即“查找不匹配项查询向导”。可通过一步步地调入表，调入字段，选择关系，来达到查询甲有乙无，或甲无乙有的功能。

通过以上的调取，就可以很方便且准确地把握两个词表的同异。再通过对词语的具体分析来探讨词表的性质、功能、制作方法、时代特征等信息。

这里显示的只是比较两表的基本功能与操作。展开来看比较的不仅仅是“词”的有无，还可以运用数学计算方式来比较同一个词在两个词集之间不同的频级、位序、频率、分布率、频率差等。这将在十二章再作详细说明。

（五）用合并表的方式查两表的异同

还有一种方法，先把两个词种表合并到一个表，再来比较它们的异同。

简单来说就是先在“cycbcizhong”与“dgcbcizhong”两个表中各增一个字段，命名为biaoming，里面填上所属的表名。再将两表合并、去重、计数，就可以得到合并以后的词种表。“计数”字段里显示1的，表示只见于一个表，计数显示2的显示为两表共有的。下面是操作过程：

1. 设计查询界面下的操作方法：

1）调入cycbcizhong.ccimu、cycbcizhong.biaoming；

2）用更新的方法在 cycb. biaoming 填上“cycb”；

| 字段 | [cycimu] | [biaoming] |
|---|---|---|
| 表 | cycbcizhong | cycbcizhong |
| 更新到 | | cycb |

执行后显示如下：

| cycimu | biaoming |
|---|---|
| 阿 | cycb |
| 阿太 | cycb |
| 阿姨 | cycb |

3）调入 dgcbcizhong. dcimu、dgcbcizhong. biaoming；

4）用更新的方法在 dgcb. biaoming 填上“dgcb”；

| 字段 | [dgcimu] | [biaoming] |
|---|---|---|
| 表 | dgcbcizhong | dgcbcizhong |
| 更新到 | | dgcb |

执行后显示如下：

| dgcimu | biaoming |
|---|---|
| 阿 | dgcb |
| 阿拉伯语 | dgcb |
| 阿姨 | dgcb |

5）关闭两表；

6）点击 cycbcizhong，按右键选“复制”。粘贴为另一表，命名为“hebiao”，粘贴选项选“结构和数据”。将 ccimu 字段改名为 hcimu；

7）点击 dgcbcizhong，按右键选“复制”。粘贴时选表名“hebi-

ao”，粘贴选项选“将数据追加到已有的表”；
执行后得到打开新表 hebiao，内容显示如下：

| hcimu | biaoming |
|---|---|
| 阿 | cycb |
| 阿 | dgcb |
| 阿拉伯语 | dgcb |
| 阿太 | cycb |
| 阿姨 | cycb |
| 阿姨 | dgcb |

这里除了用复制、粘贴的方式，用“将数据追加到已有的表”外，还可以用另一种方法，就是在复制了表外，打开 hebiao，在最后一个空白行，先选黑再用粘贴的方式，这样所有的行都会自动添加在 hebiao 的最后一行。

8）把 hebiao 调入到设计查询的查询区域，在 hcimu 字段下“总计”栏选择“分组”，在 N 字段下“总计”栏选择“计数”：

| 字段 | [hcimu] | N:[biaoming] |
|---|---|---|
| 表 | hebiao | hebiao |
| 总计 | 分组 | 计数 |

执行后显示如下：

| hcimu | N |
|---|---|
| 阿 | 2 |
| 阿拉伯语 | 1 |
| 阿太 | 1 |
| 阿姨 | 2 |

hcimu 显示的是两表合并后的词语；N 显示的是词语出现在

两表中的次数,“2”表示在两表都有,“1”表示只出现于1个表。

这里再将 hebiao 与 cycbcizong、dgcbcizhong 关联,在“N”字段下的“条件”栏输入“1”,就可以把只出现于一个词表的词语,及出现于哪个词表的信息都显示出来,从而达到再现共有词语、独有词语、独有词语所属表名的目的。

2. SQL 界面下的操作方法:

1)用更新的方法在 cycb. biaoming 填上“cycb”;

UPDATE cycbcizong SET [biaoming] = “cycb”

2)用更新的方法在 dgcb. biaoming 填上“dgcb”;

UPDATE dgcbcizong SET [biaoming] = “dgcb”

3)把 cycbcizhong、dgcbcizhong 两表合并为一表;

SELECT * FROM cycbcizhong

UNION

SELECT * FROM dgcbcizhong

4)调入 hebiao,统计 hcimu 的不重复项,并计算重复次数;

SELECT [hcimu],count([hcimu]) as n

FROM hebiao

GROUP BY [hcimu]

HAVING COUNT([hcimu])>0

在上面的3)中,使用了一个新的命令“UNION”,功能是将两个表合为一个表。UNION 放在两个 SELECT 语句中间,结果是生成了一个新的查询。用 UNION 生成的查询,里面的内容是不可更改的,也不能直接用 INTO 命令来生成新表。可以通过保存、退出,重新调用,再用 INTO 的方式生成新表,或与一般的查询一样,被导入到新的表中,或用复制、粘贴的方式调用。

要把几个不同的表或查询合并为一个新表，有一个共同的要求，就是合并的表或查询，里面的字段数量与数据类型必须相同。

## 三、在窗体中显示一对多的标注表与词语表

在建立了一对多的关系表后，在"一"的主表中，左边有一个方框，里面有"＋"号，点击后可以打开所联结的"多"表中的相关词语。但在表里打开子查询，全屏会同时显示其他无关的行记录，并遮蔽主表的相关字段，显得杂乱。而用窗体来显示会清楚很多。下面以 xhk 为例。xhk 为"多"表，"cizhong"为"一"表。操作步骤如下：

1）进入"窗体"界面，点击"新建"，选"窗体向导"；

2）在"表/查询"栏，选"cizhong"；

3）在"可用字段"栏，选"ccimu"、"cgoucifa"、"cgoucisu_A"、"cgoucisu_B"；

4）在"表/查询"栏，选"xhk"；

5）在"可用字段"栏，选"scimu"、"szhiyin"、"sshiyi"、"syema"；

6）进入下一步后，选"带有子窗体的窗体"；

7）进入下一步后，选"数据表"，点击完成。

这样就完成了一对多关系表的新建窗体工作。"一"的主表位于表的上方，"多"的辅表位于表的下方。在主表中的"ccimu"栏找到一个词语，表的下方就会显示"多"表所联结到的词语。如下表，在"ccimu"查找到"忙活"时，下表会显示出 xhk 表 3 个"忙活"的注音和释义。这样的界面清晰，信息显示完整，且可根据需要选择显示字段，有较好的可控性与保密性。

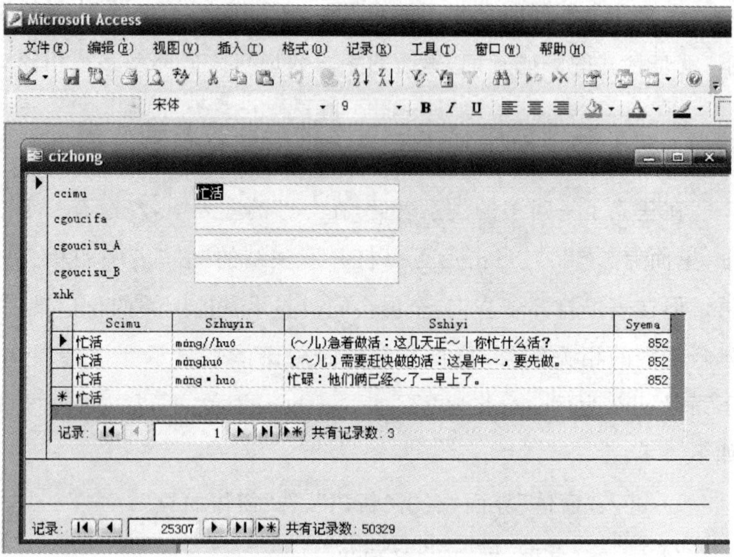


# 思考与练习：

1. 从一个有重复值的表中生成没有重复值的表，并把它选为“一”表，与有重复值的表建立“一对多”的关联。

2. 分别建立“客户表”、“产品表”、“价格表”，里面要反映各自主要信息的多个字段，并把它们关联成“一对多”的关系表。

3. 比较两个词表，找出它们的共用词语、独用词语，并计算共用词语与独用词语占各自词表的比例。

4. 在设计查询中，有哪几种方法能把两个表的内容合并到一个表中？试操作练习。

5. 用 SQL 语言把两个表的内容联结到一起，并生成独立的表。

6. 对有“一对多”关系的表建立窗体，同时显示主表与辅表的有关字段。

# 第十二章　如何对词语差异进行测算

把真实文本语料中的词语切分、标注、导入数据库，完成了对词语出现的次数、存在文本的篇数等调查后，只是得到词语的基本数据，这还只是完成了很初步的工作，仅仅是一些直观的认识。对词语表中的每个词语，对每个词语的不同属性、特点从不同角度作出不同的准确的评价，只有次数、篇数等基本数据还是不够的。

另外，当拥有了多个词语表后，如何来比较词语表之间的差异，只拥有单个词语集的基本数据更是不够的。

因此，掌握比较方法的运用，深入认识各种比较方法的特点、价值、作用与不足，是很有必要的。

## 一、频次与频率的计算

### （一）什么是频次与频率

频次“指调查对象在调查语料中出现的次数”[①]，也叫词次，通俗的名称叫次数。在统计的语料范围内出现一次，就是一个频次、一个词次。频次是一个具体数字，它直观地反映了某个词语在语

---

① 国家语言资源监测与研究中心编，《中国语言生活状况报告》（2007）下编，商务印书馆，2008年，第520页。本章中未加专门说明的引文，都来自该书。

料中真实、原始的使用情况。

频率指的是“某一调查对象的频次与整个语料所含调查对象总频次的比值”。

频率的计算是将频次除以总频次。其公式为：$F_i = n_i / N * 100\%$。$F_i$为调查对象 i 的频率，$n_i$为调查对象 i 的出现次数，N 为语料中调查对象出现的总次数。

假如一个词的频次为 100 次，总语料中所有词语的总次数是 10000 次，那么这个词的频率就是 1%。频率是一个概括的数字，它反映的是某个词语的使用情况在整体语料中所占的比重，而且使得所有词语的比重变得规一化，具有了很好的可比性。《中国语言生活状况报告》(2007)下编对“基础教育四套语文新课标教材”作了调查，[1]下面是带频次的词语表：

| citiao | pinci |
|---|---|
| 的 | 62295 |
| 了 | 26418 |
| 一 | 21213 |
| 我 | 18639 |
| 是 | 15013 |
| 在 | 14811 |
| 他 | 11958 |
| 不 | 11095 |

语料调查获得总词语数是 50670 个，总词次是 1077362 次。求每个词频率数的具体操作如下：

① 国家语言资源监测与研究中心编，《中国语言生活状况报告》(2007)下编，商务印书馆，2008 年。

1. 设计查询界面下的操作方法

调入 citiao 和 pinci 两个字段，并在右边字段输入“pinlv：pinci/1077362”，表示把“pinci”字段内的数值除以总频次 1077362，并把新字段命名为 pinlv。

| 字段 | [citiao] | [pinci] | pinlv：[pinci]/1077362 |
|---|---|---|---|
| 表 | yuwen | yuwen | yuwen |

执行后显示为：

| citiao | pinci | pinlv |
|---|---|---|
| 的 | 62295 | 5.782174% |
| 了 | 26418 | 2.452098% |
| 一 | 21213 | 1.968974% |
| 我 | 18639 | 1.730058% |
| 是 | 15013 | 1.393495% |
| 在 | 14811 | 1.374746% |
| 他 | 11958 | 1.109932% |
| 不 | 11095 | 1.029829% |

2. SQL 界面下的操作方法

```
SELECT [citiao],[pinci],[pinci]/1077362 AS pinlv
FROM yuwen
```

（二）频率的作用

具体频次是多还是少，在不同的调查范围中，相互之间经常缺乏可比性。因为总的调查规模不一，参与调查的规模不一，很难说绝对频次高的就一定重要，绝对频次低的就一定不重要。因此，比绝对数更重要的是相对数，即这两个词在各自调查范围内所拥有的比重。

例如《中国语言生活状况报告》的年度词汇调查显示，“姚明”一词 2005 年的频次是 55574，2006 年的频次是 73404，后者比前者多出 1/4。但从频率来看，2005 年的频率是 1.34/10000，2006 年的频率是 1.23/10000。这是什么原因呢？就是词次的总量变了，2005 年的词次总量是 4.16 亿个，而 2006 年的词次总量是 5.96 亿个。频次上升了，频率却下降了，里面就有原因值得分析：是语料取样有了变化，还是姚明的知名度有了变化，抑或是其他原因如分词技术等？原因不一，但这种变化的事实却是显露无遗了。

一般说来，频率愈高的词其常用程度愈高。这是最直观，且大多数情况下都颇有成效的统计方法。

## 二、文本数与分布率的计算

### （一）什么是文本数与分布率

文本指的是“语言的符号串，为文字信息处理的对象”。“文本单位大小不一，可以是句、段，也可以是篇、部。具有主题集中、结构相对独立等特点。”文本是在语料统计中观察统计对象分布单位的名称。文本数就是对分布单位的计数。一般情况下文本指的是文章的篇，文本数也就多指篇数。一个词语出现在一篇文章中就叫一个文本数。

其实，“分布单位”是一个弹性很大的单位。往小处说，这个分布单位可能是一篇文章中的某个片段，也可能是一篇文章本身；往大处说它可能是一部书，甚至一个领域，或一个类型。通常情况下，由于文章是语料分布时最常用到的单位，故文本数也就成为统计语料分布时最常用的说法了。调查文本数的目的是想了解这个调查对象的存在、分布状况。因此，准确地说，文本数应该是分布单位数。

比如在对教材词汇的统计中，一篇课文确定为一个文本。四套新课标语文教材共有课文 2009 篇，就是 2009 个文本。在后面的调查中还有一个内容，就是对四套教材的共用词语、部分共用词语、独用词语的调查。这比较的是教材与教材之间的差异，因此教材的"套"也成为了一种重要的分布。之后，还将整个语文教材与《现代汉语频率词典》的常用词作了比较，前者是教材领域词汇的代表，后者是通用词汇，这也是对词语分布领域的考察，只是这里用的分布单位更大了。又如《现代汉语频率词典》在调查中把语料分成了四大类：报刊政论；科普书刊；剧本和日常口语；文学作品。这是对语料类型或语料领域的划分。当然，在语料统计中文本也有比"篇"要小的。如国家语委研制的"现代汉语通用语料库"，从大部头的著作中只摘取了若干片段，一个片段 2000 字左右，这是为了避免一个大部头著作全部收入会因容量过大而影响到整体语料库的代表性。从语料统计的角度来看，摘选入库的这 2000 字的片段，也是一个文本。在网络语言的语料调查中，一个跟帖，一个留言，再短也会被看做是一个文本。文本到底定多大合适，取决于在一次语言调查中，或是同一层次的语料分析中，语料单位大小对认识词语的性质能起到多大作用。当然，在一次调查中，运用文本单位要前后保持一致，这是最基本的要求。

分布率指的是一个词所出现的文本数占调查范围内总文本数的比率，即"被调查对象所出现的文本数与文本总数的比率"。有的也称之为散布系数。

分布率的计算方法与频率计算方法相似。计算公式为：$D_i=$

$t_i/T*100\%$。其中：$D_i$为分布率，$t_i$为调查对象 i 出现的文本数，T 为所有语料的文本总数。

例如：四套新课标语文教材一共有课文 2009 篇，这就是总文本数。出现在课文篇数中最多的是“一”字，出现在了 1256 篇课文中，它的分布率是 62.15%；居第二位的是“的”字，出现在 1208 篇课文，分布率是 60.1%；居第三位的是“在”字，出现在 1181 篇课文，分布率是 58.7%。词的分布率如何计算的呢？下面是带文本数的词语表：

| citiao | wenbenshu |
|---|---|
| 一 | 1256 |
| 的 | 1208 |
| 在 | 1181 |
| 了 | 1168 |
| 不 | 1140 |
| 是 | 1140 |
| 有 | 1100 |
| 着 | 1089 |

1. 设计查询界面下的操作方法

调入 citiao 和 wenbenshu 两个字段，并在右边字段输入“wenbenshu/2009”，表示把“wenbenshu”字段内的数值除以总文本数 2009，并把新字段命名为 fenbulv。

| 字段 | [citiao] | [wenbenshu] | fenbulv：[wenbenshu]/2009 |
|---|---|---|---|
| 表 | yuwen | yuwen | yuwen |

执行后显示为：

| citiao | wenbenshu | fenbulv |
|---|---|---|
| 一 | 1256 | 62.52% |
| 的 | 1208 | 60.13% |
| 在 | 1181 | 58.79% |
| 了 | 1168 | 58.14% |
| 不 | 1140 | 56.74% |
| 是 | 1140 | 56.74% |
| 有 | 1100 | 54.75% |
| 着 | 1089 | 54.20% |

2. SQL界面下的操作方法

```
SELECT [citiao],[wenbenshu],[wenbenshu]/2009 AS fenbulv
FROM yuwen
```

（二）分布率的作用

分布率反映的是一个词在调查范围内分布的广窄大小。一般说来，分布愈广的词其通用程度与稳定程度愈强。

分布率与频率经常有着同步关系，也就是说分布率高的词往往频率也高，频率高的词往往分布率也高。但请注意，这里说的是经常，仍有相当多的时候二者是不一致的。特别要注意的是高频低分布的现象。因为高分布一般都会有相应的频率伴随着它，而高频率却很可能只出现在很小的分布范围中。

下面来看一个例子。新课标语文教材词汇调查共有词语50670条。按频率高低排列，前3000条词占了总频率的将近79%，最低频次达到39次。通常按频率来划分这个范围的都应算是高频词。但仔细分析会发现，在这些高频词中文本数为1的有16个词，文本数为2的有10个词。也就是说这些词所拥有的39及39以上的频次都是只出现在一篇或两篇课文中。而用分布法排序的前3000条词最低文本数是27篇，最低频次也是27次。因为最低文本数有27，当然在每篇课文中至少出现了1次。那么是一篇课文中出现了39次的词重要，还是在27篇课文只出现了一次的词重要呢。下面把两种排序法所得的前3000条词语中最后20条低分布词列出，稍作比较就会发现用分布法筛选出来的大都是语文性词语，频率统计法筛选出来的大都是人名、地名等专名，它们因在一篇课文中因反复出现而进入了高频词范围。

| A:分布法调查的结果 | | | B:频次法调查的结果 | | |
|---|---|---|---|---|---|
| 词语 | 课文数 | 频次 | 词语 | 课文数 | 频次 |
| 脸颊 | 27 | 27 | 皮诺曹 | 1 | 40 |
| 不免 | 27 | 27 | 贾芸 | 1 | 41 |
| 靠近 | 27 | 28 | 瑞恩 | 1 | 41 |
| 逢 | 27 | 28 | 王利发 | 1 | 41 |
| 迷人 | 27 | 28 | 帕霍姆 | 1 | 45 |
| 往日 | 27 | 28 | 信客 | 1 | 49 |
| 炎热 | 27 | 28 | 切斯特 | 1 | 49 |
| 向往 | 27 | 28 | 麦秸 | 1 | 50 |
| 噢 | 27 | 28 | 杨志 | 1 | 50 |
| 平原 | 27 | 28 | 水上漂 | 1 | 50 |
| 完毕 | 27 | 29 | 狗娃 | 1 | 52 |
| 为难 | 27 | 29 | 何满子 | 1 | 53 |
| 两侧 | 27 | 29 | 山米 | 1 | 69 |
| 哈哈大笑 | 27 | 29 | 斑羚 | 1 | 81 |
| 朦胧 | 27 | 29 | 玄德 | 1 | 84 |
| 每逢 | 27 | 29 | 奥伊达 | 1 | 99 |
| 连连 | 27 | 29 | 二爷 | 2 | 40 |
| 疲劳 | 27 | 29 | 青花 | 2 | 44 |
| 送来 | 27 | 32 | 枣儿 | 2 | 59 |
| 出色 | 27 | 32 | 鲍西娅 | 2 | 63 |

由此可见,分布统计法与频率统计法是各有作用的。分布统计法着重了解的是词在分布领域的广窄,重点考察的是词语的通用性与普遍性;频率统计法着重了解的是词在使用上的常用程度,而不管分布是广还是窄。① "频率有时会掩盖事物的真相。"②

## 三、累加覆盖率的计算

### (一)什么是累加覆盖率

在谈累加覆盖率前要先弄明白什么是覆盖率。覆盖率指的是"被调查语料内指定调查对象占所有调查对象总量的百分比"。通俗地说就是指一个词的总出现次数在语料调查范围内所占的比重。这里讲的覆盖率其实与频率有着同义作用。

累加覆盖率就是指所有词语的频率由高到低降序排列时,每一词语与其前词语的频率之和在全部语料中所占的比重。这里用了"每一词语与其前词语的频率之和"之义,而没有用"频次之和"之义。所有词语的频次之和等于语料中词次总数,所有词语的频率之和与语料中词次总数这个整体的"1"是相等的,所以所有词语的频率之和必须是等于"1"。累加覆盖率还有累加频率、累积频率、累计覆盖率、求和累加频率等说法。

下面是获得累加覆盖率的操作方法。在操作前,将词表 yuwen 复制一份,数据库的内容与格式完全一样,命名为 yuwenB。

---

① 详见苏新春、顾江萍,《语文教材词语的"摊饼式"分布态——兼谈基础教育基本词的提取方法》,载《江西职业技术学院学报》2009 年第 4 期。曾以"提取母语教材基本词的频率法与分布法之比较"为题在第七届全国汉语词汇学学术研讨会(2008 年 10 月,河北保定)上大会报告。

② 冯志伟,《计算语言学基础》,商务印书馆,2001 年,第 75 页。

1. 设计查询界面下的操作方法

| 字段 | [id] | pl:[pinlv] | leijiapl:[pinlv] | [id] | [id] |
|---|---|---|---|---|---|
| 表 | yuwen | yuwen | yuwenB | yuwen | yuwenB |
| 总计 | 表达式 | 第一条记录 | 总计 | 分组 | 条件 |
| 显示 | √ | √ | √ | | |
| | | | | | <=(yuwen.[id]) |

设定中有这样几点要注意：

① 要调用两个表，yuwen 表是主表，yuwenB 是作运算条件用的。

② 第 3 字段改名为“pl”。这个名称可根据需要自定。这里用的是 pinglv 的简称。

③ 第 4 字段改名为“leijiapl”。这个名称可根据需要自定。这个字段显示的是累加频率数。

④ 第 5 字段与第 6 字段是设置的条件，“显示”栏设定为取消。

⑤ “总计”栏在 2—6 字段中的显示格式是各不相同的。

执行后显示如下，并将它保存，命名为“yuwen_leijiapl”：

| id | pl | leijiapl |
|---|---|---|
| 1 | 0.05782174 | 0.05782174 |
| 2 | 0.02452098 | 0.08234272 |
| 3 | 0.01968974 | 0.10203246 |
| 4 | 0.01730058 | 0.11933304 |
| 5 | 0.01393495 | 0.13326799 |
| 6 | 0.01374746 | 0.14701545 |
| 7 | 0.01109932 | 0.15811477 |
| 8 | 0.01029829 | 0.16841306 |

“id”号是原词语表的序号，可据此与原表相关联，导入词语及有关信息；“pl”表示每个词语的频率；“leijiapl”是每个词语所在的累加频率数

的位置:"0.05782174"与"0.02452098"相加的和为"0.08234272","0.08234272"与"0.01968974"相加的和为"0.10203246",以下依次而得。

下面将"yuwen_leijapl"与"yuwen"进行联表查询,把"citiao"、"pinci"字段合并进来,显示如下:

| id | citiao | pinci | pl | leijiapl |
|---|---|---|---|---|
| 1 | 的 | 62295 | 0.05782174 | 0.05782174 |
| 2 | 了 | 26418 | 0.02452098 | 0.08234272 |
| 3 | 一 | 21213 | 0.01968974 | 0.10203246 |
| 4 | 我 | 18639 | 0.01730058 | 0.11933304 |
| 5 | 是 | 15013 | 0.01393495 | 0.13326799 |
| 6 | 在 | 14811 | 0.01374746 | 0.14701545 |
| 7 | 他 | 11958 | 0.01109932 | 0.15811477 |
| 8 | 不 | 11095 | 0.01029829 | 0.16841306 |

2. SQL 界面下的操作方法

```
SELECT yuwen.[id], First(yuwen.[pinlv]) AS pl, Sum(yuwenB.[pinlv]) AS leijiapl
FROM yuwen, yuwenB
WHERE ((yuwenB.[id])<=([yuwen].[id]))
GROUP BY yuwen.[id];
```

以上方法是先将 yuwen 表复制一份,再将两个表同时作为查询对象。这个表的作用其实只存在于运算过程之中。对这个虚拟表也可以不用先行复制,在运算过程中生成亦可。下面把这个虚拟表命名为"yw":

```
SELECT yuwen.[id], First(yuwen.[pinlv]) AS pl, SUM(yw.[pinlv]) AS leijiapl
```

```
FROM yuwen, yuwen AS yw
WHERE ((yw.[id])<=(yuwen.[id]))
GROUP BY yuwen.[id];
```

主要是在 FROM 子句后增写了“yuwen AS yw”一句命令，生成了虚拟表 yw。在 SELECT 子句和 WHERE 子句后都有对这个虚拟表的相关运算。

（二）累加覆盖率的作用

累加覆盖率的作用是能清楚观察到每个词语在由高到低的频率排序中在词语整体中所处的位置。这个排序看起来与频次排序，与频率排序一样，都能达到相同的排序效果，但累加覆盖率还是有独到作用的。它能清楚地显示每个成员在词语整体中所处的位置，更重要的是在频率由高到低的排列中，会表现出很有规律的构成趋势。曲线图能清楚显示出在大规模的语言统计中（参见第 301—302 页的几幅图），累加覆盖率在 80%—90%会表现出一个明显的由陡升到右转的弯度，之前是几乎直立的上扬，在 50%—60%的累加覆盖率时开始往上右转。而在 90%后则明显进入了极为平缓的延续区。80%—90%之前是高频词区，使用的词种少，频率高；之后是低频词区，使用的词种多，频率低。由直升到开始往上右转，再到往后的右伸平延，这之间的弯度长短与幅度则取决于词语调查规模的大小，取决于高频词的“高”频程度。累加覆盖率显示，在 50%之前是绝对的高频词区域，在 50%—60%至 80%—90%是相对高频词区域，90%以后是低频词区域，这个过程是非常清楚的。

下面取了几种规模不同、性质不同的大规模词语统计数据，其表现出的累加覆盖率走势图是惊人的相似。为了更好地映证累加覆盖率的走势图，每个图都把原始调查数据用表格的形式加以展示。

1. 四套新课标语文教材累加覆盖率

各累加覆盖段的用词情况

| 覆盖率 | 词种数 | 频次 | 词种数占总词种数占的比例 |
|---|---|---|---|
| 1—50 | 220 | 542 | 0.43% |
| 60 | 540 | 223 | 1.07% |
| 70 | 1336 | 89 | 2.64% |
| 80 | 3320 | 35 | 6.55% |
| 90 | 9101 | 10 | 17.96% |
| 95 | 17505 | 4 | 34.55% |
| 100 | 50670 | 1 | 100% |

四套新课标语文教材累加覆盖率

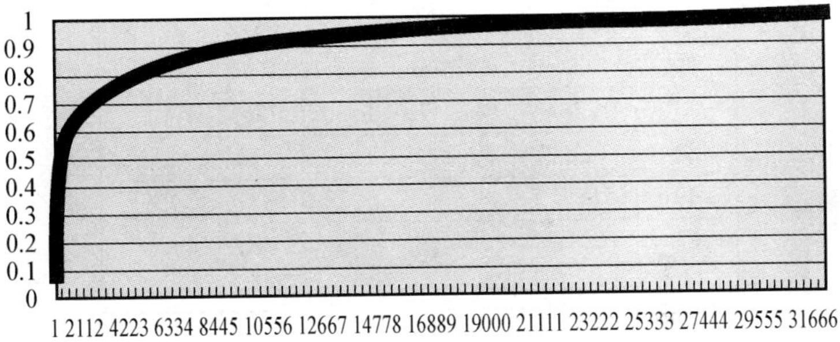


2. 人教版新课标语文教材累加覆盖率

各累加覆盖段的用词情况

| 覆盖率 | 词种数 | 频次 | 词种数占总词种数占的比例 |
|---|---|---|---|
| 1—50 | 212 | 156 | 0.85% |
| 60 | 497 | 68 | 2.00% |
| 70 | 1165 | 29 | 4.69% |
| 80 | 2710 | 12 | 10.90% |
| 90 | 6782 | 4 | 27.29% |
| 95 | 12029 | 2 | 48.40% |
| 100 | 24852 | 1 | 100% |

人教版新课标语文教材累加覆盖率

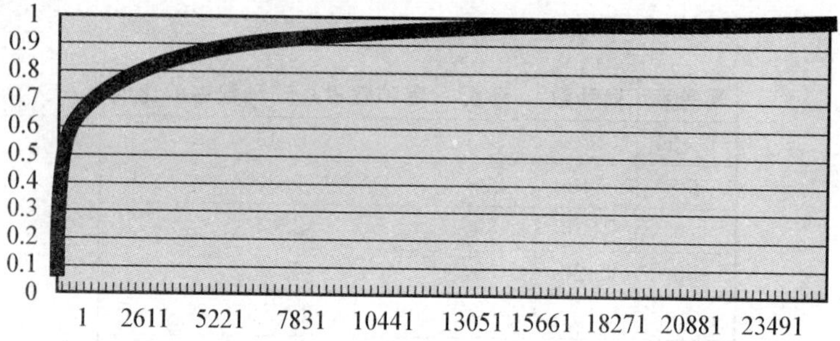


3. 苏教版新课标语文教材累加覆盖率

各累加覆盖段的用词情况

| 覆盖率 | 词种数 | 频次 | 词种数占总词种数占的比例 |
|---|---|---|---|
| 1—50 | 234 | 103 | 1.01% |
| 60 | 568 | 44 | 2.45% |
| 70 | 1338 | 20 | 5.77% |
| 80 | 3061 | 9 | 13.21% |
| 90 | 7385 | 3 | 31.86% |
| 95 | 12249 | 2 | 52.85% |
| 100 | 23178 | 1 | 100% |

苏教版新课标语文教材累加覆盖率

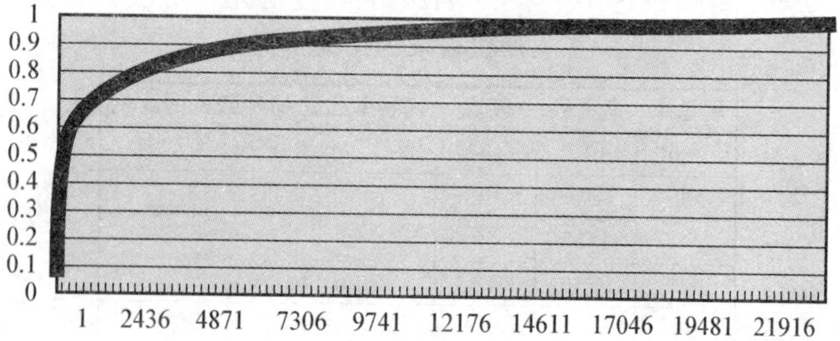

4. 三套新课标历史教材词语累加覆盖率

各累加覆盖段的用词情况

| 覆盖率 | 词种数 | 频次 | 词种数占总词种数占的比例 |
|---|---|---|---|
| 1—50 | 451 | 209 | 1.13% |
| 60 | 906 | 113 | 2.27% |
| 70 | 1794 | 57 | 4.49% |
| 80 | 3677 | 25 | 9.20% |
| 90 | 8765 | 8 | 21.92% |
| 95 | 15740 | 3 | 39.37% |
| 100 | 39982 | 1 | 100% |

三套新课标历史教材词语累加覆盖率

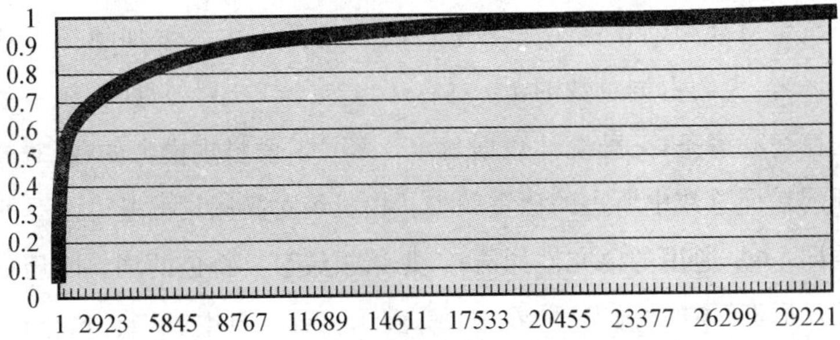


5. 两套新课标地理教材词语累加覆盖率

各累加覆盖段的用词情况

| 覆盖率 | 词种数 | 频次 | 词种数占总词种数占的比例 |
|---|---|---|---|
| 1—50 | 228 | 130 | 1.64% |
| 60 | 426 | 73 | 3.06% |
| 70 | 789 | 39 | 5.67% |
| 80 | 1546 | 17 | 11.10% |
| 90 | 3558 | 5 | 25.55% |
| 95 | 6223 | 2 | 44.69% |
| 100 | 13925 | 1 | 100% |

两套新课标地理教材词语累加覆盖率

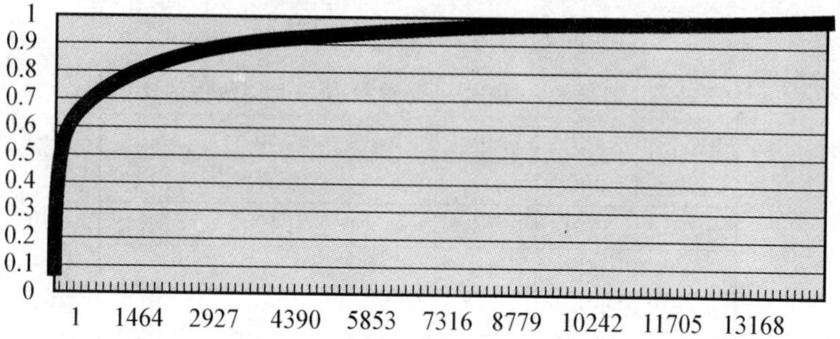


看来大规模的原始文本的词语调查，清楚揭示出了词语真实使用状态中一种规律极强的分布现象：数量极少的绝对高频词，数量有限的中度高频词，数量极大的低频词。

绝对高频词在词语总集中占的数量都不大。累加覆盖率前50％者，大约占词总数的1％左右（0.43％—1.64％），四种统计数据在200多条，一种统计数据是400多条。语料规模大的，绝对高频词在词总数中所占的比重就少。构成绝对高频词的基本上是两类词，一是通用的语文性词语；二是该领域最具特色的词，如"历史教材词汇"中的"国家、世界、人民、美国、英国、日本、民族、蒋介石、毛泽东、解放军、社会主义、政治、苏联、印度、社会主义"等。

中度高频词在词语总集中占的数量也不大。以前80％的累加覆盖率来看，约占词总数的10％（6.55％—13.21％）。前90％时，四种在词总数的21.92％—31.86％之间，只有一种在17.96％。显示语料规模越大，高频词愈集中，低频词愈分散，中度高频词在词总数中所占比重越小。

低频词是一个庞大的数字。无论在哪种大规模的真实文本的语料调查中，低频词占了词总数的大部分，这点已经再三清楚显示出来了。

## 四、使用度的计算

### （一）什么是使用度

使用度指的是“某调查对象的频率与分布率综合计算得出的值”。

使用度的计算公式是：$U_i = F_i * D_i$。“$U_i$”是使用度，“$F_i$”是频率，“$D_i$”是分布率。简单地说，使用度就是频率与分布率的乘积。

### （二）使用度的作用

使用度综合考虑了频率与分布率的作用。在使用度的构成中，既有频率的因素，也有分布率的因素。《现代汉语频率词典》大规模地运用了使用度计算法，并把使用度的计算结果作为词语选择的主要依据。“使用度是综合词次、类、篇三方面因素，按一定公式计算得出的压缩了的词次。从这个数值可以看到该词在语料中的使用程度和散布情况。使用度与词次越接近，则该词的次数分布得越均匀，说明该词使用面更广，否则反是。”①

频率从词语的使用次数多少来统计，是一维的考察；分布从词语的存在状况来统计，也是一维的考察。而使用度既考察了频率，也考察了分布。两维考察，总比一维考察要全面些。如 A 词出现在 10 个文本中，它的频次是 1000 次；B 词也是出现在 10 个文本中，它的频次是 100 次。从分布来看，A、B 两词的分布率是一样的，但它们的频次却相差了 10 倍。C 词出现在 1 个文本中，它的频次是 1000 次。从频次来看，C 词与 A 词一样，C 词是 B 词的 10

---

① 北京语言学院语言教学研究所编，《现代汉语频率词典》，北京语言学院出版社，1986 年。

倍;而从分布来看,A、B两词是C词的10倍。这就是只对频率,或只对分布作单一考察时可能会出现的尴尬。当把两个因素都综合考虑,A的位置显然会大大排在前面,这就是使用度的作用所在。

当然,在使用度的计算中,B词与C词可能会很接近,这要取决于文本总数与频次总数的大小,及B词与C词在里面所占的比重如何,即频率与分布率如何。这就要看你是更看重频次的高低,还是更看重分布的广窄了。

前面在讨论频率与分布率时,曾说到高频中可能隐藏有低分布的词语,并列举了用频率排序法与分布排序法排出的前3000条词的最后20条低分布词。现在就来看看计算了使用度之后它们的排序情况。

| A:分布法的高分布词 | | | | B:频率法的高频词 | | | |
|---|---|---|---|---|---|---|---|
| 词语 | 频率排序 | 分布率排序 | 使用度排序 | 词语 | 频率排序 | 分布率排序 | 使用度排序 |
| 脸颊 | 4110 | 3009 | 3446 | 皮诺曹 | 2974 | 49341 | 11226 |
| 不免 | 4112 | 3007 | 3445 | 贾芸 | 2901 | 49330 | 11211 |
| 靠近 | 3988 | 2985 | 3401 | 瑞恩 | 2902 | 49315 | 11212 |
| 逢 | 3985 | 2991 | 3403 | 王利发 | 2903 | 49328 | 11213 |
| 迷人 | 3987 | 2999 | 3396 | 帕霍姆 | 2635 | 49180 | 10861 |
| 往日 | 3989 | 3021 | 3405 | 信客 | 2421 | 49144 | 10688 |
| 炎热 | 3991 | 3018 | 3399 | 切斯特 | 2420 | 49145 | 10689 |
| 向往 | 3992 | 3015 | 3398 | 麦秸 | 2372 | 49182 | 10185 |
| 噢 | 3986 | 2978 | 3402 | 杨志 | 2374 | 49151 | 10177 |
| 平原 | 3876 | 3025 | 3354 | 水上漂 | 2373 | 49152 | 10182 |
| 完毕 | 3879 | 3050 | 3348 | 狗娃 | 2288 | 49220 | 10156 |
| 为难 | 3878 | 3058 | 3349 | 何满子 | 2246 | 49183 | 10146 |

（续表）

| A:分布法的高分布词 | | | | B:频率法的高频词 | | | |
|---|---|---|---|---|---|---|---|
| 词语 | 频率排序 | 分布率排序 | 使用度排序 | 词语 | 频率排序 | 分布率排序 | 使用度排序 |
| 两侧 | 3875 | 3031 | 3353 | 山米 | 1757 | 49207 | 9228 |
| 哈哈大笑 | 3871 | 3069 | 3346 | 斑羚 | 1478 | 49550 | 8768 |
| 朦胧 | 3872 | 3022 | 3350 | 玄德 | 1428 | 49551 | 8497 |
| 每逢 | 3873 | 3048 | 3351 | 奥伊达 | 1220 | 49375 | 8142 |
| 连连 | 3874 | 3045 | 3352 | 二爷 | 2973 | 23111 | 8823 |
| 疲劳 | 3877 | 3057 | 3355 | 青花 | 2694 | 22981 | 8425 |
| 送来 | 3593 | 3062 | 3216 | 枣儿 | 2042 | 22942 | 7597 |
| 出色 | 3599 | 3068 | 3218 | 鲍西娅 | 1907 | 23074 | 7333 |

上面两组分别进行了“频率排序”、“分布排序”、“使用度排序”。从排序比较中不难发现：A组的使用度排序与分布法的排序相差不大；处于分布法与频率法两种排序的中间；三种排序较为均衡。B组的使用度排序仍是处于分布法与频率两种排序的中间；频率法与分布法两种排序位于两个极端；使用度排序将两个极端的排序拉近不少，但三者之间仍有相当大的间隔。可见使用度的调查方法，对频次与分布上比较均衡、反差不大的词语会比较适用，而对明显高频低分布的词语纠偏的价值不大。这里用“纠偏”一词可能主观色彩浓了点，这本来就是它们频次与分布的真实写照。

现在可以这样来概括“使用度”与“频率”、“分布率”的关系：

“使用度”相同的情况下，频率愈高，分布率愈低；

“使用度”相同的情况下，分布率愈高，频率愈低；

“频率”相同的情况下，使用度愈高，分布率愈高；

“频率”相同的情况下，分布率愈高，使用度愈高；

“分布率”相同的情况下，使用度愈高，频率愈高；

“分布率”相同的情况下，频率愈高，使用度愈高。

下面用一组例子来显示其关系：

| 序号 | 词目 | 频次 | 文本 | 使用度 |
|---|---|---|---|---|
| 1 | 詹姆斯 | 21 | 2 | 19.40472 |
| 2 | 翠鸟 | 21 | 2 | 19.40472 |
| 3 | 沉香 | 14 | 3 | 19.40472 |
| 4 | 部落 | 14 | 3 | 19.40472 |
| 5 | 夜校 | 14 | 3 | 19.40472 |
| 6 | 王莽 | 14 | 3 | 19.40472 |
| 7 | 大街小巷 | 7 | 6 | 19.40472 |
| 8 | 帮手 | 7 | 6 | 19.40472 |
| 9 | 毕生 | 7 | 6 | 19.40472 |
| 10 | 离别 | 7 | 6 | 19.40472 |
| 11 | 长眠 | 7 | 6 | 19.40472 |
| 12 | 揩 | 7 | 6 | 19.40472 |
| 13 | 半山 | 7 | 6 | 19.40472 |
| 14 | 河底 | 7 | 6 | 19.40472 |
| 15 | 界限 | 7 | 6 | 19.40472 |
| 16 | 工作者 | 7 | 6 | 19.40472 |
| 17 | 马车夫 | 7 | 6 | 19.40472 |
| 18 | 鬼脸 | 7 | 6 | 19.40472 |
| 19 | 地势 | 7 | 6 | 19.40472 |
| 20 | 城里人 | 7 | 6 | 19.40472 |
| 21 | 明丽 | 7 | 6 | 19.40472 |
| 22 | 一级 | 7 | 6 | 19.40472 |
| 23 | 贾芸 | 41 | 1 | 18.9427 |
| 24 | 瑞恩 | 41 | 1 | 18.9427 |
| 25 | 王利发 | 41 | 1 | 18.9427 |

（续表）

| 序号 | 词目 | 频次 | 文本 | 使用度 |
| --- | --- | --- | --- | --- |
| 26 | 骗人 | 8 | 5 | 18.48068 |
| 27 | 纪念品 | 8 | 5 | 18.48068 |
| 28 | 房租 | 8 | 5 | 18.48068 |
| 29 | 封建 | 8 | 5 | 18.48068 |
| 30 | 篮球 | 8 | 5 | 18.48068 |

上表把频率与分布率省略，只显示频次与文本数，只是求直观而已。表中30个词按使用度由高到低排列。1—22个词的使用度相同，23—25词的使用度稍低，26—30词使用度又更低些。30个词在全表中紧密相连，从表中1—22个词可以清楚看到“使用度相同的情况下，频次高的，分布数低；分布数高的，频次低”的关系。其他四种关系在数据库中同样清楚地显示了，只是这里因相同使用度的词语太多，篇幅有限而没有展示出来。

这里再举一个可以推断出的现象，就是同样都是文本数为1的词，频次愈高的词其非语文词的可能性越大。因为只有人名、地名等专名才有可能会在一个文本中反复出现。如前面列表中的“奥伊达”、“玄德”、“贾芸”、“瑞恩”等即是。

上面的比较结果还告诉我们两点：一是以分布法作为词语排序的基础方法，其综合排序出入不会很大；二是对频次分布的考察中，无论是对低频或对低分布词，排序的价值都不大。四套语文教材词汇统计结果显示，频次为1的词有19766个，频次为2的词有7632个；文本数为1的词有23200个，文本数为2的词有7505个。试想，频次为1，文本数为1的词语，相互之间排位最大差会有19765位、23200位，对这样的词语排序有何意义？问题是，低频次的词容易被人看得清楚，而低分布的词有时却藏着极易迷惑人的东西。

《现代汉语频率词典》相当推崇“使用度”计算法。在两个总词表中也是把“使用度词表”列于首,“频率词表”次之。它在介绍“频率词表”时谈到国外制订词表时是频率优先:“本表(指频率词表,本书按)反映出的情况和数据一目了然,易于使用。其他外语频率词典的主要词表大多也采用这种排列方法。”①从本书的分析来看,频率统计法的局限其实还是比较明显的,虽然“一目了然”,但却可能藏有大的误导。

## 五、频率差的运用

(一)什么是频率差

频率差指的是“用某调查对象在分类语料中的频率减去其在全部语料中的频率所得到的值。也叫‘频率差值’。简称‘频差’”。在词汇调查中,频率差比的是同一个词的两个频率,一个是部分频率,一个是总体频率,不属同一个总体的成员,相互之间的频率没有可比性。

现在来看频率差的运用。下面是三个词语表:语文教材词语表 yuwen(有词语 50670 条)、历史教材词语表 lishi(有词语 39982 条)、地理教材词语表 dili(有词语 13925 条),每个词语表有“cimu”(词目)、“pinci”(频次)、“pinlv”(频率)三个字段。下面每个词语表各举 3 个词的频次与频率。

① 北京语言学院语言教学研究所编,《现代汉语频率词典》,北京语言学院出版社,1986 年。“前言”,VI 页。

| yuwen | | |
|---|---|---|
| ycimu | ypingci | ypinglv |
| 的 | 62295 | 0.057821736963 |
| 地区 | 73 | 0.000067758035 |
| 摆放 | 6 | 0.000005569153 |

| lishi | | |
|---|---|---|
| lcimu | lpinci | lpinlv |
| 的 | 46023 | 0.065860611282 |
| 地区 | 714 | 0.001021760347 |
| 摆放 | 2 | 0.000002862074 |

| dili | | |
|---|---|---|
| dcimu | dpinci | dpinlv |
| 的 | 14118 | 0.074195921799 |
| 地区 | 1127 | 0.005922850536 |
| 摆放 | 1 | 0.000005255413 |

求频率差的步骤有四步：第一步，求一个词在各分表的频次之和；第二步，求合表中所有词的总频次；第三步，求合表后每个词的频率，即总体频率；第四步，求每个词的各分表频率与合表频率的差值。

1. 设计查询界面下的操作方法

1）求词的各分表频次之和

求词在各分表的频次之和有两种方法，下面先介绍第一种。

（1）用关联表的方法求三个分表共有词的频次之和

把 yuwen、lishi、dili 三个表调入查询区域，在三表之间作"一对一"的关联，设定如下：

| | | |
|---|---|---|
| 字段 | hcimu:[ycimu] | hpinci:yuwen.[ypinci] + lishi.[lpinci] + dili.[dpinlv] |
| 表 | yuwen | |

合表中有两个字段，第一个字段命名为 Hcimu（合表词目）；第二个字段命名为 hpinci（合表频次）；执行后保存，新表命名为 hebiao_1。显示如下：

| hebiao_1 | |
|---|---|
| hcimu | hpinci |
| 的 | 122436 |
| 地区 | 1914 |
| 摆放 | 9 |

这种方法只能把三个表中共有词的频次相加，只存在于一个或两个表中的词反映不出来。频率差的比较对象一定要是在多库中的共有词，所以用这种方法对共有词进行统计还是可行的。

（2）用合并表的方法求三个分表所有词的频次之和

还可以用合并表的方法来求得词在各分表中的频次之和，有三种方法，一是用粘贴、复制的方法来合并表，二是用粘贴、复制、添加到表的最后一行的方法合并表，三是用追加表查询的方法。这三种方法的好处是能将所有词的频次都加起来，只出现于一个表或两个表中的词语也能得到反映。这样得到的结果就不仅仅是三表共有词，而是三表所有词的频次之和都能得到反映。将装有三个分表内容的合并表命名为 hbb。内容如下：

| hbb | |
|---|---|
| hcimu | hpinci |
| 的 | 62295 |
| 地区 | 73 |
| 摆放 | 6 |
| 的 | 46023 |
| 地区 | 714 |
| 摆放 | 2 |

| hbb | |
|---|---|
| hcimu | hpinci |
| 的 | 14118 |
| 地区 | 1127 |
| 摆放 | 1 |

合并之后得到的三个表词总数是104577，这里还要进一步加工以形成最终数据。下一步可在设计查询界面作如下设定：

| 字段 | [hcimu] | [hpinci] |
|---|---|---|
| 表 | hbb | hbb |
| 总计 | 分组 | 总计 |

保存后命名为hebiao_2。三个分表合并后，得到不重复的词语数是73117条，每个词条后面是各分表的频次之和，如：

| hebiao_2 | |
|---|---|
| **hcimu** | **hpinci** |
| 的 | 122436 |
| 地区 | 1914 |
| 摆放 | 9 |

2）求合并表hebiao_2的总频次

| 字段 | [hpinci] |
|---|---|
| 表 | hebingb |
| 总计 | 总计 |

执行后显示如下：

| hpinci |
|---|
| 1966437 |

"1966437"就是合并表hebiao_2所有词的总频次。

3）求每个词在hebiao_2中的频率

将每个词的频次除以总频次1966437，得到每个词的总频率。设定如下：

| 字段 | [hcimu] | [hpinci] | hpinlv:[hpinci]/1966437 |
|---|---|---|---|
| 表 | hebiao_2 | hebiao_2 | hebiao_2 |

这里有三个字段,保留了 hcimu(词目)、hpinci(频次)两个字段。新的字段命名为 hpinlv,查询结果命名为 hebiao_3。显示如下:

| hebiao_3 | | |
|---|---|---|
| **hcimu** | **hpinci** | **hpinlv** |
| 的 | 122436 | 0.0622628642565208 |
| 地区 | 1914 | 0.0009733340045981 |
| 摆放 | 9 | 4.57680566425469E-06 |

4) 求各分表与 hebiao_3 的频率差

可将 yuwen、lishi、dili 三个分表分别与 hebiao_3 关联,求频率差,按频率差大小排列即可得到各分表中频差值最大的词语,这也是分表中最有特色的词语。下面以 yuwen 为例:

| 字段 | [ycimu] | pincha:yuwen.[ypinlv] - hebiao_3[hpinlv] |
|---|---|---|
| 表 | yuwen | |
| 排序 | | 降序 |

频差字段命名为 pincha,执行后就可获得每个词的分表频率与总表频率的差值。作降序与升序的不同排列,可以细致地观察到分表中特色词的状况。得到的结果保存并命名为 hebiao_4。详细情况将在下面再展示。

以上的查询先后命名为四个查询名保存:

hebiao_1:反映了三个分表中共有词的频次之和;

hebiao_2:反映了三个分表中所有词的频次之和;

hebiao_3:反映了合并表的总频率;

hebiao_4;反映了分表与合并表的频率差。

2. SQL界面下的操作方法

1）求词的各分表频次之和

（1）求 yuwen、lishi、dili 三个表中共有词语的频率：

```
SELECT yuwen.[ycimu] AS hcimu, (yuwen.[ypinci] + lishi.[lpinci] + dili.[dpinci]) AS hpinci INTO hebiao_1
FROM (dili INNER JOIN lishi ON dili.[dcimu] = lishi.[lcimu]) INNER JOIN yuwen ON lishi.[lcimu] = yuwen.[ycimu]
```

合表中有两个字段，第一个字段命名为 hcimu(合表词目)；第二个字段命名为 hpinci(合表频次)；执行后保存，命名为 hebiao_1。

（2）用联合查询的方式求在各表中所有词的频次之和

```
SELECT yuwen.[ycimu] ,yuwen.[ypinci] FROM yuwen
UNION
SELECT lishi.[lcimu],lishi.[lpinci] FROM lishi
UNION
SELECT dili.[dcimu],dili.[dpinci] FROM dili
```

用联合查询的方式得到合表的结果，默认第一个查询对象的字段名为字段名。

下面进行词的分组、求频次之和。将该查询结果命名为 hbb。操作如下：

```
SELECT [ycimu] AS hcimu,SUM([ypinci]) AS hpinci INTO hebiao_2
FROM hbb
GROUP BY ([ycimu])
```

在上面的命令中，除了对词的分组，求频次之和外，还把 Ycimu 更名为 hcimu,把频次之和的字段命名为 hpinci,并生成新表 hebiao_2。

上面的(1)反映的只是三个分表共有词的频次之和,这里的(2)反映的是三个分表所有词语的频次之和。

2) 求合并表 hebiao_2 的总频次

SELECT SUM(hpinci)

FROM hebiao_2

执行后显示如下:

| hpinci |
|---|
| 1966437 |

3) 求每个词在 hebiao_2 中的频率

将每个词的频次除以合并表的总频次,就能得到每个词的总频率。

SELECT [hcimu],[hpinci],[hpinci]/1966437 AS hebiao_3

FROM hebiao_2

在 SELECT 语句中,将合并表频率的字段命名为 hebiao_3。执行后显示如下:

| hebiao_3 | | |
|---|---|---|
| hcimu | hpinci | hpinlv |
| 的 | 122436 | 0.0622628642565208 |
| 地区 | 1914 | 0.0009733340045981 |
| 摆放 | 9 | 4.57680566425469E-06 |

4) 求各分表与 hebiao_3 的频率差

下面以 yuwen 为例:

SELECT yuwen.[ycimu], (yuwen.[ypinlv] - hebiao_3.[hpinlv]) AS plcha

FROM yuwen INNER JOIN hebiao_3 ON (yuwen.[ypinlv] = hebiao_3.[hpinlv])

（二）频率差的作用

频率差的目的是通过观察部分频率与总体频率之间的差异来观察这个词在“部分”中的重要性。部分频率比之于总体频率，“顺差”愈大说明这个词在这个“部分”中愈重要、愈高频。反之亦然。换句通俗的话说，就是看一个词在总体频率中的“贡献”如何。“贡献”大的就会在频率的比差中体现出来。频率差比的不是频率绝对值，而是二者的差异程度。如“的”字，无论是在部分频率还是总体频率中都很大，二者之间的差别很小，就很难看出它在“部分”中的特点。而“爷爷”一词，在语文教材频率高，而在各科教材中的频率不高，这就说明“爷爷”是语文教材中的高频词、特色词。

下面是 hebiao_4 显示的语文、历史、地理三科教材词汇中最有特色的前 100 条词。

| | |
|---|---|
| 历史教材特色词 100 条 | 工业革命、西汉、隋、北京人、废除、沙俄、镇压、版、内战、航路、北魏、罗马帝国、垄断、秦朝、项羽、变革、康有为、文艺复兴、朱元璋、集团、法制、十一届三中全会、活字、专制、巴黎公社、幕府、左图、国共、年号、义和团、资本家、反革命、北伐、苏军、原文、同盟、社会主义、印刷术、进士、东晋、李大钊、氏族、赔款、执政、中古、战败、南北朝、首脑、国民政府、主编、中国共产党、珍珠港、大败、解放区、开办、蒋介石、明治维新、晚期、影视、各级、汉人、夺取、大权、独立宣言、好莱坞、山顶洞人、戊戌变法、爵士乐、尼克松、沙皇、法典、确立、文化大革命、巴拿马、抗日救亡、手工业、齐桓公、宣言、中华民国、各组、卢梭、反帝、歼、两河流域、体制、代表作、反击、纪年、封建、议会、席位、选拔、亚太经合组织、秦始皇、北宋、隋朝、世贸组织、叛乱、中国人民志愿军、大别山 |

（续表）

| | |
|---|---|
| 地理教材特色词100条 | 降水、盆地、水资源、比例尺、北半球、撒哈拉、干流、储量、铁矿、秦岭、极地、半球、经度、地下水、亚马孙河、台湾岛、复习题、中南半岛、占有量、北极圈、岛国、塔里木盆地、谷地、经纬、一般来说、气温、青海省、丰沛、地球仪、气流、高寒、进度、季风、外汇、亚欧大陆、温差、山地、农业区、西半球、巴西利亚、地形图、普查、牧区、用地、阶梯、界线、港澳、旱季、生产国、国道、冰盖、和服、水利枢纽、西北地区、地形、温带、分布、纬度、矿产、里海、大堡礁、山东省、白令海峡、沧海桑田、油棕、直辖市、大洋洲、山脉、自然资源、台湾省、旅游业、北极熊、外向型、疏松、渔场、甜菜、海拔、北冰洋、海平面、断流、侨乡、柴达木盆地、寒潮、风速、海豹、分水岭、考察站、近些年、东半球、外运、用水、用水量、地势、热带、亚热带、气候、山西省、河段、南水北调、毫米 |
| 语文教材特色词100条 | 听见、身子、瞧、武松、么、鸟儿、猫、妈妈、哦、燕子、那位、似的、小溪、好看、屋子、一会儿、蝴蝶、唉、一点儿、窗外、吸、坐下、妈、蜜蜂、闪、心里、摘、咱们、使劲、那儿、嗓子、跟前、松树、笑声、乡下、哇、小姑娘、灰尘、怀里、爸爸、低声、大熊猫、头上、要是、抬起、去年、并不、您、屋里、刚才、撑、身旁、舒服、底下、闪闪、鬼子、静静、平常、儿、忽然、麋鹿、呵、爷爷、脸、疲倦、那边、笑容、大哥、看见、尾巴、不曾、护士、溪流、挣、牛郎、摸、慌、安静、蒲公英、舌头、晚饭、回头、呀、清脆、匆匆、果子、波浪、村子、这儿、唱歌、歪、摇晃、哟、多久、哪怕、寂寞、焦急、力气、玩耍、曲子 |

## 六、频级的运用

（一）什么是频级

相同频次的为一个频级。频级排序法就是在同一个语料调查范围中所有词语按频级高低排序的一种方法。频级排序法又称为频位排序法。作个简单的比喻，频级相当于体育比赛中成绩相同的并列为同一个名次。

《中国语言生活状况报告》(2005)下编调查的词语数有165万。最高频次的是“的”,达22734344次。最低的只有1次,共有868244个词。频次为1的86万多条词按频次排序,第一条与最后一条相差86万多位,但都只有一次,这里相隔的巨大序位距离实际上是无意义的。而把相同频次的合为一级,165万多条词语就变成11381个频级了。频次最高的为第1频位,最低的1次为最后一个频位,即11381频位。这时再来认识165万条词的频次高低就简单明了多了。通俗地说就是并列者再多,它们的名次位置是相同的。

“频级”在《现代汉语频率词典》中已经有了运用,如在计算“使用度”、“频率”时使用了“级次”的概念(“使用度相等者为同一级次”、“相同频率的词列入同一级次”),在计算“频次”时使用了“等级”的概念(“频次相等者为同一等级”)。无论是“频级”,还是“级次”“等级”,都是指相同的数值,只是这个数值代表的对象不同。本书的“频级”相当于《现代汉语频率词典》中的“等级”。当然还有一个不同的地方,就是“级次”“等级”在《现代汉语频率词典》中只是在中间环节里起局限排序的作用,而本书是将它作为一个独立的计算方法。

基础教育新课标语文教材的词汇调查共得50670条词,由高频到低频排序,从1到50670是一种排序,但频次为1的多达19766条词,把这些词列出来从1到19766之间也是无意义的,按频级统计它们都算一级。50670条词只有619个频级。

求频级的方法实际就是对频次进行分组处理,关键是如何把这个频级序号导入到原词语表中去。下面以yuwen表为例。

1. 选择查询界面下的操作方法

1）求频级数

| 字段 | [ypinci] | number:[ypinci] |
|---|---|---|
| 表 | yuwen | yuwen |
| 总计 | 分组 | 计数 |

执行后显示为：

| ypinci | number |
|---|---|
| 1 | 19766 |
| 2 | 7632 |
| 3 | 4233 |
| 4 | 2821 |
| 5 | 1975 |
| …… | …… |
| 26418 | 1 |
| 62295 | 1 |

第一行表示频次为1的词共有19766条。第二行表示频次为2的词共有7632条。最后两行表示频次为26418的词只有1条，频次为62295的词只有1条。

一共得到619个频级。但这里只把相同频次的合为一级，但所得到的频次并不是连续号。为了后面的运用方便，还必须要给频级按由高到低排上不间断的序列号，即频次最高的62295为第1级，频次次高的26418为第2级。

2）在Excel中生成1—619的不间断序列号

操作方法：菜单的工具栏→随机数发生器→模式→选变量一个，生成一组“1—619”的不间断序列号。

3）把频级数查询生成新表

把1）中生成的频级数查询生成新表，命名为yuwen_2；并增加一个字段，命名为 pinjixu2，数据类型选"数字_长整型"。把 ypinci 字段改名为 ypinci2，按降序排列，1—619 的数字复制到 pinjixu2。显示如下：

| pinjixu2 | ypinci2 | number |
|---|---|---|
| 1 | 62295 | 1 |
| 2 | 26418 | 1 |
| …… | …… | …… |
| 165 | 5 | 1975 |
| 166 | 4 | 2821 |
| 167 | 3 | 4233 |
| 168 | 2 | 7632 |
| 169 | 1 | 19766 |

现在可以来比较 yuwen 与 yuwen_2 了。yuwen.[ypinci]与 yuwen_2.[ypinci2]的内容完全一样，只是前者是"多"方，后者是"一"方。这时还需要在 yuwen 表增设一个字段，数据类型选"数字_长整型"，命名为 pinjixu。

4）给 yuwen 中的每个词在 pinjixu 字段添加频级序号

把 yuwen 与 yuwen_2 调到查询区域，在 yuwen.[ypinci]与 yuwen_2.[ypinci2]建立联结线。在查询设置区域作如下设定：

| 字段 | [ycimu] | [ypinci] | [pinjixu] |
|---|---|---|---|
| 表 | yuwen | yuwen | Yuwen |
| 更新到 | | | Yuwen_2.[pinjixu2] |

这样就把 yuwen_2 的 pinjixu2 字段中的 1—169 个序号，全部添加到了 yuwen 表的 pinjixu 字段中了。打开 yuwen 表显示如下：

| id | ycimu | ypinci | pinjixu |
|---|---|---|---|
| 1 | 的 | 62295 | 1 |
| 2 | 了 | 26418 | 2 |
| 3 | 一 | 21213 | 3 |
| 4 | 我 | 18639 | 4 |
| | …… | …… | …… |
| 50668 | 扯破 | 1 | 169 |
| 50669 | 扯住 | 1 | 169 |
| 50670 | 车行 | 1 | 169 |

2. 在 SQL 界面下的操作方法

1）求频级数；

SELECT [ypinci],COUNT[ypinci] AS number

FROM yuwen

GROUP BY ([ypinci])

同时需要把 ypinci 改名为 Ypinci2,并把查询结果生成新表,操作如下：

SELECT [ypinci] AS [ypinci2],COUNT[ypinci] AS number INTO yuwen_2

FROM yuwen

GROUP BY ([ypinci])

2）在 Excel 中生成 1—619 的不间断序列号；

3）在 yuwen_2 中增加字段 pinjixu2,把 1—619 的序列号复制到 yuwen_2 的字段 pinjixu2。粘贴前要把 ypinci2 字段按降序排列；

4）在 yuwen 表增加字段 pinjixu,再把 yuwen_2 表中 pinjixu2 字段的"1—619"添加到 yuwen 表的 pinjixu 字段；

UPDATE yuwen_2 INNER JOIN yuwen ON yuwen_2. ypinci2 = yuwen. ypinci SET yuwen. [pinjixu] = [yuwen_2].

[pinjixu2]。

（二）频级的作用

频级是频次的“浓缩版”，克服了低频词大量重复、排位稀疏、相同频次的词语之间排位距离远的毛病，可以用有限序列号反映出数量庞大的词语之间的排序问题。频级是频次直观、简略的显示。它没有经过像频率或使用度那样的抽象过程，分析没有那么精确。比如频次相差很大，但中间有跳跃空缺时，在频级形成序列时可能在频位上只相差一两位。但它也有好处，就是在词语集之间进行比较时，可以不受语料规模大小不一的影响。在实际语言调查中，多个语料对象规模容量相差极大，但语料性质不同，需要保持其独立性时，计算一个词在独自语料环境中的排位顺序还是很重要的。它快捷、方便，也能直观地获得词语性质的某些特征。有时在对从多个大型语料调查中获得的结果进行综合处理时，也会需要使用到频级方法。下面就这两种情况各举一例来看频级的运用。

1. 通过频级位序的差比，观察两个词集的差异

在“基础教育新课标历史、地理教材用字用词调查”中对三套历史教材、两套地理教材进行了词汇调查，①历史教材共有不同的词语39982条，地理教材共有不同的词语13925条。比较二者如下：

| 科目 | 总词种数 | 共用词数 | 共用词所占比例(%) | 独用词数 | 独用词所占比例(%) |
|---|---|---|---|---|---|
| 历史 | 39982 | 9525 | 23.82 | 30456 | 76.17 |
| 地理 | 13925 | | 68.40 | 4399 | 31.59 |

① 国家语言资源监测与研究中心编，《中国语言生活状况报告》(2008)下编，商务印书馆，2009年。

在9525条共用词中，哪些词更有“历史”学科的特点，哪些词更有“地理”学科的特点，就可以通过频级位序的比较来进行观察。频级排序中差异愈大的，说明其学科特色愈明显。比较后发现：

◇ 频级完全相同的有3个，即“的、等、一”。在各自教材词语中分别排在第1、7、15位。

◇ 频级差为1的有10个词：与、上、先后、发表、生活、国家、个、所、在、成熟。

◇ 在历史教材中排序靠前，在地理教材中排序靠后，频级差最大的前100个词是（按差异大小排列）：

他、战争、人民、今、革命、社会主义、建立、时期、统治、制度、他们、军队、改革、当时、英国、苏联、后来、统一、开始、思想、代表、次、会议、新、社会、胜利、自己、皇帝、德国、日、第、时代、古代、公元前、成立、以后、实行、英、资本主义、毛泽东、名、建议、国、美、军事、政治、法、斗争、同、发动、书、历史、自由、和平、学习、西方、前、组织、起、后、法国、称、写、提出、运动、学生、政权、年代、世纪、文字、进攻、艺术、发明、世界大战、独立、法西斯、其、进行、文明、农民、政策、反、通过、我、但、俄国、里、下、探究、故事、第一、给、于、又、被、内容、封建、之、出现、精神

◇ 在地理教材中排序靠前，在历史教材中排序靠后，频级差最大的前100个词是（按差异大小排列）：

气温、气候、地形、降水、分布、河流、面积、海洋、差异、热带、地球、陆地、旅游、天气、平均、澳大利亚、地理、地势、海拔、资源、景观、高原、水资源、找出、类型、东部、耕地、南极、平原、运输、巴西、石油、自然、俄罗斯、环境、山地、位于、山脉、黄土高原、矿产、地带、

自然资源、陆、低、海、纬度、黄河、平方千米、亚洲、东南亚、产业、冬季、长江、夏季、特征、位置、大洲、湖泊、西部、干旱、区、区域、居、自然环境、基地、聚落、人均、目前、大陆、沿岸、板块、流失、沙漠、大洋、森林、青藏高原、密度、赤道、火山、地球仪、保护、出口、水土、地图、发展中国家、少、污染、千米、生态、台湾省、草原、发达国家、太阳、湿润、生长、季节、淮河、高新技术、南美洲、地表

排位相等，或排位相近，这都说明这些词在两个词集中地位很接近。当然由于词总量不同，总频级数不同，相同的频级可能显示的意义并不相等。但起码也说明相差不会很大，无论是那频级位相等的 3 个词，还是相差只有一位的 10 个词，都属基础的语文性词语。而在频级位相差很大的情况下，其差异却是明显的。如上面的两个 100 条清楚地显示出历史学科与地理学科的用词特点。

下面以 lishi 表和 dili 表为例，展示获得频级差的操作方法。含有频级序号的字段名为 pinjixu

(1) 设计查询界面下的操作方法

先把 lishi 表与 dili 表调入查询区域。在 lishi. lcimu 与 dili. dcimu 之间建立联结。设定如下：

| 字段 | [lcimu] | cha：lishi.[pinjixu] - dili.[pinjixu] |
|---|---|---|
| 表 | lishi | yuwen |

要查询两表共用词，只要导出一个含有词目的字段即可，这里显示的是 lcimu 字段。再将两表中含有频级序号的 pinjixu 相减，即可得到词的频级差。对两个表来说，负数或正数，都是处于两个词集的两端。显示如下：

| cha | llishi |
|---|---|
| −483 | 气温 |
| −464 | 气候 |
| −458 | 地形 |
| −445 | 降水 |
| −443 | 分布 |

或

| cha | dcimu |
|---|---|
| 234 | 他 |
| 199 | 战争 |
| 186 | 人民 |
| 184 | 今 |
| 183 | 革命 |

(2) SQL 界面下的操作方法

SELECT lishi.[lcimu],lishi.[pinjixu] - dili.[pinjixu] AS cha

FROM lishi INNER JION dili ON lishi.[lcimu] = dili.[dcimu]

2.通过频级位序的均衡求值,求多个词集的综合排序

在《现代汉语常用词表》的研制中,需要将5万多条词语根据其在真实语言使用中的状况来排序。研制中将这个词表在多个大型语料库进行了查询、关联、比对。对比的大型语料有国家语委研制的"现代汉语通用语料库"(4500万字)、厦门大学研制的"现当代文学作品语料库"(7000万字)、2001—2005年间"人民日报语料库"(1.35亿字)。这些语料不可谓不大,但在每一种语料库中都有数千条词语不见于其中。为了防止是因自动分词所带来的切错

切碎,另用字符串的方式对原始语料进行了查询,情况依旧。下面略举各例:

| 词语 | 通用语料库 | 人民日报 | 文学作品 |
|---|---|---|---|
| 安全阀 | 0 | 21 | 0 |
| 暗箱操作 | 0 | 361 | 0 |
| 举兵 | 11 | 0 | 0 |
| 黄褐斑 | 19 | 0 | 0 |
| 矮墩墩 | 2 | 0 | 7 |
| 八字步 | 0 | 0 | 26 |
| 白斩鸡 | 2 | 0 | 8 |
| 阿拉伯语 | 0 | 94 | 22 |

那么,能否把这几种语料库作归并处理呢?显然也不行。"现代汉语通用语料库"看上去量不少,但与新闻语料相比,只有后者的几分之一。教材、科普性质的语料量也是不可能很大。一旦作了归并,语料量大的语料性质将起到决定作用,整个结果将被新闻语言的性质所左右。

词语非普遍性存在,或者说词语存在的区域性,并非只显现于真实语料中,大型词语表亦是如此。经比对发现现有的大规模词表没有一种被别的词表所包括,也没有一种能包括其他词表。

"由于词语的来源面比较宽,各种语料都有自己的覆盖面与构成特点,词表中的词语不能在每种语料中都得到全部显现。同一个词语在不同语料库中的频次也可能相差较大,因而不同语料库中的具体频次之间缺乏严格的可比性。"①因此,寻找一种有效的

① "现代汉语常用词表"课题组,《现代汉语常用词表》,商务印书馆,2008年。"研制说明"。

办法从多个不同性质，容量相差大的语料库中取得平衡，以获得有足够均衡性、代表性的数据，就成为一个关键。这里就使用了频级法以求获得每个词的综合使用状况。

频级统计分两步施行。第一步先形成不同类型语料各自的频级。这里取的是“通用语料库”、“人民日报”语料、“文学作品”语料三种，这样每一个词语就有了三个不同的分表频级。第二步是形成总语料的频级，就是将每个词语的三种语料的分表频级之和除以三。总语料的频级共有 2969 级，1 级为最高，2969 级为最低。同一频级的词语最多有 1781 条，最少的只有 1 条词语。相同频级的词语，根据总频次的多少由高到低排序，相同频次的根据读音按字母升序排列。下面以 cycb《现代汉语常用词表》为例来看求多个频级序平均数的方法。“cimu”字段表示所收词语，“tpj”表示通用语料库的频级，“rpj”表示人民日报语料的频级，“wpj”表示文学作品语料的频级。

(1) 设计查询界面下的操作方法

| 字段 | [cimu] | pjx:([tpj] + [rpj] + [wpj])/3 |
|---|---|---|
| 表 | cycb | cycb |
| 排序 | | 升序 |

三个分表的平均频级数命名为 pjx，表示综合之后的总频级。

(2) SQL 界面下的操作方法

```
SELECT [cimu],([tpj] + [rpj] + [wpj])/3 AS pjx
FROM cycb
```

综合取值，有助于避免因某种语料的局限或缺陷而带来的片面。如“经济”、“建设”在“人民日报”语料中排第 25、26 位，但在“通用语料库”只排 88、131 位，在“文学作品”中只排 1197、2073

位，它们的综合排名在233、446位。

又如"你"在"文学作品"中排第9位，在"人民日报"排230位，在"通用语料库"排27位，它的综合排名在第69位。

下面是总频级序号的前20位词的情况。

| 词语 | tpj | rpj | wpj | pjx |
|---|---|---|---|---|
| 的 | 1 | 1 | 1 | 1 |
| 是 | 4 | 3 | 3 | 2 |
| 在 | 3 | 2 | 7 | 3 |
| 一 | 7 | 4 | 2 | 4 |
| 不 | 12 | 6 | 5 | 5 |
| 有 | 11 | 8 | 11 | 6 |
| 这 | 9 | 14 | 13 | 7 |
| 个 | 24 | 5 | 10 | 8 |
| 上 | 16 | 12 | 17 | 9 |
| 也 | 14 | 20 | 14 | 10 |
| 他 | 10 | 34 | 6 | 11 |
| 人 | 18 | 18 | 16 | 12 |
| 就 | 15 | 22 | 15 | 13 |
| 对 | 17 | 7 | 32 | 14 |
| 说 | 23 | 28 | 8 | 15 |
| 我 | 8 | 50 | 4 | 16 |
| 要 | 26 | 15 | 22 | 17 |
| 到 | 38 | 21 | 18 | 18 |
| 大 | 39 | 31 | 26 | 19 |
| 我们 | 29 | 39 | 29 | 20 |

频级排序法也有不足，就是对低频词的区别价值不大，低频词在一个频级中集聚了太多的词语。在同一频级的词语中再根据总频次的高低排序，相同频次的再根据音序排列。音序包括笔画顺序，一种无理据的排序。分库频级的总数相差太大，也会带来一定

的影响。

上面介绍了几种测算词语差异的方法。每一种方法都有“过人”之处，有其特殊的功能，对其他方法解决不了，或解决不好的地方能起到独自的弥补作用，但每一种方法也有其自身局限。在特定情况下，这种“局限”可能会被放大。因此，在计量方法的学习中不仅要关心其操作，关心如何实现，还要对它们的作用与不足都要有清楚了解，才能用所长，避所短，真正让计量的结果有助于准确地认识调查对象的性质与特点。否则计量结果浮于表面，有时还会误导而入歧途。

## 思考与练习：

1. 频次与频率有什么关系？各有什么样的作用？

2. 文本数与分布率有什么关系，各有什么样的作用？

3. 使用度与频率、分布率有什么关系？如何评价频率、分布率、使用度的统计效果？

4. 如何获得一个词的频率、分布率、使用度？试找五篇不同时代的小说用 Word 自带功能分词、标注词性并进行相关操作。

5. 如何获得累加覆盖率？以练习 4 的词表为对象，用设计查询与 SQL 语言来完成累加覆盖率的计算。

6. 频率差的实现条件是什么？如何获得频率差？频率差的作用是什么？

7. 什么是频级？它与频次、频率有什么关系？试为练习 4 词表中每个词添加序列频级号，并进行综合频级排序。

# 第十三章　如何对词语分布态进行分析

前面学习了在Access中如何对词语进行计量，可以轻松地获得有关词语存在的种种数据，达到准确描写词汇状况的目标。但获得数据、准确描写并不是最终目的，而是要解读数据背后的语言意义。怎样解读数据，怎样透过一组组的数字来阐释其背后的语言意义，从而更好地认识词汇的性质与特点，这才是词汇计量的最终目的。对象是客观的，但从不同的角度来调查可能会得到不同的数字；数字是客观的，但在不同的分析方法下却可能会有不同的价值；数据是客观的，但从不同角度来解读却可能会读出不同的意义。因此，学会了具体的操作方法还不够，还应学会怎样来挖掘数据背后所蕴藏的意义。这当然要用到统计学的知识。数据库提供了部分这样的功能。要对从数据库中获得的数据进行深度加工，深入了解这些数据之间的各种关系，还得深入学习统计学知识。这是很专业的学问。本书只选取一些简单的用例进行介绍，以显示词汇计量研究对这方面的知识是有着迫切需求的。

## 一、词语分布的均数、众数与中位数

### （一）什么是均数、众数、中位数

均数是一组数字的平均值。众数是一组数字中相同值最多的数字。中位数是一组数字中按值的大小排列居于中间位置的数字。

求均数是日常生活中用得最多的一种计算方法。它看上去非常公平，其实也可能会产生误导。例如有100个人，月工资2500元的有80人，4000元的有5人，5000元的有5人，6000元的有5人，10000元的3人，20000元的1人，30000元的1人。100人的平均工资是3550元，这是平均数。在这组工资收入数中众数是2500元，中位数也是2500元。这里的平均数这个数据是绝对真实的，但公布后那80人可能会愤愤不平。这是因为均数与众数、中位数相去太远，均数得不到“公众”的认同。

下面简单说说获得均数、众数、中位数的方法。数据表是xhk，统计内容是sshiyi字段的释义长度。下面的“sshiyicd”显示的就是“sshiyi”所使用的字符数：

| sid | scimu | sshiyi | syema | sshiyicd |
|---|---|---|---|---|
| 2 | 阿鼻地狱 | 佛教指犯了重罪的人死后灵魂受苦的地方。[阿鼻，梵avici] | 1 | 30 |
| 9 | 阿公 | 〈方〉(1)丈夫的父亲。(2)祖父。(3)尊称老年男子。 | 1 | 22 |
| 55 | 哀矜 | 〈书〉哀怜。 | 3 | 6 |

1. 在设计查询界面下的操作

(1) 求平均数

| | |
|---|---|
| **字段** | pingjushu：AVG：[sshiyicd] |
| **表** | xhk |

在“字段”栏输入AVG命令，并将新字段命名为pingjunshu。执行后显示如下：

| pingjunshu |
|---|
| 28.02218340896 |

（2）求众数

| 字段 | [sshiyicd] | zhongshu：[sshiyicd] |
|---|---|---|
| 表 | xhk | xhk |
| 总计 | 分组 | 计数 |
| 排序 | | 降序 |

在 sshiyicd 字段下的“总计”栏选择“分组”，把新字段命名为 zhongshu，在“总计”栏选择“计数”，按降序排列。执行后前三位显示如下：

| sshiyicd | zhongshu |
|---|---|
| 10 | 2260 |
| 6 | 2173 |
| 9 | 2053 |

（3）求中位数

打开数据表，最后一行显示一共有 61261 行。居于中间位置的是 30631。在旁边的窗口输入 30631，该行的释义长度是 21。

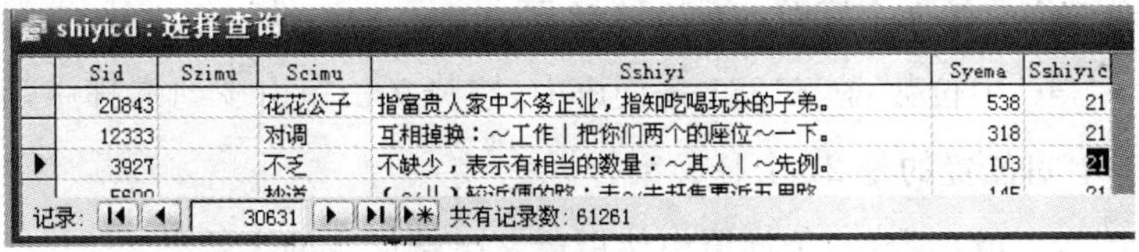


2. 在 SQL 界面下的操作方法

（1）求平均数

```
SELECT AVG([sshiyicd]) AS pingjunshu
FROM xhk
```

（2）求众数

```
SELECT [sshiyicd],COUNT([sshiyicd]) AS zhongshu
```

```
FROM xhk
GROUP BY [sshiyicd]
HAVING COUNT([sshiyicd])>0
```

(3)求中位数

打开数据库可直接获得。此略。

(二) 均数、众数、中位数的作用

那么,怎么来看待均数、众数与中位数?它们各有什么意义?下面通过对“sshiyicd”中的均数、众数、中位数的分析来观察 xhk 的释义长短的特点。

1. 总数:全书共使用释义字符 1717697 个①,包括汉字、标点、拼音、序数号及各种符号。

2. 平均数:全书有词目 61261 条,平均每个词条用释义字符 28.0359 个。

3. 众数:使用相同的释义字符数最多的词语数。最多集中在 10 个字符,有 2260 条词语;第二位的是 6 个字符,有 2173 条词;第三位的是 9 个字符,有 2053 条词。

4. 中位数:在 61261 条词语中,按释义长短由少到多排序,居于中间位置的是 21 个释义字符。

5. 最小数:一条词语中使用释义字符最少的字符是 2 个②,有 143 条。如“豹子”、“冰凌”。

---

① 以字符为单位计算。这仍是一个概数,因原书有的是图表,有的是难以输入的数理化或其他民族的文字符号,未能进入数据库,甚至空格也会进入统计范围。虽然本库已对此作了加工整理,但难免有微小的出入。故叙述文字中仍以 171 万 7000 称之。

② 最少的为两个字符,一个是汉字,一个是标点符号,如“[邬]姓”。

6. 最大数:在一条词语中使用字符最多的为 652 个,为“的”字。使用字符在 300 个以上的有 43 条。它们是:的、是、能、开、打、对、头、来、去、点、花、给、好、就、老、门、正、分、两、杨辉三角、一、度、把、不、而、套、关于、所、家、起、关、什么、道、比、顶、了、发、下、光、呢、有、三角函数、放。

上面得到了有关释义篇幅的 6 个基本数据。其中平均数、众数、中位数三个数字相去甚远。平均数是 28,中位数是 21,众数最多的前三位是 10、6、9。怎么来看待这些数据,哪个数据最能代表该词典释义篇幅的特点?单以数字定论,都是不准确的。综合之下,有这样几点是需要我们认识到的:

(1) 短释义条目占了多数。中位数显示有一半的篇幅在 21 个字符以下。而使用字符最集中的前三位都在 10 个字符之内。说明大多数词语使用的释义字符要少于平均数。

(2) 长释义的词条不多,但长度特别长,300 个字符以上的有 43 条,最长的达到 652 个字符。这些长释义条目大大提升了所有词条释义篇幅的平均数。长释义词目虽然极少,但长度却是均数、中位数的 10 多倍,有的是愈 20 倍,与绝大多数词条的风格不吻合,这是值得编纂者注意的。稍作分析就会发现长释义条目主要有三种情况:一是术语,阐释得特别详细;二是多义词,词义内涵提示得特别周详;三是语法义,对各种功能的解说特别细致。单看这些长释义条目都解释得不错,但与全书绝大多数短释义条目相比显得格格不入。

这里对均数、众数、中位数的分析已经可以达到对词典实际情况的认识。

下面对释义篇幅作了更详尽的调查,从最短至最长分成 15 级

单位,对每一级单位所拥有的词条数都作了统计。数据见下:

| | | | | | | | | | | | | | | |
|---|---|---|---|---|---|---|---|---|---|---|---|---|---|---|
| 1 | 2 | 3 | 4 | 5 | 6 | 7 | 8 | 9 | 10 | 11 | 12 | 13 | 14 | 15 |
| 10 | 20 | 30 | 40 | 50 | 60 | 70 | 80 | 90 | 100 | 200 | 300 | 400 | 500 | >500 |
| 11925 | 17696 | 13024 | 6946 | 4165 | 2560 | 1601 | 1015 | 652 | 454 | 1064 | 116 | 27 | 12 | 4 |

第一行为序号,1—15 表示 15 个等级。第二行表该等级所使用的释义字符数,“10”表示使用释义字符在 1—10 之间,“20”表示 11—20 之间,“30”表示 21—30 之间,……。第三行表示该等级所包含的词语数。使用释义字符在 11—20 段的词语最多,达 17696 个。从“40”以后,每词使用的释义字符数急速下降。到“400(301—400)”时,仅为两位数,300 个字以上的仅为 43 个词语。

把上表的数字用面积图表示,显示如下:

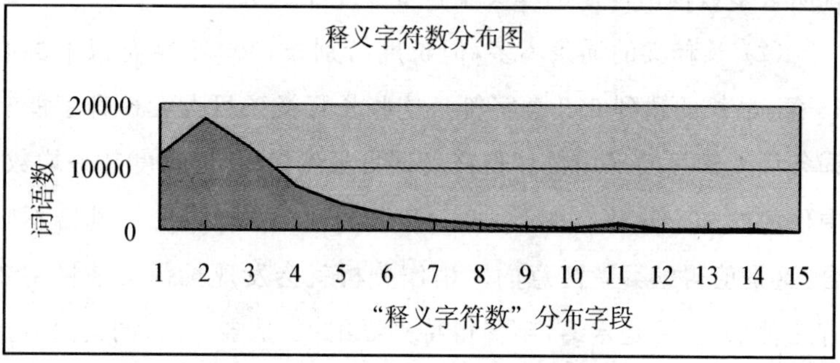


这个图更形象直观地将词典释义长度分布状况再现。一个等级中词条最多的近 18000 条,其峰值指在第二个等级线上,这就是中位数所在的地方。面积图中数值是通过面积的大小来体现的。峰值两端的面积是相等的,但在图表里高峰值却远远偏离中间线,紧邻左端。

峰值的右边出现较陡的下降,从第 8 级始几乎贴近底线而往右延伸了很长。这显示长释义的词条数量很少，而释义篇幅却比处于中间位置的延长了许多。

下面的直方图显示的意义与上图相同，也呈严重左偏态。这表明词条的释义字符平均数在词语总数中分布严重不平衡，使用释义字符多的词条数量不多，但跨度非常大。

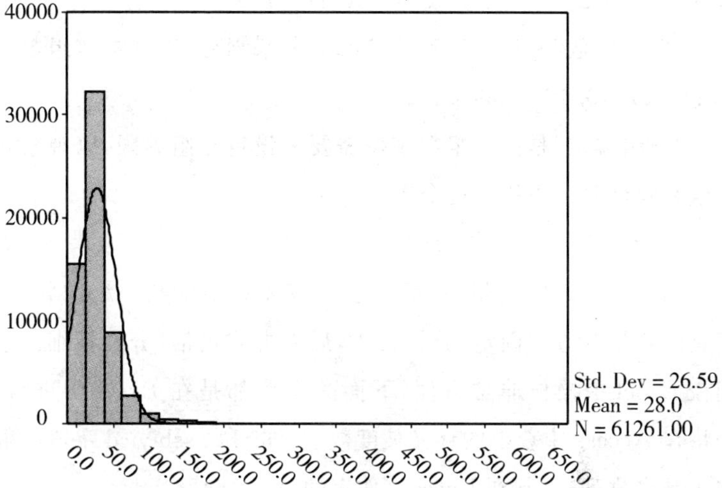


直方图的正常分布是中间高两边低，两边呈对称性分布。而这个直方图呈严重左偏斜态，它告诉我们许多信息：

最高的柱形图指向 32000 的位置，下面的横轴指向 10—30 的区间，达 32000 条左右；

最高柱形的两边柱，左边柱明显要高于右边柱，说明用少于 10 个字符来释义的词语要远远多于用 30 至 50 个释义字符的词条；

用 100 个以上释义字符的词语数量仍少，到 150 个字符以上几乎与底线持平；

横轴线往右延伸至最大数650,延伸愈长,离最高柱愈远,说明它愈远离平均数,远离中位数,是异常数。对xhk来说,就是背离了简短释义的普遍情况。

## 二、词语分布的“四分位数”与“数组排位”

(一)什么是“四分位数”和“数组排位”

“四分位数”是把一组数字按四等分来划分,以观察整组数字中1/4,2/4,3/4所处的位置。

“数组排位”是把一组数字按需要来设定分组界限,以观察各分组在整体数字中所有的个数。

(二)“四分位数”与“数组排位”的作用

两种方法的作用相同,都是求得整体数字中某一组的状况。只是前者划等方式固定,分类较粗,后者方式灵活,分类精细。它们在Excel中操作非常方便,下面的操作都是在Excel中进行。先将在Access中获得的释义长度数字,即xhk. sshiyicd字段的数字按升序排列,复制到Excel工作表的A1:A61261。

1. 四分位数的计算

输入:=QUARTILE(A1:A3181,1)

QUARTILE是求“四分位数”的函数,把所求范围内的数值按四部分划分的个数。括号里的单元格地址是调查对象,后面是所设的参数,为1—4之间的4个数字。1表示1/4,即25%;2表示1/2,即50%;3表示3/4,即75%;4表示4/4,即100%。

在这个例子中,参数“1”的实现结果是12,即释义长度在12字以下的占了所有条目的1/4。参数“2”的实现结果是21,即释义长度在21字以下的占了所有条目的2/4。中位数也是21,但中位数的21是处于中间的数，而四分位中的21是指21及21以下的数。参数“3”的实现结果是35，即释义长度在35以下的占了所有条目的3/4。参数“4”的实现结果是652，即指最后条词目，包括了全部的数字。数字显示如下：

| |
|---|
| 12 |
| 21 |
| 35 |
| 652 |

2. 数组排位

数组排位是对一组调查对象的数字按照自己确定的分组来进行统计，以计算每组在整组数字中所有的个数。数组排位的函数是FREQUENCY。除了A1:A61261保留有调查对象的数据外，另要列一组分类数据。下面是操作步骤：

1）输入分组数字。假定按释义长度10、20、30、40、50、60、70、80、90、100、200、300的分组来统计，10指的是10以内数字，20是指11—20的数字，30是指21—30的数字。把这组分类数据输入B1:B12。

2）光标选中“C1:C13”，形成一个矩形被选区域，这是为了存放计算的结果。请注意这里比有数字的B1:B12多选了一行，它存放的是大于B12的数字，即释义长度在300以上的词条数。

3）输入以下命令：=FREQUENCY(A1:A61261,B1:B12)，括号里的第一组地址是调查对象，第二组数字是体现分组要求的数字。同时按下“Ctrl+Shift+Enter”，即可获得以下数字：

| B | C |
|---|---|
| 10 | 11942 |
| 20 | 17714 |
| 30 | 13007 |
| 40 | 6933 |
| 50 | 4174 |
| 60 | 2552 |
| 70 | 1600 |
| 80 | 1013 |
| 90 | 650 |
| 100 | 453 |
| 200 | 1064 |
| 300 | 116 |
|  | 43 |

第一列是分组数字，第二列是每组所包含的词条数。即释义长度在10以内的词条有11942个，释义长度在11—20之间的词条有17714个……释义长度在300以上的有43条。

4）计算每组在所有词条中所占的频率

在D1单元输入“＝C1/61261”，并将这个公式复制到D2：D13，即可获得以下数字：

| | | |
|---|---|---|
| 10 | 11942 | 19.49% |
| 20 | 17714 | 28.92% |
| 30 | 13007 | 21.23% |
| 40 | 6933 | 11.32% |
| 50 | 4174 | 6.81% |
| 60 | 2552 | 4.17% |
| 70 | 1600 | 2.61% |
| 80 | 1013 | 1.65% |

（续表）

| | | |
|---|---|---|
| 90 | 650 | 1.06% |
| 100 | 453 | 0.74% |
| 200 | 1064 | 1.74% |
| 300 | 116 | 0.19% |
| | 43 | 0.07% |

## 三、词语演变的走势图

（一）折线图与变化趋势

在 Access 与 Excel 中都有很强的图表制作功能，特别是后者。各种图表各有作用，有的侧重于对不同类的数字比值关系的显示，有的侧重于对不同类的数字分布关系的显示，有的侧重于对不同类的数字的分合关系的显示。而折线图能反映不同类的数字比值关系，还能在横轴线上显示出时间的变化走势关系。研究词语的变化情况，考察它们在历时的延续中是如何发展变化的，用折线图就能清楚地把这种演变趋势显示出来。

（二）用折线图来筛选异形词

在词语的使用与规范中，对意义完全相同但读音不同、字形不同的词进行整理、规范，是一件值得做并需要经常做的事。因为在词语的广泛使用中，一定会出现大量的同质异形词语。在整理规范中怎样来辨别同质异形现象，从中挑选出能代表语言发展规律，符合老百姓使用习惯，有广泛群众使用基础的词，是一件很重要的事情。这里除了语言学理论作指导外，还需要根据语言的真实状况作出准确的判断。在所作出的规范中，有的就很合乎老百姓的使用习惯，稳定下来了，有的却出现了相反的情况。

下面举两个例子：

“指手画脚”与“指手划脚”。这是两个异形词，词义完全一样，读音也一样，只是书写形式不同。在《第一批异形词整理表（草案）》中把前者作为正形词，后者作为异形词。[①] 把这两个词放到1990年至2004年的《人民日报》中调查，“指手画脚”有词例305个，“指手划脚”有47例，相差将近8倍。《人民日报》是中央级官方报纸，语言的规范性比较强，可看做是新闻报刊语言的典型样例之一，15年间的语料量按每年2500万字计算，总共将近3.5亿字，应该算是巨量语料了。调查数据用折线图显示如下：

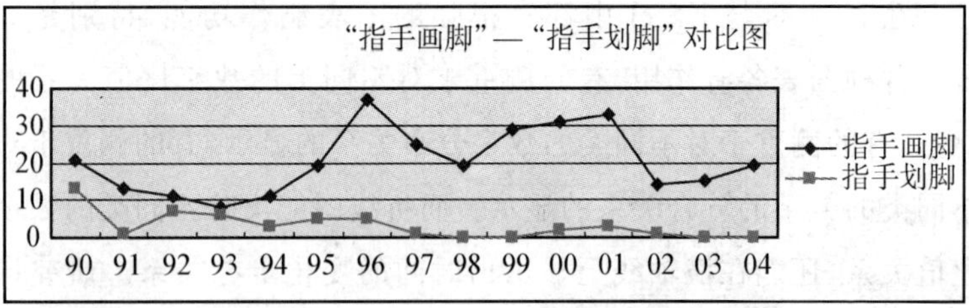


上图显示，在15年间二者之间一强一弱的态势从来没有改变过，“指手划脚”的用例除1990年外，之后的14年其用例没有超过10个的，其中还有4年为零。而“指手画脚”除1993年词例在10之内，其他的年份都是“指手划脚”的2—4倍之间。这显示把“指手画脚”作为正形词有着较好的现实基础。

“树阴”与“树荫”。这是两个异形、异读词，词义完全一样，字形不同，读音也不同。在《普通话异读词审音表》作了这样的规范：“荫 yìn（统读）（‘树～’、‘林～道’应作‘树阴’、‘林阴道’）”。[②] 把这两个词也放到1990年至2004年的《人民日报》中调查，“树荫”

---

① 教育部、国家语委2001年12月19日发布。

② 国家语委、国家教委、广电部1985年12月发布。

有词例 208 个,"树阴"有词例 13 个,前者是后者的 16 倍。用折线图显示如下:

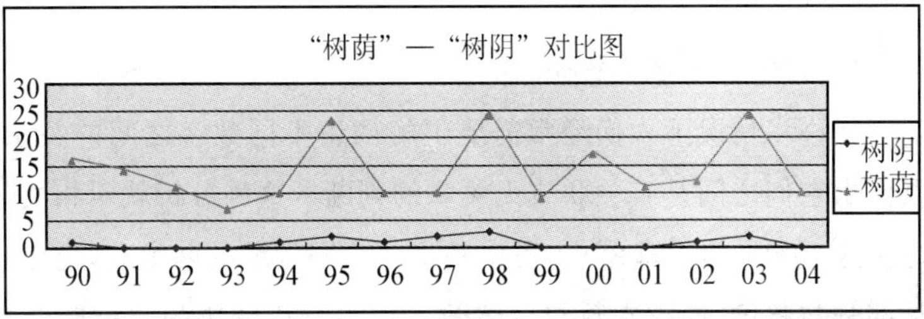


上图显示,二者之间的差异极为明显,"树阴"在 15 年间用例最高的只有 3 个,将近一半的年份是零用例。而"树荫"的用例虽有波动,但皆处于其上方。使用者明显作出了取一舍一的选择。为什么这个规范会与实际语言使用状况相差这么远呢。大概与研制者过于看重"荫"的古音,规定了"荫"只能读去声,从而据此连带把"树荫"规定为"树阴"。这里存在三个问题,一是应不应该承认"荫"的平声音;二是承认不承认"荫"有表示"树荫"义;三是树荫义写作"荫"合适还是写作"阴"合适。在这三个问题上,强行地把"荫"规定为只能读去声,大概是最主要的原因之一。

其实,对这三个问题的看法隐含着不少理论的歧解。如何看待语音历史演化中出现的后来音,如何看待中国人使用汉字偏类表义的心理,而最重要的是如何看待语言文字使用的实际情况,能不能观察到真实情况,观察到了又如何对待之,都会影响到所作出的决定。而词典的处理就充分考虑了"荫"的实际情况,《现代汉语词典》《汉语大词典》都保留了"荫"的平声音,表示的是"树荫"义。

要真实、准确地反映语言实际就要靠大规模的语料调查,需要对多样化的语料进行调查,对语言社区人群的使用习惯、心理进行调查。这里说的折线图就是其中要用到的分析方法之一。

## 四、词语集之间的相关分析

### (一) 什么是相关分析

在许多情况下人们经常需要了解两组不同数字之间的关系，以作出它们之间是有关联或无关联的判断。这种分析就叫相关分析。这里的数含义非常广，可以是来自不同领域的两组数，也可以是部分与整体，即样本数与总体数。相关分析解决的是推断性的统计关系，而不是精确的函数运算关系。它能帮助我们作出某种判断，而不是准确地描写它们之间的数值内容，所以它属于推断分析。相关分析可以有多种方法，而相关系数的计算是其主要方法，也是较为精确的方法。又称之为相关系数分析。

相关分析所探求的关系有两种，一种是正相关，一种是负相关。反映相关程度的数字叫相关系数。相关系数以 0 为中界，在上下为 1 的范围内波动。正向关系的相关系数大于 0，负相关的相关系数小于 0。相关系数用 r 表示。一般是这样来解读相关系数的：

两个变量是正线性相关关系，则 $r>0$；[①]

两个变量是负线性相关关系，则 $r<0$；

两个变量存在较强的线性相关关系，则 $r<0.8$；

两个变量存在较弱的线性相关关系，则 $r<0.3$；

两个变量存在完全的正线性相关关系，则 $r=1$；

两个变量存在完全的负线性相关关系，则 $r=-1$；

---

① “变量”在统计学中指作为分析对象的数值。

两个变量不存在线性相关关系，则 r=0。

（二）词语集之间的词长比较

下面来举两个例子，一是两个不同词语集的相似度分析，一个是样本与总体之间的相似度分析，比较的都是词的长度。

1. 两个词语集的相关分析

一个词语集是 xhk（《现代汉语词典》库），一个是 tmc（《现代汉语分类词典》），词长统计如下表。例如第 3 列，词长为 1 的在 xhk 中有 10776 条，在 tmc 中有 5846 条。其他词长为 2 至词长>=5 之间皆类此。

| 词典 | 总数 | 词长 1 | 词长 2 | 词长 3 | 词长 4 | 词长>=5 |
|---|---|---|---|---|---|---|
| xhk | 61261 | 10776 | 38316 | 6664 | 5020 | 482 |
| tmc | 83144 | 5846 | 56499 | 11607 | 8619 | 573 |

把以上表格复制到 Excel 工作表的 A1 至 G3 单元格区域。再进入菜单→工具→数据分析→相关系数，设置如下：

1）"输入区域"栏"B3:G3"；

2）"分组方式"栏选"逐行"；

3）"输出区域"可任选，默认值为新工作表组；

确定后显示如下：

| | 行 1 | 行 2 |
|---|---|---|
| 行 1 | 1 | |
| 行 2 | 0.976535 | 1 |

行 1 是 xhk，行 2 是 tmc，相关系数是 0.976535，表示两部词典在各个长度的词语之间表现出高度的相似性，有着同步演变的趋势。

2. 样本与总体之间的相似度分析

总体样本取的是 xhk，样本取的是 xhk 中 1—100 页的词条。比较的仍是词长的关系。数据列于下表：

| 词典 | 总数 | 词长 1 | 词长 2 | 词长 3 | 词长 4 | 词长＞＝5 |
|---|---|---|---|---|---|---|
| xhk | 61261 | 10776 | 38316 | 6664 | 5020 | 485 |
| 1—100 页 | 3553 | 638 | 2169 | 419 | 295 | 31 |

设置步骤与上一样，显示结果如下：

| | 行 1 | 行 2 |
|---|---|---|
| 行 1 | 1 | |
| 行 2 | 0.999814 | 1 |

下面来试着改变一个数据，即“1—100 页”的“词长 4”的改为 2955，数据表如下：

| 词典 | 总数 | 词长 1 | 词长 2 | 词长 3 | 词长 4 | 词长＞＝5 |
|---|---|---|---|---|---|---|
| xhk | 61261 | 10776 | 38316 | 6664 | 5020 | 485 |
| 1—100 页 | 6212 | 638 | 2169 | 419 | 2955 | 31 |

结果“xhk”与“1—100 页”的相关系数就变成了“0.417647”，算是有中度关系。

（三）标准差与方差的计算

人们在了解一组数字之间的关系时，有一个很重要的渠道，就是通过这组数字之中每个数的分散度如何来实现，这就要运用到均数、差、平均差、方差、标准差等概念。这些概念非常重要，后面的概念是以前面的概念为求证基础的。“标准差是最重要的统计度量之一。它是用来表示一组数据中每个值跟均值的差的典型量，在所有有关的标准差计算出来之前，任何数据概括都不会是完整的。”[①]方差、标准差是统计学中很重要的两种统计方法。在 Excel 中有功能强大的计算公式，有的还有更强大的专用软件。

Access 的自带运算函数中有标准差与方差的函数，只是由于对标准差与方差的运用，重要的不是表达式的书写，而是蕴藏在里面的数学关系。只有明白了这些数学关系，才能真正理解它们的含义，才能在更多的场合下灵活地用它们来认识不同事物之间的数学关系。介绍这些概念不是这里的任务，要具体求证这些概念的获得、条件、变化形式及运用场合，是一个比较复杂的过程。这里只结合实例谈谈在 Access 中如何来实现它。

以 xhk 中释义长度的统计为例。下面依次来调查每一条词的释义长度、均长、差、平方差、方差、标准差。长度与差是就每一条词而言的，均长、平方差、方差、标准差是对整体词语而言的。

在设计查询界面，在“总计”栏下面有 12 个选项，“平均值”、“标准差”、“方差”都在其中。选择后可直接获得。操作方法如下：

| | |
|---|---|
| **字段** | [sshiyicd] |
| **表** | xhk |
| **总计** | 平均值 |

在“总计”栏依次选择“平均值”、“方差”、“标准差”，可以得到 28.02248、706.80052、26.58572 三个答案。

也可以分步来操作，SQL 界面的操作步骤如下：

（1）求释义长度。求所有 61261 条词中每一条词的释义长度，新字段命名为 sshiyicd，并生成 xhk_1 表；

---

① Anthony Woods，Paul Fletcher，Arthur Hugher 著，陈小荷等译，《语言研究中的统计方法》，北京语言文化大学出版社，2000 年，第 46 页。

SELECT LEN(sshiyi) AS sshiyicd INTO xhk_1

FROM xhk

(2) 求均长。求所有词语的平均释义长度,得数为 28.02248:

SELECT AVG([sshicicd])

FROM xhk_1

(3) 求差。求每一条词释义长度与平均长度的差:

SELECT ([sshicicd])−28.02248 AS cha

FROM xhk_1

(4) 求平方差。把上一步求得的每一条词的差相乘,以得到每一条词的平方差,新字段命名为 pingfangcha:

SELECT ([sshiyicd]−28.02248) * ([sshiyicd]−28.02248) AS pingfangcha

FROM xhk_1

(5) 求方差。把所有词语的平方差相加,得到平方差之和。最后除以 n-1,n 在本例中是 61261,得到平方差 706.80052;

SELECT (SUM(([sshiyicd] − 28.02248) * ([sshiyicd] − 28.02248))/61261) AS fangcha

FROM xhk_1

(6) 求标准差。求标准差的函数是 SQR(在 Excel 中是 SQRT,在 Access 对原始数据如每个词的释义长度进行计算的话,使用的命令是 StDev),得到标准差 26.58572;

SELECT SQR(SUM(([sshiyicd] − 28.02) * ([sshiyicd] − 28.02)) / 61261) AS biaozhuncha

FROM xhk_1

以上工作都是在 Access 中完成。之所以把上面各表达式一一列出，主要就是为了显示其求证过程。这些工作用 Excel 来完成，会显得十分简洁、方便。只要先把 61261 条词的释义长度的数字复制到 Excel 中，存放在 A1:A61261 中，其他的一切工作都可以很方便地完成。下面运算公式：

求平均词长：＝AVERAGE(A1:A61261)

求各词与平均词长的差：＝A1－(平均词长)

求平方差：＝(A1－平均词长)*(A1－平均词长)

求方差：＝VAR(A1:A61261)

求标准差：＝SQRT(方差)

以上是利用了 xhk 样库中的材料来学习方差与标准差的求得。当然这里值得关注的不是材料本身，而是对方法的掌握与运用。上面实际上介绍了三种实现方法：Access 中的设计查询、Access 中的 SQL 语言、Excel。重点介绍了 SQL 语言，其目的一是了解具体过程，二是了解 Access 中也有的强大运算功能，三是在数据量超过 Excel 的工作表不能容纳的数据时，就可以直接在数据库中来实现了。方法的掌握当然是重要的，但更重要的还在于对数据的解读，及分析影响数据的背后因素。

本章开头曾说到 100 个人的收入情况：月工资 2500 元的有 80 人，4000 元的有 5 人，5000 元的有 5 人，6000 元的有 5 人，10000 元的 3 人，20000 元的 1 人，30000 元的 1 人。100 人的平均工资是 3550 元。

现在来看另 100 人的收入：1700 元的 5 人；2000 元的 20 人；2500 元的 20 人；3000 元的 10 人，3500 元的 20 人；4000 元的 5 人；5000 元的 5 人；6000 元的 5 人；10000 元的 3 人；20000 元的 1 人；30000 元的 1 人。100 人的平均工资也是 3550 元。

列表如下：

| | 工资 | 甲组(人) | 乙组(人) |
|---|---|---|---|
| 分级 | 1500 | | 5 |
| | 2000 | | 35 |
| | 2500 | 80 | 15 |
| | 3000 | | 10 |
| | 3500 | | 15 |
| | 4000 | 5 | |
| | 4500 | | 5 |
| | 5000 | 5 | 5 |
| | 6000 | 5 | 5 |
| | 10000 | 3 | 3 |
| | 20000 | 1 | 1 |
| | 30000 | 1 | 1 |
| 总计 | 355000 | 100 | 100 |

下面是对两组数据的调查：

| | **工资总数** | **最大数** | **最小数** | **中位数** | **众数** | **均数** | **标准差** |
|---|---|---|---|---|---|---|---|
| **甲 组** | 355000 | 30000 | 2500 | 2500 | 2500 | 3550 | 50 |
| **乙 组** | 355000 | 30000 | 1500 | 2500 | 2000 | 3550 | 38.7 |

两组的最大数、中位数、均数都一样，看上去两组工资大体相当；但最小数与众数是乙组低，显示乙组的高收入与低收入之间距离大，低收入者多；标准差却显示甲组整体收入的差异要大于乙组。这种差异来源于甲组收入 2500 的人数占到总数的 80%，而乙组却只有 55%。如果把甲组低于平均数的都提高到平均数，还需增加 84000 元，而把乙组低于平均数的提高到平均数，只需增加 81500 元。

## 思考与练习：

1. 什么是平均数、众数、中位数？三者有什么关系？如何获得一组数值的平均数、众数、中位数？试以第八章练习 1 的成绩表为对象进行操作。

2. 如何对一组数字进行分组，以获得每组所包含的数字的个数？试以第八章练习 1 的成绩表为对象进行操作。

3. 调查一组异形词，以观察它们的年度变化情况。

4. 什么是相关分析？如何获得相关系数？

5. 如何在 Access 中求方差？

6. 如何在 Access 中求标准差？

# 第十四章 专题综合练习

第五至十三章围绕着词语库的描写、比较介绍了 Access 数据库各种具体功能与操作方法，那属于“解剖式”介绍。为了方便读者的学习和应用，本章选若干专题从纵的方面把操作方法串起来，介绍从开始到结果的一个“过程”，使技能学习能很快地与实际应用结合起来。

## 一、专书词汇统计

对一个特定范围的词语进行分析，这是词汇计量研究中最常见的任务。特定范围可以是年度词汇，也可以是一套教材、一份报纸的词汇。这里选用了一部书，以小说《亮剑》为例。

（一）分词入库

可使用自动分析软件分词，这里使用的是北大分词软件 bst-win32. exe。分出的结果命名为 liangjianfc1. txt 保存，显示如下：

李/nr 云龙/nr 见/v 赵/nr 刚/d 不/d 吭声/v ，/w 心里/s 越发/d 恼火/a ，/w 他/r 不大/d 看得起/v 知识分子/n ，/w 哼/v ，/w 小白/nr 脸/n ，/w 能/v 打仗/v 吗/y ？/w 也/d 就是/d 搞搞/v 政工/j ，/w 练练/v 嘴皮子/n ，/w 这个/r 团/v 没有/v 政委/n，/w 老子/n 照样/d 带兵/v 。/w 他/r 心里/s 一/d 烦/v ，/w 嘴/n 上/f 越发/d 骂骂咧咧/z 起来/v 。/w

软件还有一个功能，可按词分行，命名为 liangjianfc2. txt 保存，显示如下：

李/nr

云龙/nr

见/v(Ng-u-v)

赵/nr

刚/d(Ag-d-Ng)

不/d

吭声/v

（二）导入数据库

建立 Access，导入 liangjianfc2.txt。步骤如下：

按右键导入→文件类型选“文件格式”→点击 liangjianfc2.txt →按鼠标右键“导入”→选“分隔符”→在“其他”栏键入“/”→选“新表”→字段1命名为“cimu”→字段2命名为“cixing”→选“让 Access 添加主键”→表命名为 liangjian。

完成了语料的导入，显示如下：

liangjian

| id | cimu | cixing |
| --- | --- | --- |
| 1805 | 李 | nr |
| 1806 | 云龙 | nr |
| 1807 | 见 | v(Ng-u-v) |
| 1808 | 赵 | nr |
| 1809 | 刚 | d(Ag-d-Ng) |
| 1810 | 不 | d |
| 1811 | 吭声 | v |

（三）词种统计

在设计查询界面下的操作：

先导入 liangjian 表，再在查询条件栏设定如下：

| 字段 | [cimu] | cimu_n:[cimu] |
|---|---|---|
| 表 | liangjian | liangjian |
| 总计 | 分组 | 计数 |
| 排序 | | 降序 |

执行后得到词种数，按词种数降序排列，查询结果命名为 cizhong。显示如下：

| cizhong | |
|---|---|
| cimu | cimu_n |
| ， | 23368 |
| 的 | 10625 |
| 。 | 5942 |
| 了 | 5145 |
| 是 | 3442 |
| 不 | 3152 |

共 16449 行。把标点符号、数字词及空格等筛去，得到汉字词 16121。增加编码新字段"id"。显示如下：

| id | cimu | cimu_n |
|---|---|---|
| 1 | 的 | 10625 |
| 2 | 了 | 5145 |
| 3 | 是 | 3442 |
| 4 | 不 | 3152 |
| 5 | 他 | 2781 |
| 6 | 我 | 2570 |
| 7 | 一 | 2325 |
| 8 | 你 | 2299 |
| 9 | 在 | 2096 |
| 10 | 李 | 2074 |
| 11 | 云龙 | 1945 |

在 SQL 界面下的操作：

```
SELECT [cimu],COUNT([cimu]) AS cimu_n
FROM liangjian
GROUP BY ([cimu])
HAVING COUNT([cimu])>0
```

（四）累加覆盖率统计

1. 求词的总频次数

在设计查询界面的操作：

| 字段 | [cimu_n] |
|---|---|
| 表 | liangjian |
| 总计 | 总计 |

执行后得到 212919，为总频次数，即所有词的使用次数。

在 SQL 界面下的操作：

```
SECELT SUM([cimu_n])
FROM liangjian
```

2. 求频率

在设计查询界面的操作：

| 字段 | [id] | [cimu] | pinlv:[cimu_n]/212919 |
|---|---|---|---|
| 表 | liangjian | liangjian | liangjian |

保存结果为 ljpinlv。执行后显示如下：

| id | cimu | pinlv |
|---|---|---|
| 1 | 的 | 0.049901605 |
| 2 | 了 | 0.024164118 |

在 SQL 界面下操作如下：

SELECT [id],[cimu],[cimu_n]/212919 AS pinlv

FROM liangjian

3. 求累加覆盖率

在设计数据界面下要先将 ljpinlv 复制一份,命名为 ljpinlv2。设定如下:

| 字段 | [id] | pl:[pinlv] | leijiapl:[pinlv] | [id] | [id] |
|---|---|---|---|---|---|
| 表 | ljpinlv | ljpinlv | ljpinlv2 | ljpinlv | ljpinlv2 |
| 总计 | 表达式 | 第一条记录 | 总计 | 分组 | 条件 |
| 显示 | √ | √ | √ | | |
| | | | | | <=(ljpinlv2.[id]) |

执行后即可获得整个词表的累加覆盖率,再通过与 liangjian 的 id 字段相关联导入 cimu,结果显示如下:

| id | cimu | pl | leijiapl |
|---|---|---|---|
| 1 | 的 | 4.99016057749661E-02 | 0.0499016057749661 |
| 2 | 了 | 2.41641187493836E-02 | 0.0740657245243496 |
| 3 | 是 | 0.016165771960229 | 0.0902314964845786 |
| 4 | 不 | 1.48037516614299E-02 | 0.105035248146009 |
| 5 | 他 | 1.30613050033111E-02 | 0.11809655314932 |
| 6 | 我 | 1.20703178203918E-02 | 0.130166870969711 |
| 7 | 一 | 1.09196454989926E-02 | 0.141086516468704 |
| 8 | 你 | 1.07975333342727E-02 | 0.151884049802977 |
| 9 | 在 | 9.84411912511331E-03 | 0.16172816892809 |
| 10 | 李 | 9.74079344727338E-03 | 0.171468962375363 |
| 11 | | 9.13492924539379E-03 | 0.180603891620757 |

完成累加覆盖率的计算要占用计算机的大量资源,运行起来可能会花费较长的时间。

在 SQL 界面下的操作:

SELECT ljpinlv.[id], FIRST(ljpinlv.[pinlv]) AS pl, SUM(ljpinlv2.[pinlv]) AS leijiapl

FROM ljpinlv, ljpinlv2

WHERE (((ljpinlv2.[id])<= ljpinlv.[id]))

GROUP BY ljpinlv.[id]

(五) 词长统计

在设计查询界面下的操作：

| 字段 | [cimu] | cichang:LEN([cimu]) |
|---|---|---|
| 表 | liangjian | liangjian |
| 总计 | 分组 | 计数 |

新字段命名为 cichang,执行后显示如下：

| cimu | cichang |
|---|---|
| 的 | 1 |
| 了 | 1 |
| 是 | 1 |
| 不 | 1 |
| 他 | 1 |
| 我 | 1 |
| 一 | 1 |
| 你 | 1 |
| 在 | 1 |
| 李 | 1 |
| 云龙 | 2 |

在 SQL 界面下的操作：

SELECT [cimu],LEN([cimu]) AS cichang

FROM liangjian

## 二、多书之间词语集的对比分析(以历史、地理教材为例)

在得到了多个词表后，现需要对它们进行比较，以发现其相同点与差异点。这里用来比较的例表是“历史教材词语表”(lishi)和“地理教材词语表”(dili)，前者有 39982 条，后者有 13925 条，表内包括的字段有[id](编号)、[cimu](词目)、[pinci](频次)、[pinlv](频率)、[leijiapl](累加覆盖率)五个字段。

(一) 共用词、独用词的统计

在设计查询界面下的操作，先导入 llishi 和 dili 两个表，两个表的[cimu]字段之间建立关联，把[cimu]导入查询条件设置区：

| 字段 | [cimu] | [cimu] |
|---|---|---|
| 表 | lishi | dili |

执行后即可获得共用词 9526。如要获得某个表的独用词，可以两表之间连线用右键选择“联接属性”。

在 SQL 界面下获得共用词的操作：

SELECT lishi. [cimu], dili. [cimu]

FROM lishi INNER JOIN dili ON lishi. [cimu] = dili. [cimu];

在 SQL 界面下获得 lishi 独用词的操作：

SELECT lishi. [cimu]

FROM lishi LEFT JOIN dili ON lishi. [cimu] = dili. cimu

WHERE (dili. [cimu]) NOT LIKE "*"

在 SQL 界面下获得 dili 独用词的操作：

SELECT dili. [cimu]

FROM lishi RIGHT JOIN dili ON lishi.[cimu] = dili.[cimu]
WHERE (lishi.[cimu]) NOT LIKE "*"

（二）分表频率、合表频率计算

给 lishi、dili 分别建立频率和合表频率。lishi 总频次为 698794，dili 总频次为 190280，先计算各表的频率，字段命名为[fen_pinlv]，操作过程此略。再计算总频率，即将[pinci]除以两表频次之和的总频次 889074，新字段命名为[zong_pinlv]。下面是 lishi 表的计算。

在设计查询界面下的操作：

| 字段 | [cimu] | [fen_pinlv] | zong_pinlv:[pinci]/889074 |
|---|---|---|---|
| 表 | lishi | lishi | lishi |

执行后即可获得每个词在本表内的频率和在两表中的总频率。

在 SQL 查询界面下的操作：

SELECT [cimu],[fen_pinlv],[pinci]/889074 AS zong_pinlv

FROM lishi

（三）频率差比较

在每表内部将[fen_pinlv]减去[zong_pinlv]即可得到频率差。通过对频率差字段的排序，差值最大的就是该词表最具特色的词语。为了显示清楚，可把[fen_pinlv]、[zong_pinlv]字段都予以保留。

在设计查询界面下的操作：

| 字段 | [cimu] | pinlvcha:[fen_pinlv]-[zong_pinlv] |
|---|---|---|
| 表 | lishi | lishi |

在 SQL 界面下的操作：

SELECT [cimu],[fen_pinlv]－[zong_pinlv]

FROM lishi

执行完后再对 dili 表进行相同的操作，即又可得到 dili 表最具特色的词语。

## 三、语义分类库的义类统计

下面是《现代汉语分类词典》(TMC)库的结构：

| id | 词语 | 一级类 | 一级名 | 二级类 | 二级名 | 三级类 | 三级名 | 四级类 | 四级名 | 五级类 | 五级名 |
|---|---|---|---|---|---|---|---|---|---|---|---|
| 1 | 人 | 壹 | 生物 | 一 | 人 | A | 泛称 | a | 人 | 01 | 人 |
| 2 | 人类 | 壹 | 生物 | 一 | 人 | A | 泛称 | a | 人 | 01 | 人 |
| 3 | 人士 | 壹 | 生物 | 一 | 人 | A | 泛称 | a | 人 | 01 | 人 |
| 4 | 人氏 | 壹 | 生物 | 一 | 人 | A | 泛称 | a | 人 | 01 | 人 |
| 5 | 人物 | 壹 | 生物 | 一 | 人 | A | 泛称 | a | 人 | 01 | 人 |
| 6 | 人口 | 壹 | 生物 | 一 | 人 | A | 泛称 | a | 人 | 01 | 人 |
| 7 | 人丁 | 壹 | 生物 | 一 | 人 | A | 泛称 | a | 人 | 01 | 人 |
| 8 | 人手 | 壹 | 生物 | 一 | 人 | A | 泛称 | a | 人 | 02 | 人手 |
| 9 | 人员 | 壹 | 生物 | 一 | 人 | A | 泛称 | a | 人 | 02 | 人手 |

现在要从中归纳出各级类的类名和代码，并完成义类统计、类名、排序的任务。下面依次介绍。

### （一）义类统计

义类统计就是要归纳出全库的一级类、二级类、三级类、四级类、五级类，并计算出每类包含的词语数。下面以三级类的归类为例。

在设计查询界面下的操作：

| 字段 | [一级类] | [一级名] | [二级类] | [二级名] | [三级类] | [三级名] | [三级名] |
|---|---|---|---|---|---|---|---|
| 表 | tmc | tmc | tmc | tmc | tmc | tmc | tmc |
| 总计 | 分组 | 分组 | 分组 | 分组 | 分组 | 分组 | 计数 |

执行后显示如下：

| 一级类 | 一级名 | 二级类 | 二级名 | 三级类 | 三级名 | n |
|---|---|---|---|---|---|---|
| 壹 | 生物 | 一 | 人 | A | 泛称 | 296 |
| 壹 | 生物 | 一 | 人 | B | 性别 | 133 |
| 壹 | 生物 | 一 | 人 | C | 年龄 | 220 |

在 SQL 界面下的操作：

SELECT tmc.[一级类], tmc.[一级名], tmc.[二级类], tmc.[二级名], tmc.[三级类], tmc.[三级名], COUNT(tmc.[三级名]) AS n

FROM tmc

GROUP BY tmc.[一级类], tmc.[一级名], tmc.[二级类], tmc.[二级名], tmc.[三级类], tmc.[三级名]

为了检查同级类中“类”的数量是否与“名”的数量相吻合，还可以分别进行统计，即在“GROUP BY”增加或减少一个成组的对象即可，从而发现在原表“类”名“名”标注出错的地方。

（二）更新类名

有时为了修改类名，如“陆二”类的“经贸”原名为“经济贸易”，内有词语 843 条。要逐条修改颇为不易，可用更新方法一次性修改。

| 一级类 | 一级名 | 二级类 | 二级名 | 一级类 B | 二级类 B | n |
|---|---|---|---|---|---|---|
| 陆 | 社会活动 | 二 | 经贸 | F | b | 843 |

在设计查询界面下的操作，调入 tmc 表，并把［二级名］调入查询条件设置区域：

| 字段 | ［二级名］ |
|---|---|
| 表 | tmc |
| 更新到 | 经贸 |
| 条件 | 经济贸易 |

执行后即可将 843 条词语的［二级名］由“经济贸易”改为“经贸”。

在 SQL 界面下的操作：

UPDATE tmc SET tmc.［二级名］＝“经贸”

WHERE ((tmc.［二级名］) LIKE “经济贸易”)；

（三）义类排序

《现代汉语分类词典》的一级名使用了“壹、贰、叁……”，二级类使用了“一、二、三……”这样排序时有点不方便，排出的序是成了“捌、贰、玖、陆……”。这样要在原库给“一级类”、“二级类”各增加一个字段，为“一级类 B”、“二级类 B”，里面按原有类相应添上方便排序的数字或字母，如在“壹”类填上“A”，在“贰”类填上“B”，可用更新的方法一次性加上。它们的作用是专门用于排序，在数据表视图中并不显示出来。仍用三级类为例：

在设计查询界面下的操作：

| 字段 | 一级类 | 一级名 | 二级类 | 二级名 | 三级类 | 三级名 | 三级名 | 一级类 B | 二级类 B | 三级类 |
|---|---|---|---|---|---|---|---|---|---|---|
| 表 | tmc | tmc | tmc | tmc | tmc | tmc | tmc | tmc | tmc | tmc |
| 总计 | 分组 | 分组 | 分组 | 分组 | 分组 | 分组 | 计数 | 分组 | 分组 | 分组 |
| 排序 | | | | | | | | 升序 | 升序 | 升序 |
| 显示 | √ | √ | √ | √ | √ | √ | √ | | | |

在 SQL 界面下的操作：

SELECT tmc.[一级类], tmc.[一级名], tmc.[二级类], tmc.[二级名], tmc.[三级类], tmc.[三级名], COUNT(tmc.[三级名]) AS n

FROM tmc

GROUP BY tmc.[一级类], tmc.[一级名], tmc.[二级类], tmc.[二级名], tmc.[三级类], tmc.[三级名]

ORDER BY tmc.[一级类 B],tmc.[二级类 B],tmc[三级类]

# 参 考 文 献

《国际汉语通用课程教学大纲》，外语教学与研究出版社，2008 年。

《上海建方言保护 上海话成立专门课题组》，载《上海青年报》2006 年 2 月 23 日。

北京语言学院语言教学研究所编，《现代汉语频率词典》，北京语言学院出版社，1986 年。

晁继周、单耀海、韩敬体，《关于规范型词典的收词问题》，载《〈现代汉语词典〉学术研讨会论文集》，商务印书馆，1996 年。

陈 平，《描写与解释：论西方现代语言学研究的目的与方法》，载《外语教学与研究》1987 年第 1 期。

陈章太，《语言研究的一项重要的基础工程——评〈现代汉语方言音库〉》，载《语言文字应用》2000 年第 3 期。

程湘清，《先秦双音词研究》，载程湘清主编《先秦汉语研究》，山东教育出版社，1982 年。

程曾厚，《计量词汇学及其他》，江苏教育出版社，1987 年。

冯志伟，《现代语言学流派》，陕西人民出版社，1999 年。

冯志伟，《计算语言学基础》，商务印书馆，2001 年。

高一虹、李莉春、吕 珺，《中、西应用语言学研究方法发展趋势》，载《外语教学与研究》1999 年第 2 期。

桂诗春、宁春岩，《语言学方法论》，外语教学与研究出版社，

1997年。

郭锡良,《1985年的古汉语研究》,载《中国语文天地》1986年第3期。

国家语言资源监测与研究中心编,《中国语言生活状况报告》(2005)下编,商务印书馆,2006年。

国家语言资源监测与研究中心编,《中国语言生活状况报告》(2006)下编,商务印书馆,2008年。

国家语言资源监测与研究中心编,《中国语言生活状况报告》(2007)下编,商务印书馆,2008年。

国家语言资源监测与研究中心编,《中国语言生活状况报告》(2008)下编,商务印书馆,2009年。

何乐士,《专书语法研究的几点体会》,载《镇江师专学报》1999年第1期。

黄昌宁、李涓子,《语料库语言学》,商务印书馆,2002年。

李建国,《〈现代汉语词典〉与词汇规范》,载《〈现代汉语词典〉学术研讨会论文集》,商务印书馆,1996年。

梁南元、刘 源、沈旭昆、谭 强、杨铁鹰,《制订〈信息处理用现代汉语常用词词表〉的原则与问题的讨论》,载《中文信息学报》1991年第3期。

刘连元,《现代汉语语料库研制》,载陈原主编《汉语语言文字信息处理》,上海教育出版社,1997年。

刘润清,《西方语言学流派》,外语教学与研究出版社,1995年。

刘英林、宋绍周,《汉语常用字词的统计与分级》,载《中国语文》1992年第3期。

刘 源主编,《现代汉语词表》,中国标准出版社,1984 年

刘 源主编,《现代汉语常用词词频词典》,宇航出版社,1990 年。

卢纹岱等著,《SPSS for Windows 从入门到精通》,电子工业出版社,1997 年。

吕叔湘、胡 绳等,《〈现代汉语词典〉学术研讨会论文集》,商务印书馆,1996 年。

孟 悦,《目前我国应用语言学研究方法的调查与分析》,载《现代外语》1993 年第 1 期。

上海师范大学对外汉语学院、旅游汉语词汇大纲课题组编著,《旅游汉语词汇大纲》,世界图书出版公司,2008 年。

苏新春,《同形词与"词"的意义范围——析〈现代汉语词典〉的同形词词目》,载《辞书研究》2000 年第 5 期。

苏新春,《关于〈现代汉语词典〉词汇定量研究的思考》,载《世界汉语教学》2001 年第 4 期。

苏新春等,《汉语词汇计量研究》,厦门大学出版社,2001 年。

苏新春,《〈对外汉语词汇大纲〉与两种教材词汇状况的对比研究》,载《语言文字应用》2006 年第 2 期。

苏新春、许 鸿,《词的结构类型与表义功能》,载《词汇学新研究》,语文出版社,1995 年。

苏新春、林进展,《普通话音节数及载字量的统计分析——基于〈现代汉语词典〉注音材料》,载《中国语文》2006 年第 3 期。

苏新春、杨尔弘,《2005 年度汉语词汇统计的分析与思考》,载《厦门大学学报》2006 年第 6 期。

苏新春、顾江萍,《语文教材词语的"摊饼式"分布态——兼谈

基础教育基本词的提取方法》，载《江西职业技术学院学报》2009年第4期。

唐钰明，《定量分析方法与古文字资料的词汇语法研究》，载《海南师范学院学报》1991年第4期。

王　力，《汉语史稿》，中华书局，1980年。

“现代汉语常用词表”课题组，《现代汉语常用词表》，商务印书馆，2008年。

徐烈炯，《语义学》(修订本)，语文出版社，1995年。

薛　薇，《统计分析与SPSS的应用》，中国人民大学出版社，2001年。

俞士汶，《现代汉语语法信息词典》，清华大学出版社、广西科学技术出版社，1998年。

约翰·辛克莱著，王建华译，《关于语料库的建立》，载《语言文字应用》2000年第2期。

赵金铭、张　博、程　娟，《关于修订〈汉语水平词汇等级大纲〉的若干意见》，载《世界汉语教学》2003年第3期。

赵世开，《美国语言学简史》，上海外语教育出版社，1989年。

祝敏彻，《从〈史记〉〈汉书〉〈论衡〉看汉代复音词的构词法——汉语构词法发展史探索之一》，载《语言学论丛》第8辑，商务印书馆，1981年。

Anthony Woods，Paul Fletcher，Arthur Hugher著，陈小荷等译，《语言研究中的统计方法》，北京语言文化大学出版社，2000年。

John Walkenbach著，路晓村等译，《Excel2000公式与函数应用》，电子工业出版社，2002年。

Matthew Shepker 著,刘艺等译,《SQL Server7 24 学时教程》,机械工业出版社,2000 年。

Roger Jennings 著,前导工作室译,《中文 Access2000 开发使用手册》,机械工业出版社,2000 年。

Ron Person 著,何渝等译,《Excel for Windows95 中文系应用大全》,人民邮电出版社、西蒙与舒斯特国际出版公司,1997 年。

Stephen Forte,Tom Howe,Kurt Wall 著,张晃洲等译,《Access2002 开发实用全书》,电子工业出版社,2002 年。

# 术 语 表

| 术语 | 章 | 节 |
| --- | --- | --- |
| ＞ | 4 | 2 |
| ＞＝ | 4 | 2 |
| ＜ | 4 | 2 |
| ＜＝ | 4 | 2 |
| ＋ | 4 | 2 |
| － | 4 | 2 |
| * ①通配符 | 7 | 6 |
| * ②乘号 | 4 | 2 |
| 1 | 4 | 2 |
| ? | 7 | 6 |
| AND | 4 | 3 |
| AVG | 7 | 3 |
| BETWEEN…AND… | 10 | 3 |
| COUNT | 7 | 1 |
| DELETE | 4 | 3 |
| DISTINCT | 7 | 8 |
| GROUP BY | 4 | 3 |
| HAVING | 4 | 3 |
| INNOR JOIN | 4 | 3 |

| | | |
|---|---|---|
| INSERT | 4 | 3 |
| INTO | 11 | 1 |
| LEN | 7 | 2 |
| LTRIM | 6 | 3 |
| MAX | 7 | 3 |
| Microsoft Access | 4 | 2 |
| Microsoft Excel | 4 | 3 |
| MIN | 7 | 3 |
| NOT | 4 | 2 |
| NOT NULL | 4 | 2 |
| OR | 4 | 3 |
| ORDER BY | 4 | 3 |
| RAND | 10 | 3 |
| RTRIM | 6 | 3 |
| SELECT | 4 | 3 |
| SQL | 4 | 3 |
| SUM | 7 | 3 |
| UNION | 4 | 3 |
| UPDATE | 4 | 3 |
| WHERE | 4 | 3 |
| 标注 | 11 | 1 |
| 标准差 | 13 | 4 |
| 表 | 4 | 2 |
| 表达式 | 4 | 2 |
| 操作符 | 4 | 2 |

| | | |
|---|---|---|
| 查询 | 4 | 2 |
| 查找不匹配项查询 | 4 | 2 |
| 查找重复项查询 | 4 | 2 |
| 抽样 | 10 | 3 |
| 窗体 | 4 | 2 |
| 词长 | 7 | 2 |
| 词次 | 12 | 1 |
| 词量 | 2 | 3 |
| 词种 | 11 | 1 |
| 词种数 | 11 | 1 |
| 倒序词 | 7 | 7 |
| 定量研究 | 2 | 1 |
| 定性研究 | 2 | 3 |
| 多对多关系 | 4 | 2 |
| 多对一关系 | 4 | 2 |
| 反序词 | 7 | 7 |
| 方差 | 13 | 4 |
| 分布单位 | 12 | 2 |
| 分布率 | 12 | 2 |
| 分组 | 11 | 1 |
| 覆盖率 | 12 | 3 |
| 更新查询 | 4 | 2 |
| 关联表 | 11 | 2 |
| 归纳法 | 2 | 1 |
| 函数 | 4 | 3 |

| | | |
|---|---|---|
| 设计查询 | 4 | 2 |
| 生成表查询 | 4 | 2 |
| 使用度 | 12 | 4 |
| 数据库 | 2 | 2 |
| 数据类型 | 6 | 1 |
| 数组排位 | 13 | 2 |
| 四分位数 | 13 | 2 |
| 随机抽样 | 10 | 3 |
| 通用语料库 | 3 | 1 |
| 同素词 | 7 | 6 |
| 同形词 | 7 | 8 |
| 文本 | 12 | 2 |
| 《现代汉语常用词表》 | 3 | 4 |
| 《现代汉语常用词频词典》 | 3 | 4 |
| 《现代汉语词典》 | 3 | 3 |
| 《现代汉语频率词典》 | 3 | 4 |
| 现代汉语通用语料库 | 2 | 2 |
| 相关分析 | 13 | 4 |
| 相关系数 | 13 | 4 |
| 演绎法 | 2 | 1 |
| 一对多关系 | 4 | 2 |
| 义频 | 6 | 8 |
| 语料库 | 3 | 1 |
| 新课标语文教材 3000 基本词语表 | 3 | 4 |
| 折线图 | 13 | 3 |

| | | |
|---|---|---|
| 正态分布 | 10 | 3 |
| 《中国语言生活状况报告》(2005)下编 | 3 | 4 |
| 《中国语言生活状况报告》(2006)下编 | 3 | 4 |
| 《中国语言生活状况报告》(2007)下编 | 3 | 4 |
| 中位数 | 13 | 1 |
| 众数 | 13 | 1 |
| 主键 | 5 | 3 |
| 专书研究 | 2 | 2 |
| 追加查询 | 4 | 2 |
| 字段 | 4 | 2 |
| 字符串 | 10 | 2 |
| 字种 | 10 | 2 |
| 总计 | 8 | 1 |
| 最大值 | 8 | 1 |
| 最小值 | 8 | 1 |

# 后　　记

在我写过的书中还没有哪本像这本写得如此"滞涩"、缓慢。

2000 年在带领研究生们从事"现代汉语词典语料库"的计量研究中，感到应该让学生们也学会使用数据库，就开设了"数据库与语料加工"的课程。当时厦大这点好，需要的课程增开起来比较容易。大家学得很来劲。师生都是刚入门，老师先走一步，学生中的优秀者再带后来人，互帮互学，竟然很快就能用到实践中了。余桂林君是我带的第一位研究生，也是当时学得最"溜"的一位。第二年又给本科生开了这门课。2005 年去广州出差，一位本科毕业后分配到广东安全部门的同学深夜来聚，很兴奋地谈到部门领导对他的重用，对他能在几十万个通话记录中迅速找到某个号码及与之联系的所有情况，赞不绝口。其实这只是数据库功能中很小的一个。

两轮课讲下来，积下了二十来页纸的讲义提纲。2003 年，学院准备为全院的短课程出版一套系列教材，"数据库与语料加工"列入其中，每本书规模是 8—10 万字，出版社都定好了，年底正式出书。赶了一个暑期，终于拿出了全部书稿，9 万多字。现在翻看当时的"后记"，落款还清楚写着"2003 年 9 月 9 日"。可后来不知出了何种变故，出版的事不了了之。我后来开课重点也转到了其他方面，特别是 2005 年起，承担了教育部语信司的"国家语言资源监测与研究中心教育教材语言分中心"的任务，忙得有点无暇它顾。2006 年商务印书馆决定要出这本书，可我却一直没有时间来充实它。当然，忙是一个方面，但更主要的是在全新的计量研究任务面前，又逼着学习了不少新的方法，觉得原书需要大大充实才行。在新的实践和交往圈子中，与之讨教问师的人不少，这些新方法有的是向国家语言资源监测与研究中心的其他几位主任学的，如平面媒体分中心主任杨尔弘教授、网络媒体分中心主任何婷婷教授、有声媒体分中心主任侯敏教授，她们都是国内中文信息处理界的知名学者；有的是本校教师，如计算机系的史晓东老师、卢伟清老师、倪子伟老师，电子工程系的周建华老师，数学系的黄荣坦老师，中文系的郑泽芝老师；还有的是我的学生，如黄恩臻、秦少康、李安等，都曾给予过帮助。碰到问题就向他们请教，有时很快就能收到回信，有时会等上几天，但问题大都能解决。这更让我感受到数据库的强大功用。大概应了一句时话，只有想不到的，没有做不到的。而这里的想，其实就是实践中碰到的新问题。碰到了就一定要解决，解决的过程就是学习的过程。比如在完成《中国语言生活状况报告》(2006)下编时，审稿专家对我中心提交的义频统计表格提出了只要完整反映义项数、义项频、义项释义的内容，而前面每行都有共同信息的词目、序号、总频次只保留第一行的，其余的都删除，这样表格看上去会更简洁美观。这项功能平时是极少用到的。后来也解决了，记得是李安同学琢磨出来的。他们有时可能会被我问得很烦，如为什么 Excel 用的均数函数是 AVERAGE，而 Access 却只能用 AVG？为什么前者有求中位数的函数，后者却没有？为什么 Access 不能生成随机数？求频率比值时总频差与各部分的频差比能不能换成各个部分的频率比？频级比的最佳比较范围是什么地方，哪些范围无效甚至可能会误导？频率与分布率各有什么优劣，哪些是能互补的，哪些是不能互补的？这些问题算不算“没厘头”？可能有的是，但有的应该不是。如Excel能很轻易地实现“累加频率”的功能，但我坚持希望在Access中也能实现，果真几天后伟清兄的信带来了好消息。讨教愈多，收获愈多，这是事实。这本书，其实就是我学习词汇计量方法的笔记，里面不少就是讨教后留下的痕迹。在此，要谢谢各位师友了。

中间延宕甚久还有一个原因，就是一直在为这本书找最合适的表达形式而琢磨难定。以前是写过一些书，但都是纯理论的，写起来得心应手，其实就是循规蹈矩。这样半文半理，半理论半操作的书却是头一遭。记得中间还让学生们讨论过一次，请他们来对书的写法发表意见。许多意见后来都在书中实现了。比如由原来的SQL单一推进变成现在与设计查询的并行，并以后者为主，这是为了真正照顾到文科学生的需要；后面要有综合练习，以把各种具体介绍串通起来，故有了最后的第十四章；有的希望更完整地阐述汉语词汇计量研究的理论，这点不敢造次，只在前两章略作铺陈。还有少用文字，多用图表；少用术语，多用通俗说法；不要就命令谈命令，要以问题带命令，以命令带效果；不要只介绍方法，还要有注意点，因为操作中往往一两个细微处就会卡住全部；书末建术语表，以方便查找。这些意见都成为后来写作中时时留意的地方。

最后要感谢的还有商务印书馆。当时商务印书馆希望第二年能出书，我也应承了，可却年复一年地拖延。我变得愈来愈失信了，商务印书馆却一直是那么大度。他们总有一个期望，希望能“慢工出细活”。这点我不知能不能做到，但谢意却是深深的。

2009年8月18上午于海悦品斋